Wetterauer Geschichtsblätter

Beiträge zur Geschichte und Landeskunde

Band 61

Im Auftrag des Friedberger Geschichtsvereins und des
Geschichtsvereins für Butzbach und Umgebung
herausgegeben von Lutz Schneider

Verlag der Buchhandlung Bindernagel
Friedberg (Hessen) 2013
ISSN 0508-6213

Wetterauer Geschichtsblätter 61/2012
Beiträge zur Geschichte und Landeskunde

Im Auftrag des Friedberger Geschichtsvereins und des
Geschichtsvereins für Butzbach und Umgebung
herausgegeben von Lutz Schneider

Umschlagabbildung:
Soweit bisher bekannt das einzig erhaltene Foto von Heinrich Ehrmann aus der
Zeitschrift *Der Israelit* vom 24. September 1931. Stadtarchiv Friedberg: Fotosammlung

Redaktion: Lutz Schneider
Redaktionelle Mitarbeit: Lothar Kreuzer, Friedberg
ISBN 978-3-87076-114-1

Satz und Gesamtherstellung
Druckerei Bingel GmbH, Rockenberg

Inhalt

Lutz Schneider
Vorwort V

Hans-Helmut Hoos
Heinrich Ehrmann – Jüdischer Lehrer und Historiker 1

Ludwig Fertig
Ein *Schüler der Kunst* und der literarische Markt. Siegfried Schmid aus
Friedberg (1774 – 1859) 133

Friedrich-Karl Feyerabend
Die Gebietsreform in Bad Nauheim – eine Retrospektive. Zur Eingemeindung der Stadtteile in die Stadt Bad Nauheim im Jahr 1972 169

Johannes Kögler
Der St. Georgsbrunnen in der Burg Friedberg 187

Hans Wolf
Laudatio für Hermann Mangels anlässlich der Verleihung der
Denkmalplakette des Wetteraukreises 199

Heinz Bergner
Vom Bewacher zum Bewachten. Eine kurze Geschichte
vom Ende des Zweiten Weltkriegs in der Wetterau 203

Kurzbiografien der Autoren 207

Vorwort

Band 61 der Wetterauer Geschichtsblätter ist wieder ein Sammelband, der ein interessantes Spektrum an Themen behandelt.

Den Auftakt bildet der umfangreiche Beitrag von Hans-Helmut Hoos über den jüdischen Lehrer und Historiker Heinrich Ehrmann. Der Name Heinrich Ehrmann ist jedem ein Begriff, der sich mit der Geschichte der jüdischen Gemeinde Friedberg vom Ende des 19. Jahrhunderts bis zum Tod Ehrmanns im Jahr 1931 beschäftigt hat. Schon in seinem 2009 in zweiter Auflage erschienenen Werk -*Kehillah Kedoschah-Spurensuche. Geschichte der jüdischen Gemeinde Friedberg*- widmet Hoos der Persönlichkeit Ehrmanns fast 15 Seiten. Aber auch wer aufmerksam seine Wetterauer Geschichtsblätter gelesen hat, stößt auf diesen Namen. In ihren Beiträgen über das Judenbad und die Judengasse in Band 56 der Geschichtsblätter, würdigt Monica Kingreen die Verdienste Ehrmanns um den Erhalt der Mikwe und die Erforschung der Geschichte der jüdischen Gemeinde. In den von Hans-Helmut Hoos bearbeiteten Memoiren von Henry Buxbaum, Band 43/I der Geschichtsblätter, beschreibt Buxbaum eindringlich die Faszination, die der Chasan (Kantor) Ehrmann mit seinem Gesang während des Gottesdienstes auf ihn und die Gemeinde ausübte.

Hoos Verdienst ist es nun, anhand der vorhandenen Quellen, das Leben Ehrmanns nahezu lückenlos zu dokumentieren. Erstmals erfährt man etwas über die Kindheit in Poppenlauer, die Schulzeit in Mainstockheim, das Studium in Würzburg und seine erste berufliche Station in Burgpreppach. Für seine Friedberger Zeit kann Hoos auf eine einzigartige Quelle zugreifen. Es sind sieben Notizbücher, die Ehrmann in der Zeit von 1884 bis 1925 führte und die einzigartige Einblicke in das vielfältige berufliche und private Leben Ehrmanns erlauben. Die Originale befinden sich im Privatbesitz, in digitalisierter Form liegen sie aber durch die Vermittlung von Herrn Hoos auch im Stadtarchiv Friedberg vor. Greifbar wird nun das materiell oft beschwerliche Leben der Familie im Haus in der Judengasse 6, seine Tätigkeit als Kantor und vor allem der Pädagoge, der Religion, Hebräisch und später auch Mathematik in der Gemeinde, an den Schulen und am Polytechnikum unterrichtete. Ehrmann, ein Vertreter der orthodoxen Richtung des deutschen Judentums, initiierte aber auch die Rückbesinnung auf die historischen Traditionen der früheren Gemeinde. Am Rückkauf des Judenbades 1892 durch die Gemeinde war er maßgeblich beteiligt, der Zugriff auf ihr Archiv ermöglichte ihm die Erforschung der Geschichte. Er gründete den *Verein für jüdische Geschichte und Altertümer* und übte eine umfangreiche Vortragstätigkeit aus. 1907 wurde er als verantwortlicher Redakteur für die pädagogische Beilage *Erziehung und Leben* der orthodoxen jüdischen Wochenzeitung *Der Israelit* berufen. Die Beilage diente ihm als Plattform für die Umsetzung seiner berufspolitischen Vorstellungen. Nach seiner Pensionierung im Jahr 1924 zog sich Ehrmann weitgehend aus dem öffentlichen Leben zurück und lebte als Privatgelehrter in seinem Haus in der Judengasse 6. Das Scheitern des an Aufklärung über das deutsche Judentum orientierten Widerstandes gegen den sich ausbreitenden Nationalsozialismus in Friedberg zu erleben, blieb ihm erspart.

Am Schluss seines Beitrages konstatiert Hoos zu Recht, dass in Friedberg kein Straßenname und keine Gedenkplakette an Ehrmanns „außerordentliche Verdienste um die Rettung der Mikwe und die Erforschung und Bewahrung der jüdischen Geschichte Friedbergs, die er immer als einen untrennbaren Bestandteil der deutschen Kultur und Geschichte begriffen hat, sowie an sein erfolgreiches Bemühen um die Gleichberechtigung der jüdischen Lehrer in Hessen und in Deutschland," erinnert. Vielleicht kann ja über 80 Jahre nach dem Tod Ehrmanns dieser Beitrag eine entsprechende Diskussion anregen.

Mit dem Friedberger Dichter und Hölderlin-Freund Siegfried Schmid hatte sich zuletzt Herfried Münkler beschäftigt. Er machte diesen „vergessenen" Dichter mit seinem Aufsatz in Band 28 der Wetterauer Geschichtsblätter und 1990 mit seinem Beitrag *-Prätendierte Genialität in kleinstädtischer Enge- Der Friedberger Dichter Siegfried Schmid, ein Freund Hölderlins* - im Sonderband *Die Wetterau* der Kreissparkasse Wetterau einer breiteren Öffentlichkeit bekannt.

Der Literaturwissenschaftler Ludwig Fertig beleuchtet nun in diesem Band unter dem Titel *Ein „Schüler der Kunst" und der literarische Markt. Siegfried Schmid aus Friedberg (1774 – 1859)*, in sieben Kapiteln die bemerkenswerte Biografie dieses „hoffnungsvollen" Dichters. Mit seiner sprachlicher und leicht ironischen Eloquenz bringt Fertig auch eine ganze Reihe neuer Erkenntnisse ans Tageslicht, die in der bisherigen Forschung nicht beachtet oder anders interpretiert wurden.

Mit der Veröffentlichung von vier Beiträgen in Schillers Musenalmanach für das Jahr 1798 legte Schmid einen bemerkenswerten Frühstart vor. Wie viele andere Dichter seiner Generation verachtete der Sohn des Kolonialwarenkaufmanns und viermaligen Ersten Bürgermeisters Wilhelm Ludwig Schmid die kleinstädtische Enge und den reichsstädtischen Politikbetrieb.

Hier preßt es mich doch nicht mehr, wie in Eurer engen Ringmauer dort unten. Luft muß ich haben, reinere, ausgedehntere, oder Euere Mauern, oder meine Brust zersprang [...] Wohl, daß Ihr die Oefnungen in den Mauern ließt. Euch sind sie zwar wahrhaftig nichts weiter, als Fuchslöcher, um Aas für das Eurige in den Bau zu schleppen. Wir verstehen uns nicht.

Vorwort

Die Abneigung der Bürger in der illiteraten Reichsstadt Friedberg gegenüber dem „notorischen Schöngeist" Schmid beruhte allerdings auf Gegenseitigkeit.
Die Begegnung mit Goethe, die Freundschaft zu Hölderlin, das Scheitern als Schriftsteller auf dem literarischen Markt, Studium und Promotion, die Existenz als Privatgelehrter in Friedberg, seine Entmündigung und die Einweisung in das Kloster Haina durch den Vater: -*Ich habe nemlich einen Sohn, welcher studiret hat und Doktor Philosophiae ist – dieser Unglückliche, durch Stolz und überspannte Begriffe von sich selbst verblendete junge Mann, welcher wohl leben, verschwenden und nichts arbeiten will, führt eine so verkehrte allen Bürgerlichen Gesetzen zuwider laufende Lebensart, daß endlich gewis eine gänzliche Zerrüttung des Verstandes daraus erfolgen muß, wenn er nicht bald in ein thätiges Leben versetzt und mit Strenge zu zweckmäßiger Arbeit angehalten wird.* –sein zweiter Eintritt in das österreichische Militär, die Pensionierung als Rittmeister 1819, sein Ruhestand in Ungarn und Wien, allein diese Aufzählung macht deutlich, dass Schmid am Ende seines Lebens vielleicht doch jene Welterfahrung erreicht hatte, deren Fehlen für Goethe 1797 mit ein Grund für seine ablehnende Haltung Schmid gegenüber war. Ludwig Fertig verdanken wir einen Beitrag, der auch nach mehrmaligem Lesen immer wieder gute Laune macht und für viele Friedberger vielleicht mal wieder Anlass sein könnte, einen Blick auf das Geburtshaus von Schmid in der Engelsgasse Nr. 9 zu werfen.

In Band 59 der Wetterauer Geschichtsblätter hatte sich der Bad Nauheimer Stadtverordnetenvorsteher und Professor an der Technischen Hochschule Mittelhessen, Friedrich Karl Feyerabend, mit der Geschichte der Sitzungsorte und Rathäuser der Stadt seit 1903 beschäftigt. 40 Jahre danach ist diesmal die Gebietsreform in Hessen und die daraus resultierende Eingemeindung der Stadtteile in die Stadt Bad Nauheim im Jahr 1972 sein Thema. Dabei geht er nicht nur auf die Geschichte der politisch hoch umstrittenen und in den Jahren 1972 bis 1977 umgesetzten Gebietsreform ein, er schildert auch anschaulich, wie es ganz konkret bei der Eingemeindung der Stadtteile Nieder-Mörlen, Rödgen, Schwalheim, Steinfurth und Wisselsheim zuging, welche Konflikte diskutiert und gelöst werden mussten. Dass es diese reichlich gab, belegt die Zwangseingemeindung der Stadtteile Nieder-Mörlen und Steinfurth. Ein Exkurs über die Bedeutung und Funktion der Ortsbeiräte und ein Rückblick auf die Entwicklung der Stadtteile in den letzten 40 Jahren runden diesen Beitrag ab. Über den Zeitpunkt und die Umsetzung der Gebietsreform mag man streiten, dass sie unumgänglich war, daran lässt auch Friedrich Karl Feyerabend keinen Zweifel.

Eines der Wahrzeichen der Friedberger Burg, der 1738 erbaute St. Georgsbrunnen, muss von Grund auf restauriert werden. Die Gesamtkosten werden auf

Lutz Schneider

250.000 Euro geschätzt. Da die zuständige Verwaltung der Hessischen Schlösser und Gärten nur über begrenzte Finanzmittel verfügt, hat sich im April unter dem Dach des Friedberger Geschichtsvereins eine Bürgerinitiative St. Georgsbrunnen gebildet, die bis zum 800-jährigen Jubiläum von Stadt und Burg Friedberg im Jahr 2016 50.000 Euro der Gesamtkosten durch Spenden einsammeln will. Passend zu diesem Projekt hat sich der Leiter des Wetterau-Museums und ebenfalls Mitglied der Bürgerinitiative, Johannes Kögler, mit der Geschichte, der Architektur und den Wappen des Brunnens beschäftigt.

Der lesens- und durch den Farbblock auch sehenswerte Beitrag soll als Sonderdruck für 5, - Euro verkauft werden, der Erlös kommt selbstverständlich der Restaurierung des Brunnens zugute. Mitglieder des Friedberger Geschichtsvereins und alle interessierten Leser können ihren Spendenbeitrag einzahlen auf das Konto des Friedberger Geschichtsvereins Nr. 50017400 bei der Sparkasse Oberhessen, Bankleitzahl 51850079 unter dem Stichwort „Georgsbrunnen".

Anlässlich der Verleihung der Denkmalplakette des Wetteraukreises an das Ehremitglied des Friedberger Geschichtsvereins Hermann Mangels für sein Lebenswerk im März diesen Jahres, hielt der Ehrenvorsitzende des Geschichtsvereins, Hans Wolf, die Laudatio.

Anlass genug für die Wetterauer Geschichtsblätter diese Rede abzudrucken, um noch einmal an das vielfältige Engagement und die Verdienste des Geehrten zu erinnern.

In diesem Jahr hat die Wetterauer Zeitung wieder eine kleine Serie unter dem Titel *Erinnerungen an das Kriegsende* veröffentlicht, in der sich die damals jungen Friedberger an ihre Erlebnisse rund um Fliegerangriffe, Hunger und die Übergabe der Stadt an die Amerikaner erinnern. In diesen Kontext fügt sich die Geschichte von Heinz Bergner, die ihr „glückliches" Ende in der Friedberger Kaserne findet.

Allen Autoren die mit ihren Aufsätzen zum Gelingen dieses Bandes beigetragen haben, sei an dieser Stelle herzlich gedankt.

Wie immer geht auch ein besonderes Dankeschön an den Vorsitzenden des Friedberger Geschichtsvereins, Lothar Kreuzer, der bei der nicht immer einfachen formalen und inhaltlichen Textkorrektur eine wertvolle Hilfe war.

Friedberg im Juli 2013

Lutz Schneider

Ist der Anfang schwer, so wird Dein Ende froh sein.
(Heinrich Ehrmann 1884)

Heinrich Ehrmann – Jüdischer Lehrer und Historiker

Hans-Helmut Hoos

Für Avram (Alfred) Rosenthal (*1922)
zum 90. Geburtstag.

Nie hat sich schwerer die Wucht der Lehrerverantwortlichkeit auf meine Seele gelegt, als wenn aufs Neue so ein jung formlos Völklein die geleerten Schulbänke bevölkerte. Der Mut wollte mir sinken gegenüber der Größe der Aufgabe. Es ist ein göttliches Geschäft, aus dem Nichts etwas schaffen, die Leere mit Gütern füllen,[1] notierte Heinrich Ehrmann zu Beginn des Jahres 1885 in seinem Notizbuch, als er sein Amt als Lehrer in der jüdischen Gemeinde in Friedberg antrat, das er vierzig Jahre bis zu seiner Pensionierung 1924 inne hatte, länger als alle jüdischen Lehrer und Rabbiner, die vor ihm in dieser traditionsreichen jüdischen Gemeinde in den vorausgegangenen sieben Jahrhunderten gewirkt und gelebt hatten.

In seinen Ausführungen zur Geschichte der jüdischen Gemeinde Friedberg widmete ihm Paul Arnsberg 1971 eine halbe Seite, mehr als allen anderen aus Friedberg stammenden erwähnenswerten Mitgliedern der Gemeinde.

„Von besonderer Bedeutung für die jüdische Gemeinde in Friedberg war der Lehrer Heinrich EHRMANN. Er stammte aus Poppenlauer bei Kissingen, besuchte das jüdische Lehrerseminar in Würzburg und war dann 9 Jahre in Burgpreppach tätig. Er heiratete 1881 Regina Pfeiffer, der über 50 Jahre währenden Ehe entsprossen 9 Kinder. 1884 übernahm H. Ehrmann die Lehrerstelle in Friedberg; nach 40 jähriger Tätigkeit wurde er 1924 in den Ruhestand versetzt. Lehrer Ehrmann war ein ‚self educated man': Er hatte von sich aus alte und neue Sprachen gelernt; auch in der Mathematik verfügte er über außergewöhnliche Kenntnisse und war für mehrere Jahre an der polytechnischen Lehranstalt als Dozent für Mathematik tätig. Von 1906 bis 1917 redigierte er die pädagogische Beilage des *Israelit* und war fast 20 Jahre lang Vorsitzender des *unabhängigen jüdischen Lehrervereins* in Hessen. In dem 1892/93 gegründeten und bis 1905 bestehenden *Verein für jüdische Geschichte und Altertümer in Friedberg und der Wetterau* war Lehrer Ehrmann am häufigsten als Redner vertreten; ab 1902 war er Vorsitzender des Vereins. Vom hessischen Staat wurde Ehrmann auch zum Denkmalspfleger ernannt; der *Friedberger Geschichtsverein* ernannte ihn 1928 zum Ehrenmitglied. H. Ehrmann starb in Friedberg im September 1931."[2]

Arnsberg schätzte Heinrich Ehrmanns Bedeutung für die Friedberger jüdische Gemeinde höher ein als die nachfolgend aufgeführten Persönlichkeiten: Leopold Cassella (geb. 1766 in Friedberg, gest. 1847 in Frankfurt/M.), Ferdinand Schulhof (1860 - 1934), Mitinhaber der ehemals weltbekannten Pelzfirma M. Königswärter in Leipzig, Sanitätsrat Dr. med. Ludwig Hanau (1866-1927), Vorstand der Ärzte-Vereinigung in Hessen und Hausarzt am Diakonissenkrankenhaus in Frankfurt a.M.-Bockenheim, Emil Hirsch (1868 - 1935) Professor in Heidelberg und dessen Bruder Louis Hirsch, Handelsrichter am Landgericht Gießen und Stadtverordneter der *DDP* in Friedberg sowie Mitglied in der Handelskammer Friedberg seit 1912, und dessen Sohn Ernst Eduard Hirsch (1902 - 1985), Professor für Handelsrecht in Istanbul, später Berlin, Sir Ernest Oppenheimer (1880 - 1957), den Begründer des Diamantenimperiums in Südafrika, sowie die Söhne des in Friedberg lebenden Eisenwarenhändlers und Geldverleihers Baruch Grödel, Prof. Dr. Isidor Maximilian Grödel und des Herzspezialisten Prof. Dr. Franz Grödel, Begründer der Kerckhoff-Klinik in Bad Nauheim.[3]

Abb. 1: Heinrich Ehrmann kurz vor seinem Tod 1931. *Der Israelit*, Nr. 39/40, 24. September 1931, S. 8

Von den erwähnten bekannteren Friedberger Juden hatte Ehrmann viele während deren Schulzeit als Religionslehrer unterrichtet oder hatte mit ihnen in der Gemeinde als Multiplikator jüdischen Glaubens und historischen Wissens um die Geschichte des Judentums in Deutschland und der jüdischen Gemeinde in Friedberg zusammengelebt. So schreibt beispielsweise Alfred Rosenthal, der Heinrich Ehrmann persönlich kennengelernt hat, in seinen Erinnerungen:

Die Gemeinde hatte *einen Lehrer von Format, Heinrich Ehrmann aus Burgpreppach (Bayern), der neben seinem profunden jüdischen Wissen auch eine erstaunliche allgemeine Bildung besaß, die dazu führte, dass er neben anderen Aufgaben auch Mitbegründer, Mitglied des Geschichtsvereins war.*[4]

1962 wies F. H. Herrmann auf Ehrmanns bedeutende Rolle als Historiker für die Stadtgeschichte Friedbergs hin, skizzierte einige Lebensdaten, ohne jedoch Ehrmanns Biografie im Zusammenhang mit seinem Wirken in und über Friedberg hinaus aufzuzeigen. Viel mehr war bislang zum Leben und Wirken Heinrich Ehrmanns nicht bekannt.[5] Die Folgen der nationalsozialistischen Gewaltpolitik haben in Friedberg die Spuren seiner Tätigkeit nahezu vollständig ausgelöscht. Das Verschwinden seines Grabsteins auf dem jüdischen Friedhof an der Ockstädter Straße und die Unmöglichkeit, Kontakte zu seinen Nachkommen nach dem Zweiten Weltkrieg herzustellen, haben dazu beigetragen, dass Leben und Wirken Heinrich Ehrmanns weitgehend in Vergessenheit geraten sind.[6]

Wer war nun dieser Heinrich Ehrmann? Was ist über seine Lebensumstände und sein Wirken 80 Jahre nach seinem Tod noch herauszufinden? Was können wir über seine Rolle als Historiker ermitteln, von jemanden, der sich zu seinen Lebzeiten intensiv mit der Geschichte der Friedberger Juden beschäftigt und Wesentliches zum Erhalt des Judenbades beigetragen hat? Was hat Heinrich Ehrmann darüber hinaus als Lehrer und engagierter Friedberger Jude geleistet?

2007 tauchten bei der Vorbereitung der vom Autor initiierten Ausstellung „Fragmente jüdischer Geschichte in Friedberg" sieben Notizbücher auf, die Heinrich Ehrmann in den Jahren 1884 - 1925 geführt hat. Sie fanden sich in dem Nachlass des Friedberger Juden Siegfried Rosenthal, der mit Ehrmann durch intensiven Privatunterricht und durch das Gemeindeleben freundschaftlich verbunden war.[7] Die Notizbücher aus den Jahren 1885 (begonnen zu Beginn des Schuljahres 1885/86),[8] 1893 (begonnen am 14. November), 1898 (begonnen am 1. August), 1901 (begonnen am 1. Juli), 1905, 1914 (begonnen am 1. Januar), 1925 (begonnen am 1. Januar) erlauben einzigartige Einblicke in das vielfältige berufliche und private Leben Heinrich Ehrmanns. Die darin enthaltenen Notizen gehen jeweils über das Jahr, in dem sie begonnen wurden, hinaus. Aus ihnen lassen sich Hinweise zu seiner persönlichen Entwicklung während seiner über vierzigjährigen Tätigkeit als Lehrer und Repräsentant der jüdischen Gemeinde in Friedberg gewinnen. Im Laufe seiner Tätigkeit war er weit über die Rolle eines Lehrers für israelitische Religionslehre hinausgewachsen. Noch nach 1945 war er für viele überlebende Friedberger Juden ein Vorbild und Sinnbild des ehemals blühenden Gemeindelebens in Friedberg, eine Persönlichkeit, die aufmerksam das Zeitgeschehen verfolgte und die sich immer als bekennender Jude und überzeugter Deutscher verstanden hatte.

Sein Engagement im Zeitalter der Emanzipation und der drohenden Assimilierung, die Identität der jüdischen Gemeinde in Friedberg zu bewahren, reichte weit über das Tagesgeschäft eines Lehrers hinaus. Das ist aus den Eintragungen in seinen Notizbüchern zu entnehmen. Er hatte bis zu seinem Lebensende durch sein Selbststudium, durch sein überregionales Engagement und seine Anerkennung in der jüdischen Lehrerschaft Deutschlands fast die Funktion eines Rabbiners erlangt; keiner der anderen Lehrer in der jüdischen Gemeinde in Friedberg konnte je an seine Bedeutung heranreichen.

Die Notizbucheintragungen sind in deutscher, teilweise in hebräischer Sprache in Sütterlinschrift, aber auch in hebräischen Buchstaben niedergeschrieben.[9] Sie enthalten Notizen zu persönlichen Einnahmen und Ausgaben,

Abb. 2: Kommentar zum Jerusalemer Talmud aus dem Nachlass Heinrich Ehrmanns. Foto: Alfred Rosenthal, Jerusalem

Notenlisten derjenigen Schülerinnen und Schüler, die Ehrmann während seiner Lehrertätigkeit in israelitischer Religionslehre unterrichtet hat, Anmerkungen zu aktuellen politischen Ereignissen, Lektüreverzeichnisse, Skizzen zu Vorträgen und eigenen journalistischen Arbeiten, zu Ansprachen in der Synagoge, zu Thora- und Talmudauslegungen, Listen von Vereinsmitgliedern sowie Einnahmen bzw. Ausgaben der israelitischen Unterstützungsvereine in der Friedberger Gemeinde.

Aus den Notizbüchern ergeben sich wichtige Einblicke in die Denkweise, das private Leben, das berufliche und ehrenamtliche Engagement, das Alltagsleben, aber auch in das Selbstverständnis Ehrmanns als Lehrer und als deutscher Jude in seiner Zeit.

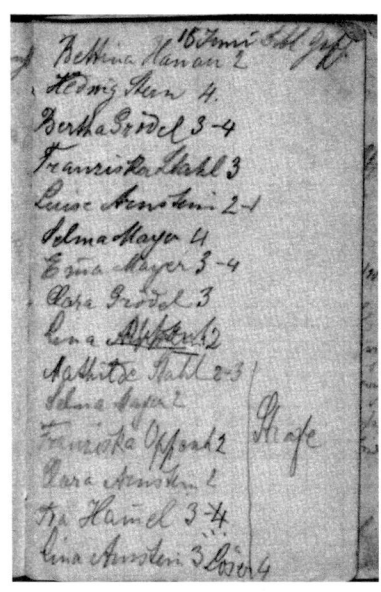

Abb. 3: Notizbuch Ehrmanns 1885, S. 11. Eintrag der Schüler und ihrer Noten. Stadtarchiv Friedberg: Bestand 9.007., Nr. 205

Um die Bedeutung von Heinrich Ehrmann zur Erforschung und Bewahrung der Geschichte der jüdischen Gemeinde in Friedberg ermessen zu können, muss einiges zur Rolle eines Lehrers der jüdischen Gemeinde in Friedberg vorausgeschickt werden. Die jüdische Gemeinde in Friedberg hatte nach dem Tod ihres letzten Rabbiners R. Feibisch Frankfurter am 2. September 1841, mit ihm erlosch das im Mittelalter zeitweise höchst bedeutungsvolle Rabbinat Friedberg, bis zu ihrer gewaltsam erzwungenen formellen Auflösung durch die Nationalsozialisten 1941, keinen Rabbiner mehr eingestellt. Sie musste sich, wie viele Gemeinden im 19. und 20. Jahrhundert, als Folge der sinkenden Gemeindeeinnahmen mit einem religiösen Angestellten behelfen, „der gleichzeitig als Lehrer, Vorsänger, Schächter (schochet) und inoffizielles Gemeindeoberhaupt wirkte... Diese Lehrer waren die eigentlichen Wissensvermittler ... Obgleich häufig unterbezahlt, hatten sie oft einen ungeheuren lokalen Einfluss – viel mehr als der Rabbiner, der sich nur ein- oder zweimal im Jahr sehen ließ."[10] Dessen Aufgaben im religiösen, im unterrichtlichen wie im rituellen Leben der Gemeinde hatte der Lehrer übernommen. Er war für die Durchführung der Synagogengottesdienste, für rituelle Handlungen (Beschneidungen, Bar Mizwa, Schächten, Reinigungsprozeduren) und für den Unterricht der jüdischen Kinder verantwortlich. Er war zudem in der Leitung der Gemeinde zusammen mit dem gewählten Gemeindevorstand tätig. Diese Rollenzuschreibung führte dazu, dass Heinrich Ehrmann nach einigen Jahren seines Wirkens in der Friedberger Gemeinde als unbestrittene „geistliche Autorität" gelten konnte. Nach langen Auseinandersetzungen um die Gleichberechtigung der jüdischen Lehrer mit den nichtjüdischen standen ihm außer von der Gemeinde Friedberg ab 1907 als Angestellter des Hessischen Staates Einkünfte zu, die durch besondere religiöse Dienstleistungen, Privatunterricht und Erträge von Legaten (Stiftungen) aufgestockt werden konnten.

Für eine jüdische Gemeinde konnte der Lehrer - und das galt für Heinrich Ehrmann in besonderem Maße - ein wichtiger Vertreter ihrer Belange in der Kommune werden. Von seinem ‚politischen' Geschick, seiner vermittelnden Tätigkeit und seinem öffentlichen Ansehen hing es in entscheidendem Maße ab, wie die jüdische Gemeinde in ihrem Umfeld wahrgenommen wurde, welches Gewicht ihre Stimme in der Öffentlichkeit hatte und wie sich deren Zusammenleben mit der nichtjüdischen Umwelt gestaltete. Zugleich aber war er auch für die Juden derjenige, der die religiöse Ausrichtung der Gemeinde bewahren und gestalten sollte. Dies war in der Zeit, in der Ehrmann sein Amt 1884 in Friedberg antrat, insofern von Bedeutung, weil sich zu diesem Zeitpunkt in Deutschland zwei Grundtendenzen des Judentums gegenüberstanden. Mit der allmählichen Umsetzung der Emanzipation der Juden zu Beginn des 19. Jahrhunderts waren auch immer wieder antijüdische Reaktionen einhergegangen. Hatte die Emanzipationsgesetzgebung einen Teil der Juden veranlasst, eine innere Reform des Judentums zu initiieren, was die Gefahr einer Assimilation in sich barg und einen Identitätsverlust als Juden nach sich zu ziehen drohte, formierte sich eine Gegenbewegung, die an den traditionellen Formen des jüdischen Lebens festhalten wollte, sich dabei auf die Thora berief und die strikte Einhaltung aller jüdischen Religionsgesetze forderte. Im Verlauf der 2. Hälfte des 19. Jahrhunderts entstanden im Deutschen Reich reformierte und (neo-) orthodoxe Gemeinden. Deren Vertreter befanden sich in einer oftmals polemisch geführten Auseinandersetzung um den richtigen Weg für das Judentum in Deutschland,[11] besonders wenn es um die Ausbildung von (Religions-) Lehrern und um die Erziehung der heranwachsenden jüdischen Generation ging. Auf der einen Seite übernahmen reformorientierte jüdische Gemeinden religiöse Formen der christlichen Konfessionen (z.B.: Orgelspiel in der Synagoge, Chorgesang usw.) und waren, was die strikte Einhaltung der mosaischen Gesetze betraf, eher zu einer liberalen Handhabung oder sogar zum Verzicht bereit. Andererseits gründeten sich u.a. um den in Hamburg geborenen Rabbiner Samson Raphael Hirsch (1808-1888) eine Reihe orthodoxer (gesetzestreuer) Gemeinden, die an den überkommenen Traditionen festhalten wollten und zu einer Rückbesinnung auf das Wesen des Judentums aufriefen. 1851 war es in Frankfurt zur Entstehung einer orthodoxen Gemeinde gekommen, der Samson Raphael Hirsch als Rabbiner vorstand. Dieser gründete dort 1853 im Sinne des orthodoxen Judentums eine jüdische Volksschule mit einer angeschlossenen höheren Schule.[12]

Abb. 4: Samson Raphael Hirsch, Lithographie 1847. Foto: http://upload.wikimedia.org/wikipedia/commons/4/46/ Samson_Raphael_Hirsch.jpgers

Hinzu kam Ende des 19. Jahrhunderts der wachsende Assimilationsdruck der nichtjüdischen Umwelt auf die Juden sowie der politische Antisemitismus. Mit dem Aufkommen des Zionismus durch das Wirken von Theodor Herzl (1860-1904) entstand zudem eine Bewegung, die die Wiedergründung eines eigenen jüdischen Staates anstrebte und das Verbleiben der Juden in der sie umgebenden Kultur nur als ein Übergangsstadium ansah. Innerhalb der zionistischen Bewegung kam es 1902 zur Bildung einer der Orthodoxie verpflichteten Richtung, die unter dem Namen „Misrachi" agierte. Bedenkt man diese unterschiedlichen Strömungen im deutschen Judentum im 19. und zu Beginn des 20. Jahrhunderts wird deutlich, wie komplex und miteinander verwoben die privaten und öffentlichen Tätigkeiten des jüdischen Lehrers in der Friedberger Gemeinde waren. Heinrich Ehrmann lebte in einer Zeit, die ihn vor grundlegende und schwierige Aufgaben und neue Herausforderungen stellte: hinsichtlich seiner Rolle als jüdischer Lehrer, als Historiker und, wie erstmals in dieser Arbeit zu zeigen sein wird, als Journalist sowie als Interessenvertreter der jüdischen Lehrerschaft in Hessen und im Deutschen Reich, der weit über Friedberg hinaus wirkte.

Für das Leben und Wirken eines jeden sind von entscheidender, weil prägender Bedeutung, die Herkunft, die ersten Lebensjahre sowie die sozialen Umstände, mit denen er in seiner Kindheit und Jugend konfrontiert war, aber auch die Erfahrungen, die er während seiner Ausbildung und in seinem beruflichen und privaten Leben immer wieder machte, besonders dann, wenn er, wie das bei Heinrich Ehrmann der Fall war, sein Leben als lebenslanges Lernen begriffen hat. In einer Notiz aus dem Jahre 1884 hat er das so formuliert: *Es ist nicht leicht, mein Lernprogramm zu verstehen. Die Hauptsache meines Lernens sind die hebräische und die deutsche Sprache...Ich werde noch fleissiger werden...*[13]
Heinrich Ehrmanns Lebensweg bis zu dem Antritt seiner Lehrertätigkeit in Friedberg im September 1884 war durch vier Stationen geprägt:
1. seinen Geburtsort und den Ort seiner Kindheit: **Poppenlauer (1856-1866)**
2. einen Schulort: **Mainstockheim (1866-1869)**
3. seinen Studienort: **Würzburg (1869-1875)**
4. seine ersten beruflichen Erfahrungen: **Burgpreppach (1875-1884)**.
5. seine Tätigkeit in **Friedberg (1884-1931)**, lässt sich wiederum in vier Phasen einteilen:
5.1. Die ersten Jahre (1884-1890)
5.2. Der Historiker Heinrich Ehrmann und die Rettung der Mikwe (1890-1905)
5.3. Redakteur und Verbandsvertreter der israelitischen Lehrerschaft in Hessen und im Deutschen Reich (1907-1917)
5.4. Die letzten Berufsjahre und Lebensabend (1918-1931)
5.5. 1931: Abschied von Heinrich Ehrmann
5.6. Epilog

1. Kindheit in Poppenlauer (1856-1866)

Heinrich Ehrmann wurde am 2. Februar 1856 in Poppenlauer, heute ein Ortsteil der Marktgemeinde Maßbach im unterfränkischen Landkreis Bad Kissingen, geboren. Der Ort liegt an der Lauer, zwischen der bayrischen Rhön und den Haßbergen. 899 wurde der Ort erstmals urkundlich erwähnt. Er war im Mittelalter im Besitz der Grafen von Henneberg und gelangte später an das Hochstift Würzburg. Die ersten Juden im Dorf werden nachweislich in einem Gerichtsprotokollbuch des Dorfgerichts Poppenlauer im Jahr 1700 genannt. Der Schutzherr war bis zur Mediatisierung das Bistum Würzburg. In einem Bericht der Ortskommission an die königlich (-bairische) Landesdirektion vom 16. Januar 1816 werden 23 jüdische Familien angegeben; in einem Folgebericht vom 22. Januar werden weitere 17 Familien aufgeführt. Die Differenz weist auf die Fluktuation wie auch auf die Unsicherheit bei der exakten Ermittlung der Zahl der ansässigen Juden hin, weil die jüdischen Namensverzeichnisse zu diesem Zeitpunkt meistens nur die Haushaltsvorstände und diese wiederum nur unter ihrem „Judennamen" erfassten. Von den insgesamt aufgelisteten 114 Juden waren 99 Schutzjuden, 15 waren keine Schutzjuden. Die Namen in diesen Listen sind typisch jüdische Namen, also keine bürgerlichen Nachnamen, wie sie erst später von der Verwaltung eingeführt wurden.

Vor der Säkularisierung und Mediatisierung hatten sich in Unterfranken aufgrund der Schutzjudenpolitik der früheren Landesherren vor allem solche Juden angesiedelt, die der Vertreibungsgefahr aus den Städten und protestantischen Territorien des Alten Reiches entgehen wollten. Dabei fungierte die Landesherrschaft als die Instanz, mit der die jüdische Gemeinde „einen Vertrag schloß, in dem die ganze Palette der anstehenden Fragen von der Ansiedlung über das Aufenthaltsrecht, den Hausbesitz und die Abgaben sowie den Gerichtsstand bis zur Religionspraxis und dem Zusammenleben von Christen und Juden im Ort geregelt wurde."[14] Da in den Landgemeinden diese Verträge unterschiedlich gehandhabt wurden, kam es zu Konflikten zwischen Orts- und Landesherrschaft bei der Anwendung der entsprechenden Bestimmungen. Dieser Konflikt eröffnete den Landjuden einen gewissen Handlungsspielraum, der durch deren intensive überregionale Vernetzung, ihre Familienbande sowie aufgrund geschäftlicher Beziehungen Bewegungsspielräume für die persönliche und wirtschaftliche Lebensbewältigung eröffnete. Das 1813 im Königreich Bayern eingeführte Judenedikt, „das die Emanzipation einleitet"[15], hatte zur Folge, dass die bairischen Juden in ihrer Mobilität lange Zeit beschränkt blieben und daher an der beginnenden Migration infolge der Industrialisierung nur sehr eingeschränkt teilhatten. So wohnten 1840 noch 88% der Juden in Bayern in Dörfern und Kleinstädten, deutlich mehr als in den übrigen deutschen Ländern. In Unterfranken, so auch in Ehrmanns Geburtsort Poppenlauer und in den weiteren Stationen seines Lebensweges, Mainstockheim und Burgpreppach, machten sie bis zu 25% der Ortsbevölkerung aus. Das Judenedikt von 1813 enthielt des Weiteren eine für die religiöse Infrastruktur des Judentums dieser Region entscheidende und ihr Leben bestimmende Regelung: „Für die staatlichen Behörden (galten) nur diejenigen als Juden, die Mitglieder einer jüdischen Gemeinde waren. Da das Edikt außerdem pro Ort nur jeweils eine jüdische Gemeinde zuließ, wurden die rivalisierenden Gruppierungen der liberalen und orthodoxen Juden ständig zu Kompromissen gezwungen."[16] Dabei dominierte die traditionelle Ausprägung des Judentums aufgrund der dörflichen Strukturen; sie wurde begünstigt durch die an Traditionen festhaltende Mentalität und durch Einflussnahme der orthodox ausgerichteten unterfränkischen Distriktrabbinate in Bad Kissingen, Burgpreppach, Würzburg und Mainbernheim. „Sie konservierte den Fortbestand jüdischer Gemeindeorganisation auch in denjenigen Dörfern und Kleinstädten, in denen die Zahl der jüdischen Gemeindemitglieder seit 1860 rapide abnahm."[17] Assimilatorische Aufklärungstendenzen konnten sich in diesen Landgemeinden nicht so schnell durchsetzen. Aufgrund der Matrikelgesetzgebung fühlten sich die Juden in Unterfranken trotz ihrer Handels- und Bewegungsfreiheit lange Zeit an ihre Herkunftsgemeinden auf dem Land und an deren religiöse Einstellung gebunden. Erst fünf Jahre vor Ehrmanns Geburt, 1851, waren die Juden in Bayern zivilrechtlich gleichgestellt worden. Ihre politische Gleichstellung erfolgte erst 1871, als Ehrmann bereits 15 Jahre alt war. Ehrmanns Vorfahren sind wahrscheinlich nach der Judenzählung 1816 nach Poppenlauer gezogen, denn es gibt keine Hinweise auf eine frühere Anwesenheit. Die Familie gehörte auch nicht zu jenen Familien, die dort auf längere Sicht Fuß fassten, denn unter denjenigen, die während des Holocaust ermordet wurden, finden sich keine Nachkommen der Familie Ehrmann.[18] Zwei Seiten in seinem Notizbuch aus dem Jahre 1914 enthalten einige Hinweise über die Vorfahren Ehrmanns. Der Stammbaum mütterlicherseits beginnt mit Selig Pfeiffer, dessen Alter Ehrmann mit 70 Jahren angibt, gebürtig in Burgpreppach. Als dessen Geschwister werden angegeben: *Tante Rika Goldstein in New York,*[19] die ihrerseits fünf Kinder hatte: Sophie (verheiratete) Hermann, Jenny (verheiratete) Rothschild, die in Frankfurt lebte, Adelheid (verheiratete) Gutmann, Carry(?) (verheiratete) Jung und Luise (verheiratete) Oppenheimer. Weitere Geschwister des Großvaters seiner Frau Regina waren Recha Goldstein in Budapest, Philipp Pfeiffer, der in New York ein Herrenkonfektionsgeschäft betrieb und der ebenfalls vier Töchter namens Adelheid (verheiratete) Oppenheimer, Bertha (verheiratete) Goldfrank und Fanny und Flora Pfeiffer hatte. Ein weiterer Bruder Jonas lebte nach Ehrmanns Recherchen in St. Louis (USA), wo dessen Sohn Adolf Frank den Beruf des Apothekers ausübte. Die Verwandten der Ehefrau von Selig Pfeiffer, einer geborene Frank, lebten überwiegend in Franken (Nürnberg, Kitzingen, Würzburg); es gab aber auch Verbindungen nach Stadtlengfeld, Straubing, Frankfurt a.M., München und Amsterdam. Diese

Aufstellung legt die Vermutung nahe, dass Regina Ehrmann, geb. Pfeiffer, aus einer Familie mit jüdischen Wurzeln stammte, denn die Vorfahren der Großvatergeneration sind Juden gewesen. War also der Vater von Regina Pfeiffer, der als Lehrer in Burgpreppach an einer Schule des Königreichs Bayern wirkte, zum Christentum konvertiert, was aus der Sicht einer jüdischen Gemeinde den „sozialen Tod" für den Konvertiten bedeutete? Für diese Vermutung sprechen einige Indizien:

In den Aufzeichnungen Ehrmanns zur Familie seiner Frau wird der Schwiegervater mit keinem Wort erwähnt.

In dem Nachruf auf Regina Ehrmann, geb. Pfeiffer, wird diese später als grundgläubige Jüdin bezeichnet; ihre „christliche" Herkunft wird mit keinem Wort erwähnt.

Die Akzeptanz der Heirat eines orthodoxen jüdischen Lehrers mit der Tochter eines christlichen Lehrers wäre in einer „Hochburg" des orthodoxen fränkischen Landjudentums plausibel, da das Judentum nach dem jüdischen Gesetz durch die Mutterlinie, nicht durch den Vater gewährleistet ist.

Väterlicherseits beginnt Ehrmann seine Aufstellung mit seinem Großvater Sarkel Ehrmann aus Poppenlauer. Ehrmann wird, der jüdischen Tradition folgend, seinen erstgeborenen Sohn Saki nennen. Dieser Großvater war in zweiter Ehe verheiratet mit einer geborenen Romberg aus Poppenlauer. Er hatte eine einzige Schwester Rosine, (?) verheiratete Frank, die zuerst in Haag, später dann mit ihren Kindern Anni, Rosetta, Saki in Poppenlauer lebte. Ehrmanns Vater Abraham war 1814 geboren.[20] Aus erster Ehe gab es vier Stiefgeschwister, darunter Karoline, verheiratet mit einem Lehrer Ehrlich in Berkach, Ziporah, verheiratete Reis, in Poppenlauer. Alle lebten im näheren Umfeld von Ehrmanns Geburtsort. Ehrmanns Mutter, die zweite Frau seines Vaters, war 1814 in einem kleinen Ort in der Nähe von Burgpreppach geboren; sie verstarb 1880. Ehrmann selbst hatte nach seinen Angaben folgende Geschwister: Saki, gestorben in Havanna, Herrmann, gest. in San Francisco, - dieser hatte mehrere Kinder (Violetta, Therese, Sally verh. Strauß in Berkeley). Ein weiterer Bruder, Emmanuel, war unverheiratet um 1880 in Amerika verstorben. Seine Schwester war mit Seligmann Seliger in Bad Orb verheiratet; sie hatten fünf Kinder. Heinrich Ehrmann hat später, folgt man seinen Notizen, die Familie seiner Schwester öfter in (Bad) Orb besucht. Heinrich Ehrmann selbst war in der Geschwisterreihe das zweitjüngste Kind, geb. am 2. Februar 1856 in Poppenlauer. In seiner Aufstellung der eigenen Kinder finden sich folgende Namen und Geburtsdaten: Sarkel (Saki) 1882, Selig 1883, Johatha 1884, Therese 1889, Moses 21.7.1887, Abraham 12.11.1888, Lazarus 20.6.1890, Immanuel 23.4.1892 und Sarah 14.4.1884. Das zweitgeborene Kind Selig muss in Burgpreppach, bevor Ehrmann nach Friedberg zog, verstorben sein, denn in den Anmeldeunterlagen in Friedberg sind nur zwei Kinder aufgeführt. Mütterlicherseits stammte die Familie aus Niederwerrn und die Großmutter aus Laudenbach; einige waren nach Mannheim, Marktbreit und Eisenach verzogen oder sogar nach Genf und San Francisco ausgewandert. In Niederwerrn waren mindestens seit Mitte des 18. Jahrhunderts jüdische Familien ansässig, die eine Jüdische Gemeinde bildeten, eine Schule unterhielten und in der *Schweinfurter Straße 23* ihre Synagoge erbaut hatten. Die weitverzweigte Familie Ehrmanns verfügte also trotz ihrer tiefen Verwurzelung in Unterfranken im 19. Jahrhundert über ein verwandtschaftliches Beziehungsnetz, das über die Region hinaus bis ins Ausland reichte. Heinrich Ehrmanns Kontakte waren dementsprechend nicht nur auf sein Umfeld, in dem er arbeitete und lebte, beschränkt.[21]

Sein Vater, Abraham Ehrmann, soll Kaufmann gewesen sein, kann aber nicht als vermögend gelten, denn Ehrmann hat seinen Vater mit Geldmitteln unterstützt.[22] Ehrmann wuchs also vor der Entstehung des Kaiserreiches in dem nördlichsten Teil des Königreichs Bayern auf, in einer jener typischen kleinen unterfränkischen Landgemeinden. Das wirtschaftliche Leben der Dorfgemeinde Poppenlauer, einem ca. zwei Kilometer langen Straßendorf, heute der Gemeinde Maßbach angeschlossen, war geprägt durch kleinbäuerliche Landwirtschaft, Kleingewerbe und Lohndienstleistungen, deren Spuren heute noch deutlich erkennbar sind: Die von der einzigen Hauptstraße abzweigenden Seitengassen tragen die Namen bekannter ortsansässiger Sippen (z.B. Rottmannsgasse, Lippelsgasse, Gerlachsgasse).

Als Ehrmann geboren wurde, betrug der Anteil der Juden in Poppenlauer noch über 14%. Die vermögenden Juden besaßen eigene kleine Häuser direkt an der Hauptstraße oder in unmittelbarer Nachbarschaft zu dieser. Ihr Friedhof befand sich in Maßbach. Die Größe dieser jüdischen Landgemeinde sowie die Tatsache, dass in Poppenlauer beide christliche Konfessionen, die evangelische durch ihre 1836 erbaute Auferstehungskirche und die katholische durch ihre 1854 in neugotischem Stil erbaute „Simon und Judas Thaddäus-Kirche", unmittelbar im Zentrum des Ortes, der sogenannten *Linde*, nebeneinander existierten, war für den in diese konfessionell nicht eindeutig festgelegte Landgemeinde hineingeborenen Heinrich Ehrmann prägend. Die Synagoge mit der benachbarten Grundschule lag etwas erhöht am Ortsausgang.

Abb. 5: Gerlachsgasse in Poppenlauer. Dort stand bis zur endgültigen Zerstörung 1940 die Synagoge, daneben die Wand des Schulhauses. Im Hintergrund links bzw. rechts die evangelische und die katholische Kirche. Foto: Hans-Helmut Hoos 2011

Sie war durch eine Stichstraße, die Gerlachsgasse, mit der Hauptstraße verbunden.

Die Juden in Poppenlauer wohnten wie auch in den übrigen Orten Unterfrankens nicht separiert, sondern ihre kleinen ein- oder zweistöckigen Häuser standen mitten zwischen denen der christlichen Einwohner. So konnte sich Ehrmanns jüdische Identität im tagtäglichen Kontakt mit den christlichen Nachbarn ohne massiven Druck durch eine vorherrschende Konfession entwickeln. Beide Seiten kannten einander, respektierten die religiösen Gebräuche der anderen Gruppe und profitierten sogar davon, wenn es etwa um die Arbeitsregelung am Sabbath oder am Sonntag bzw. an anderen religiösen Feiertagen ging. Von Kindheit an war es folglich für den Juden H. Ehrmann selbstverständlich, sein Judentum im Rahmen beider christlichen Konfessionen bewusst und ohne Diffamierungen ausgesetzt zu sein, zu leben. In dieser dörflichen Umgebung besuchte er die jüdische Grundschule, genauso wie seine Alterskameraden die konfessionellen Elementarschulen aufsuchten.

Die Existenz einer jüdischen Grundschule war in dieser Region Unterfrankens nichts Besonderes, unterhielten doch auch die anderen Konfessionen eigene Grundschulen. Die jüdischen Elementarschulen waren im Laufe des 19. Jahr-

Abb. 6: Die ehemalige jüdische Grundschule in Poppenlauer, rechts. Nach Auskunft von Ortseinwohnern war nach 1945 zeitweise das Kino in ihr untergebracht, heute Wohnhaus. Foto: Hans-Helmut Hoos 2011

hunderts an die Stelle der gegen Ende des 18. Jahrhunderts infolge der Aufklärung in Misskredit geratenen Cheder[23] getreten. Diese fand meistens im Hause eines jüdischen Lehrers statt und beinhaltete für Jungen ab drei Jahren Unterricht in hebräischer Sprache und war auf das Erlernen der Thora und verschiedener Schriften des Talmud beschränkt. An die Stelle dieser traditionellen Lehranstalten waren in der Hoffnung, „daß die Organisation der neuen jüdischen Erziehung auf der Basis weitreichender Reformen die bürgerliche Gleichberechtigung ein Stück näher bringen und den sozialen und kulturellen Integrationsprozess beschleunigen würden,"[24] jüdische Grundschulen getreten, die sich in Bayern an den Unterrichtsinhalten der nichtjüdischen (konfessionellen) Grundschulen zu orientieren hatten und der staatlichen Aufsicht unterstanden. Ab 1833 wurden den jüdischen Grundschulen staatliche Mittel gewährt, um damit Schulgründungen zu unterstützen, „wenngleich die jüdischen Schulen nicht als öffentliche Lehranstalten anerkannt wurden"[25]. Voraussetzung dafür war, dass nur von den bayrischen Schulbehörden autorisierte Lehrer unterrichteten; die Vermittlung traditioneller jüdischer Inhalte (Unterricht zum Erlernen der hebräischen Sprache, Thoraunterricht usw.) wurden seitens der staatlichen Schulaufsicht toleriert.

Heinrich Ehrmann muss bereits in der jüdischen Elementarschule seines Geburtsortes Poppenlauer durch seine Begabung positiv aufgefallen sein, denn sein weiterer Ausbildungsgang war durch positive Unterstützung seiner Lehrer begleitet, die ihm den Weg zu weiterführenden Institutionen und wohl auch die materiellen Voraussetzungen durch Stipendien eröffneten. Bildung wurde für den heranwachsenden Heinrich Ehrmann ein wesentlicher Schlüssel für die „Selbstemanzipation", wie Götz Aly in seiner neuesten Publikation überzeugend nachweist: „Im Gegensatz zu den meisten Christen emanzipierten sich die Juden ... selbst, und das im Eiltempo. Sie nutzen die ihnen sukzessive zugestandenen Möglichkeiten zielstrebig ... Schon zu Beginn des 19. Jahrhunderts wurde sichtbar, dass den jüdischen Schülern das Erlernen der fortan zwingend erforderlichen Kulturtechniken Lesen, Schreiben und Rechnen leichtfiel."[26] Nicht nur für die in der Stadt lebenden Juden, sondern auch für die konservativen Landjuden galt entsprechend des Talmud der Grundsatz, „ dass man in einer Stadt, in der es keine Schule gibt, nicht wohnen darf"[27]. Dem Gedanken der Assimilation waren sie eher abgeneigt, nicht zuletzt aufgrund der engen sozialen Kontrolle, die in diesen kleineren jüdischen Gemeinden und deren Netzwerken sehr viel länger erhalten blieb als unter den Juden, die in den sich herausbildenden Großstädten des industriellen Zeitalters im 19. Jahrhundert lebten. Diese Bodenständigkeit des Landjudentums dürfte zum einen Ehrmanns Wesenszüge geprägt haben, wie sich aus der Dauer seiner Sesshaftigkeit in Friedberg (1884 - 1931) und in seiner religiösen Grundhaltung, auf deren Ausprägung im folgenden genauer eingegangen wird, zeigten. Zum anderen aber war er in das Netzwerk seiner großen jüdischen Sippe eingebunden, deren Kontakte weit über Unterfranken bis in die USA reichten.

2. Mainstockheim (1866-1870)

Nach der Grundschule, ab dem 10. Lebensjahr, besuchte Heinrich Ehrmann die Privatschule des Rabbiners Abraham Hirsch in Mainstockheim. Diese war Jahre zuvor von Miltenberg nach Mainstockheim verlegt worden, als weiterführende Erziehungs- und Unterrichtsanstalt für Knaben.[28] Rabbi Abraham Hirsch selbst war 1839 in Poppenlauer als Sohn des Metzgers Jeidel Hirsch und der Babette, geb. Lion, geboren worden, also in dem gleichen Ort wie H. Ehrmann aufgewachsen. Die Familien dürften sich gut gekannt haben. Die Schule in Mainstockheim war mit einem Pensionat verbunden. Dort oder bei einer jüdischen Familie wohnte der jetzt zehnjährige H. Ehrmann. Als Ehrmann 1867 nach Mainstockheim kam, lebten dort 203 Juden (14,9% von insgesamt 1359 Einwohnern). In Mainstockkheim, 57 km von seinem Geburtsort entfernt, war H. Ehrmann fortan von seiner Familie getrennt. Bedingt durch den ganztägigen Schulbetrieb, die Verkehrsverbindungen sowie die wirtschaftliche Situation konnte er kaum an regelmäßige Heimreisen denken. Main-

Abb. 7: Die ehemalige Synagoge in Mainstockheim, heute katholische Kirche. Foto: Hans-Helmut Hoos 2010

stockheim, das war für H. Ehrmann eine ganz andere Welt als das abgelegene dörfliche Poppenlauer: Der Ort, heute noch ein bekannter Weinbauort, liegt am Main sowie an einer Hauptverkehrsstraße. Die den Main Fluss auf und abwärts verkehrenden Schiffe, die Lasten und Personen transportierten, öffneten das „Fenster zur großen Welt draußen", eine für Ehrmann neue Erfahrung. Die jüdische Gemeinde, zurückgehend auf das 16. Jahrhundert, besaß eine sehr schöne und geräumige Synagoge, eine jüdische Elementarschule, ein rituelles Bad und zeitweise (bis zur Verlegung nach Miltenberg) eine „kleine Jeschiwa", eine Vorbereitungsschule zur Talmud-Schule. Der Haupterwerbszweig der jüdischen Familien in Mainstockheim war der Handel mit Wein.

Die weiterführende jüdische Schule verfügte über ein außerordentlich gutes Renommé, das mit der Person ihres Leiters Abraham Hirsch, *eines sehr gelehrten Mannes von edlem Charakter*[29], verbunden war. In Artikeln der Zeitschrift *Der Israelit* wurde regelmäßig Positives über diese Schule berichtet.[30] Am 20. September 1869, also etwa zu der Zeit, als Ehrmann seine Abschlussprüfungen dort absolvierte, war in dieser Zeitung zu lesen: *Es ist heutzutage nicht selten der Fall, dass man jüdische Institute antrifft, in welchen der Religionsunterricht mit einer solchen Nonchalance und so kompendiös erteilt wird, dass die Kinder, wenn sie die Schule verlassen, kaum das Nötigste wissen. Ein umso erfreulicheres Bewusstsein gewährt es dem religiös-denkenden Israeliten, wenn er Gelegenheit findet, Schulen zu besuchen, in welchen die verschiedenen Zweige der Religionslehre mit Gewissenhaftigkeit und mit wahrhaftem regem Eifer gepflegt werden. Solche Schulanstalten verdienen alles Lob und jede Anerkennung und können in unserer Zeit nicht laut genug gepriesen werden. – Ich kann es daher nicht unterlassen, die erfreulichen Resultate, die die jüngsten*

Religionsprüfungen an dem Handelslehrerinstitut des Herrn Direktor Hirsch zu Mainstockheim geliefert hat, in Ihrem viel gelesenen Blatte zu registrieren und den Beweis zu liefern, wie es möglich ist, neben gründlichem Elementar- und Realunterricht auch einen vollständig genügenden Religionsunterricht zu erteilen.[31] Die Lehranstalt unterlag der geistlichen Aufsicht des Distriktrabbiners Seligmann Bär Bamberger zu Würzburg, der von seiner Grundüberzeugung dem orthodoxen Judentum zuzurechnen war. Er stand in engem Kontakt mit dem später durch viele Publikationen bekannt gewordenen Rabbiner Samson Raphael Hirsch, Leiter der orthodoxen Gemeinde in Frankfurt, die als Gegenbewegung zum liberalen Frankfurter Judentum entstanden war.[32] Hirsch hatte 1853 eine orthodox ausgerichtete weiterführende Schule für Juden in Frankfurt gegründet. Heinrich Ehrmann wurde an der Schule in Mainstockheim, zu deren Unterrichtsschwerpunkten neben den allgemeinbildenden Unterrichtsfächern deutsche Sprache, Rechnen, Geschichte, Geografie, Naturgeschichte, Schönschreiben, Zeichnen, Gesang, Musik, Turnen, Französisch, „Bibel, Mischna, Gemara, Raschi zur Thora …hebräische Sprachlehre"[33] gehörten, mit den Auffassungen des gesetzestreuen (orthodoxen) Judentums und mit der hebräischen Sprache vertraut gemacht. In dem Unterricht in Mainstockheim wurden die Grundlagen dafür gelegt. Aufgrund der Empfehlungen des Schulleiters besuchte Ehrmann anschließend die Israelitische Lehrerausbildungsanstalt in Würzburg (ILBA). Jedenfalls berichtete der Schulleiter A. Hirsch am 18. Juli 1871 von *einige*(n) *sehr talentierte*(n) *unbemittelte*(n) *Zöglinge*(n)*, die sich dem Lehrfache widmen möchten.*[34] In dem Jahr, in dem Heinrich Ehrmann vermutlich am 4. April 1870 an der Schule in Mainstockheim seine Schullaufbahn beendete, wurde berichtet: *Der von der königlichen Regierung bestimmte Kommissär hielt in allen Unterrichtsfächern eingehendes und von ihm selbst geleitetes Examen ab. Am Schlusse desselben, nachdem er seine volle Zufriedenheit über das glänzende Ergebnis der Prüfung trotz eines so harten Winters, in welchem so oft die Zöglinge durch Krankheit längere Zeit an der Teilnahme am Unterricht verhindert waren, aussprach*, lobte er im Auftrag der königlichen Regierung die Anstalt *für das so sehr günstige Resultat der vorjährigen Prüfung*[35] und sprach ihr deren Anerkennung aus. Ebenso positiv fielen die Ergebnisse der Prüfungen in den Fächern Thora, Mischna, Gemara, Raschi zur Thora u.a.m. aus, die unter der Aufsicht des Distriktrabbiners von Würzburg durchgeführt wurden. Besonders hervorgehoben wurde, dass bei den Schülern *eine ganz merkwürdige Liebe zur Thora zu Tage trat, die deutlich zeigte, von welch echtem jüdischen Geiste die Anstalt getragen wird.*[36] Die

Ausbildung der Schüler in Mainstockheim erfolgte entsprechend der Anliegen des sich formierenden orthodoxen Judentums in Deutschland. Ein wichtiges Ziel war, qualifizierte jüdische Lehrer heranzubilden, die im jüdischen Glauben fest verwurzelt waren und zugleich den staatlichen Ansprüchen an das Amt des Grundschullehrers genügten. Nach dem bairischen Generaledikt vom 10. Juni 1813 wurde von den jüdischen Lehrern an jüdischen Schulen, deren Errichtung entsprechend anderer konfessioneller Schulen gestattet war, gefordert, dass sie sich einer amtlichen Prüfung zu unterziehen hatten und nicht nur intern als jüdische Religionslehrer ausgebildet werden dürften.[37]

Für Heinrich Ehrmann bedeutete die Zeit an der wenige Jahre später nach Burgpreppach verlegten Schule, dass seine Ablösung von der ländlichen Herkunft aufgrund seines Bildungseifers ihren Anfang genommen hatte. Er sollte nicht mehr nach Poppenlauer zurückkehren.

3. Studienjahre in Würzburg (1870-1875)

Die Israelitische Lehrerbildungsanstalt (ILBA) war als Lehrerseminar unter Federführung des Distriktrabbiners Seligmann Bär Bamberger in Würzburg 1864 errichtet worden, um orthodoxe („gesetzestreue") jüdische Lehrer auszubilden. Diese Gründung war eine Folge der veränderten gesetzlichen Bestimmungen zur Gründung und Zulassung jüdischer Schulen im Königreich Bayern. An den existierenden jüdischen Schulen gab es nahezu keine jüdischen Lehrer:„Sie hatten keine entsprechende Ausbildung absolviert und keine offiziellen Prüfungen abgelegt, was wiederum zu einem armseligen Niveau der Schulen geführt hatte."[38] Beispielsweise fristeten in Unterfranken entgegen der Intention der bayrischen Regierung bis zur Mitte des 19. Jahrhunderts nur fünf Elementar- und 19 Religionsschulen ihr Dasein in den Gemeinden mit mehr als 40 Familien. Viele Gemeinden beschäftigten aus Kostengründen nicht konzessionierte bzw. examinierte Lehrer; diese hatten lediglich Religionsunterricht zu erteilen. Die Gemeindevorsteher bestimmten eigenmächtig die Inhalte des Religionsunterrichts und die Arbeitsbedingungen der Lehrer; sie zahlten ihnen meistens ein geringes Gehalt, entließen sie nach Gutdünken und bestellten sie zur Erledigung zusätzlicher Gemeindegeschäfte.[39] 1840 unterrichteten in Bayern nur 19 Lehrer, die eine Seminarausbildung absolviert hatten. Diese Situation hatte dazu geführt, dass besonders in Unterfranken, seitens der Führungsschicht des Judentums, den Rabbinern, eine Verbesserung der Lehrerausbildung im Sinne des gesetzestreuen Judentums in Angriff genommen wurde.

Neben den Vorbereitungsanstalten (Präparandenanstalten) in Mainstockheim (später in Burgpreppach) und Höchstadt wurde in Würzburg 1866 ein Lehrerseminar für jüdische Lehrer gegründet. Dreißig Jahre später, 1871, existierten immerhin in ganz Bayern 125 jüdische Elementarschulen, allerdings mit abnehmender Tendenz, da nun viele Juden in die größeren Städte abwanderten. Als Ehrmann seine Ausbildung 1870 in Würzburg begann, leitete noch der aus Freudenthal in Württemberg stammende Lehrer Stern, der einen hervorragenden Ruf hatte, die Schule. Später übernahm Bambergers Sohn Nathan die Leitung der Schule (1878), womit auch personell die Fortführung des Anliegens des orthodox orientierten Würzburger Distriktrabbiners gewährleistet war.

Treibende Kräfte für die Gründung und Weiterentwicklung der ILBA waren die unterfränkischen Distriktrabbiner Bamberger (Würzburg), Adler (Aschaffenburg), Thalheimer (Mainbernheim), Adler (Burgreppach) und Dr. Lippmann (Kissingen) gewesen. Sie waren von der Königlichen Regierung in Unterfranken und Aschaffenburg aufgefordert worden, *sich gutachtlich darüber zu äußern, welche Schritte zur Hebung der israelitischen Schulen in unserem Kreis geeignet wären, und wie besonders dem Mangel an israelitischen Lehrern abzuhelfen sein dürfte.*[40]" In ihrem Gutachten forderten sie die Neugestaltung der Lehrerausbildung und baten die Behörden, *eine jüdische Lehrerausbildungsanstalt, nebst einer hierzu nötigen Vorbereitungsschule gründen zu dürfen.*[41] . Seitens des liberalen Judentums war die seit 1862 angestrebte Errichtung der Lehrerausbildungsstätte polemisch kommentiert worden.[42] Die Zeitschrift *Der Israelit*, das Publikationsorgan des orthodoxen („gesetzestreuen") Judentums, begleitete hingegen die Gründung der Israelitischen Lehrerbildungsanstalt (ILBA) mit großem Wohlgefallen. Als *Seele des Ganzen*, so anlässlich der Eröffnung, wurde der Würzburger Distriktrabbiner Bamberger genannt, der die geistliche Aufsicht über die Anstalt inne hatte. Die Anstalt stand unter der staatlichen Aufsicht der königlich bairischen Regierung, wodurch die staatliche Anerkennung der Lehrerausbildung gewährleistet war. Die Ausbildung umfasste fünf Jahre („Kurse"). Während dieser Studienzeit hatten sich die Studierenden mit den Gegenständen des Religions- wie des Elementarunterrichts zu befassen. Zugleich aber sollten sie einen Ausbildungsunterricht absolvieren, der dem an den staatlichen bairischen Lehrerseminaren entsprach mit dem Ziel, die Befähigung zum Bestehen der Abschlussprüfung der königlichen Schullehrer-Seminare zu erwerben.

Zu Ehrmanns Ausbildungszeit fanden die Lehrveranstaltungen in einem in der Mitte der Stadt Würzburg gelegenen angekauften Haus statt, das mit allen er-

Abb. 8: Die ehemalige israelitische Lehrerbildungsanstalt (IL-BA) in Würzburg im Jahr 1864. Zeichnung: http://www.alemannia-judaica.de/Images/Wuerzburg/ILBA/100.jpg

forderlichen Einrichtungen, besonders einer guten Bibliothek, ausgestattet war. In der Lehranstalt erhielten die Lehramtskandidaten Kost und Wohnung, wobei Unterricht und Wohnung frei waren.[43] Ehrmann kam erstmals in seinem Leben mit einer größeren Stadt in Berührung: Die Bischofsstadt Würzburg war damals ein kulturelles wie geistliches Zentrum, ein Dreh- und Angelpunkt zwischen den süddeutschen und norddeutschen Ländern. Dort wurde Ehrmann schon aufgrund der Lage der Ausbildungsstätte mit dem pulsierenden städtischen Leben konfrontiert. Ebenso dürfte ihn die Bibliothek der Israelitischen Lehrerausbildungsstätte, in der die Werke aller bedeutenden Dichter und Denker, aber auch die wichtigsten Werke der rabbinischen Literatur standen, sehr beeindruckt haben. Er selbst war ein großer Bücherfreund. Sein kleines Studierzimmer in Friedberg war, so wird berichtet, über alle Wände mit Bücherregalen gefüllt. Das Leben in der Anstalt war durch eine genaue Haus-, Tages- und Stundenordnung genauestens geregelt: *Von Morgens 5 Uhr bis Abends 19 Uhr hat jede Stunde ihre Bestimmung, Unterrichts- und Übungsstunden wechseln mit Erholungsstunden und gemeinschaftlichen Spaziergängen; alles ist darauf berechnet, die Zöglinge an die dem Lehrer ganz besonders nötige Ordnungsliebe und Pünktlichkeit und an sparsames Haushalten mit Zeit und Kraft zu gewöhnen.*[44] Von welcher geistigen Grundhaltung die Anstalt getragen wurde, ergibt sich aus der polemischen Abgrenzung seitens der gesetzestreuen (orthodoxen) Juden gegenüber anderen, nicht orthodox ausgerichteten Ausbildungsstätten für jüdische Lehrer: *Manche hochwürdige jüdischen Herren Geistlichen, welche glauben, den Himmel zu haben, wenn sie auf weichem Pfühle ruhend von Sonntag bis Freitag eine Predigt zu Stande gebracht haben, dabei aber alles darunter und darüber gehen zu lassen, dem Verfall der Religion, der mit Riesenschritten um sich greifenden Sabbatschändung, Gesetzesübertretung, Thorunterrichtsvernachlässigung müßig, wenn nicht mit schlecht verhohlenem Wohlgefallen zusehen, möchten wir hierher wünschen, damit sie sehen, was ein Rabbiner der Jetztzeit leisten soll. Und, wenn er will, auch kann.*[45]

Seine Ausbildung schloss Ehrmann 1875 ab.[46] Diese Lehrerausbildung, die Ehrmann im Alter von 15 bis 19 Jahre dort absolvierte, hat ihn für sein weiteres Leben und Arbeiten in mehrfacher Hinsicht geprägt:

1. in seiner Verwurzelung im orthodoxen Judentum,
2. seinem Interesse an der Erforschung der jüdischen Geschichte und seiner hierbei zu Tage tretenden wissenschaftlichen Gründlichkeit,
3. seinem Interesse am Erlernen und Erforschen von Sprachen,
4. seiner Wachheit gegenüber allen politischen Auseinandersetzungen mit dem Antisemitismus und seiner Skepsis gegenüber den auf Assimilation zielenden Bestrebungen von Teilen des Reformjudentums in Deutschland,
5. seinen lebenslangen Bemühungen um ein immer tiefer gehendes Verständnis der religiösen Schriften und Traditionen des Judentums,
6. seinen Vorbehalten gegenüber der zionistischen, nicht der Thora folgenden Bewegung im Judentum mit dem Ziel der Gründung eines säkularen jüdischen Staates in Palästina,
7. seiner äußert disziplinierten Arbeitshaltung, gepaart mit persönlicher Bescheidenheit und sozialem Engagement für seine Gemeinde sowie
8. seinem intensiven Eintreten für die Professionalisierung des jüdischen Lehrerberufs.

Die Grundlagen dafür, dass Heinrich Ehrmann seine berufliche Tätigkeit und sein geistliches Amt in allen Bereichen als lebenslanges Lernen und Lehren verstanden hat, wurden somit während der fünfjährigen Studienzeit an der Israelitischen Lehrerbildungsanstalt gelegt. Zugleich aber hatte er auch während dieser Ausbildung die profunde Gelehrsamkeit der dort unterrichtenden Lehrer und der Rabbiner, mit denen er in Kontakt kam, so eindrücklich erlebt, dass er später trotz intensiver Beschäftigung mit pädagogischen und religiösen Themen zurückhaltend blieb, selbst in größerem Umfang publizistisch in Erscheinung zu treten. Während seiner späteren redaktionellen Tätigkeit in der Zeitschrift *Der Israelit* griff er bevorzugt auf Autoren zurück, die an der Israelitischen Lehrerbildungsanstalt lehrten oder als Rabbiner wirkten. Er trat offiziell als Verfasser von Beiträgen kaum in Erscheinung, seine Beiträge wurden meist ohne Namensnennung publiziert.

4. Die ersten Berufsjahre: Burgpreppach (1875-1884)

Heinrich Ehrmann gehörte mit zu den ersten Absolventen der Israelitischen Lehrerbildungsanstalt in Würzburg und hatte damit vielen seiner älteren Berufskollegen eine fundierte wissenschaftliche und pädagogische Ausbildung voraus. Nach der fünfjährigen Ausbildung trat er im Alter von kaum 20 Jahren auf Veranlassung des ebenfalls in Poppenlauer geborenen Rabbiners Abraham Hirsch, dem Leiter der Präparandenschule in Burgpreppach, dort seine erste Stelle an. Die dortige weiterführende Schule, Israelitische Präparanden- und Bürgerschule ‚Talmud Tora', - der Name war Programm - war von Ehrmanns früherem Schulleiter in Mainstockheim, Abraham Hirsch, 1874/75 auf der Grundlage einer bereits existierenden jüdischen Volksschule gegründet worden. Die Umstrukturierung hatte gerade erst begonnen. Heinrich Ehrmann folgte dem Ruf seines Förderers, des Rabbiners Abraham Hirsch, obwohl er nach einer besonderen Prüfung zunächst eine Anstellung in Westhofen angestrebt hatte.

Die jüdische Gemeinde in Burgpreppach, erstmals 1681 erwähnt, war im Laufe des 18. Jahrhunderts von etwa zehn auf 48 Familien stark angewachsen. Die jüdischen Wohnhäuser lagen meist an der Hauptstraße in der sogenannten Neustadt zwischen dem um 1720 neu errichteten Schloss der Freiherren Fuchs von Bumbach und der Ausfahrt zum Nachbarort Ibind. Dort befand sich auch die 1764 erbaute Synagoge, die jüdische Volksschule und die Lehrerwohnung.[47] Das Distriktrabbinat war eines von fünf in Unterfranken und hatte unter seinem Rabbiner Josef Gabriel Adler (1802-1873) erhebliche Bedeutung für die Gestaltung des jüdischen Lebens in Unterfranken; ihm unterstanden 18 jüdische Landgemeinden. 1880, also wenige Jahre nach H. Ehrmanns Amtsantritt, waren 25,7% der 573 Einwohner Burgpreppachs Juden, die meist im Viehhandel, Tuchhandel und in dem Handel mit landwirtschaftlichen Gütern tätig waren.

Abb. 9: Die Synagoge in Burgpreppach nach einem historischen Foto, geistlicher Mittelpunkt des jüdischen Lebens. Foto: http://www.alemannia-judaica.de/burgpreppach_synagoge.htm S. 12

Die Israelitische Präparanden- und Bürgerschule ‚Talmud Tora' war eine privat getragene Schule mit Internat, aber rechtlich eine staatlich anerkannte und entsprechend beaufsichtigte Mittelschule mit Handelskursen. Ihr vorrangiges

Abb. 10: Die Präparandenschule in Burgpreppach im 19. Jahrhundert. Foto: htttp://www.alemannia-judaica.de/burgpreppach_synagoge.htm

Abb. 11: Die Präparandenschule in Burgpreppach nach Auskunft ortsansässiger Bewohner. Foto: Hans-Helmut Hoos 2010

Ausbildungsziel war es, geeignete Absolventen auf den Eintritt in das Lehrerseminar in Würzburg vorzubereiten. In die Bürgerschule konnte ein Schüler nach vierjährigem Besuch einer Volksschule (also nach dem 10. Lebensjahr) aufgenommen werden; in die Präparandenschule trat ein, wer sieben Jahre die Volksschule besucht hatte (also nach dem 13. Lebensjahr). Zuvor hatte bereits in Burgpreppach eine Talmud-Thora-Schule bestanden, die jedoch nach Auffassung der Bezirksrabbiner Unterfrankens dringend einer Reorganisation bedurfte. Auf Initiative des ansässigen Bezirksrabbiners Josef Gabriel Adler (1802-1873) und des wenige Jahre zuvor gegründeten *Talmud-Thora-Vereins* in Burgpreppach wurde mit Hilfe des mit ihm gut bekannten Rabbiners Hirsch 1874 mit der Reorganisation begonnen. Aufgrund der überlieferten Berichte über die pädagogischen Zielsetzungen dieser Schule und vor dem Hintergrund der engen Kontakte des ortsansässigen Distriktrabbiners Josef Gabriel Adler zu dem Würzburger Distriktrabbiner Seligmann Bär Bamberger ist davon auszugehen, dass die Reorganisation vor allem dazu dienen sollte, die Schüler dort im Sinne des orthodoxen (gesetzestreuen) Judentums auszubilden und die besten von ihnen für das Studium an einem der beiden orthodoxen jüdischen Lehrerseminare in Würzburg (ILBA) oder in Köln vorzubereiten. Rabbiner Dr. Adler hatte sich seit 1864 als Initiator von Religionslehrerkonferenzen, die u.a. in Burgpreppach stattfanden, als Verfechter einer *der Orthodoxie gewidmeten Praxis*[48] hervorgetan. Dementsprechend wurden die Lehrer an der dortigen Schule ausgewählt und eingestellt. Der damalige über zwanzig Jahre im Amt befindliche jüdische Gemeindevorsteher Ullmann in Burgpreppach war freundschaftlich mit dem Würzburger Rabbiner S.B. Bamberger verbunden und repräsentierte über eine Generation lang die orthodox orientierte Ausrichtung der Gemeinde.

Der Unterricht an der Präparandenanstalt in Burgpreppach war somit immer im Focus des vor Ort amtierenden Bezirksrabbiners. So war es naheliegend, dass Abraham Hirsch mit Billigung des Rabbiners in Burgpreppach auf seinen ehemaligen erfolgreichen Schüler Heinrich Ehrmann zurückgriff. Für seine erste Anstellung hatte Ehrmann also die besten Referenzen. Er dürfte es als eine Auszeichnung angesehen haben, von seinem ehemaligen Lehrer ausgewählt worden zu sein und mit diesem zusammen die neue Schule aufzubauen. Die folgenden zehn Jahre des Aufbaus dieser Schule, der Kampf um deren Existenz und die hierbei erworbenen Erfahrungen sollten in Ehrmanns Vita bleibende Spuren hinterlassen. Sie prägten Zeit seines Lebens seine Lebenshaltung und seine Berufseinstellung, denn es wurde Außerordentliches von ihm verlangt. Seine tägliche Arbeitszeit, so wird es später heißen, begann um 7.00 Uhr in der Frühe und endete oft erst gegen 10.00 Uhr am Abend. Seine Einstellung als Lehrer war jedoch ebenso wie der gesamte Aufbau der Schule mit Schwierigkeiten seitens der staatlichen Schulbehörden verbunden. Am 14. November 1875 stellte A. Hirsch den Antrag, Heinrich Ehrmann als ersten und zunächst einzigen neuen Lehrer an der Talmud-Thora-Schule in Burgpreppach einstellen zu dürfen. Am 19. November wurde Hirsch von der Genehmigungsbehörde zunächst einmal angewiesen, *um die polizeiliche Genehmigung der von im gegründeten israelitischen Präparandenanstalt einzukommen ..., bevor die Anstellung von Lehrern an der Anstalt der Würdigung unterzogen werden könne.*[49] Bereits zu diesem Zeitpunkt zeigte es sich, mit welchen Schwierigkeiten der Leiter der Schule und somit auch die Lehrkräfte der neugegründeten Präparandenanstalt zu

Abb. 12: Bezirksrabbiner Josef Gabriel Adler (1802-1873). Foto: http://www.alemannia-judaica.de/burgpreppach_synagoge.htm

kämpfen haben würden, um die Existenz der jüdischen Schule zu sichern. Während A. Hirsch darum bemüht war, die erforderlichen Schüler und Lehrkräfte für die Schule zu gewinnen und der entstehenden Schule einen guten Ruf unter den Glaubensgenossen zu verschaffen, legten die Behörden allergrößten Wert auf die Einhaltung der gesetzlich geregelten Verfahrensweisen zur Genehmigung einer Privatschule sowie deren baulichen und hygienischen Bedingungen. Sie beobachteten argwöhnisch die Expansion der Schule und das Vorgehen A. Hirschs, der dazu neigte, Fakten zu schaffen und dann erst um die Genehmigung zu bitten, was wohl auch etwas mit der generellen Einstellung gegenüber den Juden zu tun hatte. Der Neuaufbau der Schule in Burgpreppach und die immer wieder auftauchenden Schwierigkeiten, die bis zur Androhung der sofortigen Schließung reichten, sollten Heinrich Ehrmann in den folgenden fünf Jahren bis an die Grenze seiner Belastbarkeit beanspruchen, denn ihm kam als dem zuerst eingestellten Lehrer und, so dürfen wir annehmen, Vertrauten und Assistenten des Schulleiters A. Hirsch eine besondere Verantwortung zu, um zu dem Gelingen des Projektes beizutragen. Der erste und lange andauernde Konflikt mit der Schulaufsicht entzündete sich an der Frage der Aufnahmekapazität der neugegründeten Schule. Am 2. Juni 1876 teilte Hirsch auf Nachfrage des königlichen Bezirksamtes mit, dass *die besagte Anstalt 35 Zöglinge hat, eine Maximalzahl ist nicht fixiert worden und läßt sich überhaupt bei der Tendenz dieses Vereins nicht fixieren, sondern wird immer abhängig sein von den Mitteln … über welche der Verein disponiert, um die Existenz der notwendigen Lehrer … zu sichern und den vorgeschriebenen Raum anbieten zu können.*[50] In den folgenden Jahren versuchte die staatliche Schulaufsicht immer wieder, über die Fragen des Raumangebotes und der zulässigen Schülerzahl die Existenz der Schule in Frage zu stellen. Doch zunächst galt es für den Leiter und Ehrmann, das Unterrichtsangebot in den vorgeschriebenen Unterrichtsfächern abzudecken, um damit den rechtlichen Vorschriften der staatlichen Schulaufsicht und dem religiösen Anspruch der Rabbiner zu genügen. Dabei ist davon auszugehen, dass Heinrich Ehrmann in erster Linie für die Ausarbeitung des Unterrichtsangebotes und dessen Durchführung, der Schulleiter A. Hirsch hingegen für die Beschaffung der Räumlichkeiten, den Behördenverkehr, die Sicherung der materiellen Ressourcen und die Verbindungen zu den Rabbinaten Unterfrankens verantwortlich war. Folgt man dem Lehrplan, der bereits für die ehemalige Mainstockheimer Präparandenanstalt galt, ist davon auszugehen, dass Ehrmann die folgenden Fächer zu unterrichten hatte: Deutsche Sprache, Rechnen, Geschichte, Geographie, Naturgeschichte, Schönschreiben, Zeichnen, Gesang, Musik, Turnen und Französisch. Dagegen wurden die religionsspezifischen Fächer (Pentateuch, Propheten, Mischnah, Ritualien, Talmud) von dem Leiter bzw. dem Bezirksrabbiner erteilt, sofern dieser nicht anderweitig engagiert war. Die Erteilung des Unterrichts in hebräischer Sprache dürfte ebenfalls zu Ehrmanns Aufgaben gehört haben.

Bereits ein Jahr später bat A. Hirsch aufgrund der gestiegenen Zahl der Schüler (45) um die Einstellungsgenehmigung für einen zweiten Lehrer, Wolf Neumann. Dies führte zu Nachfragen, ob denn die Schule über genügend Raum für eine solche Anzahl von Schülern verfüge. Am 9. Januar 1876 wurde ein Bericht angefordert, in dem über Belüftung, Fenster und Beleuchtung seitens der Schule Auskunft zu geben war. Bereits ein Tag später wurde nach einer ersten Inspektion der Schulräumlichkeiten seitens der Schulaufsicht eine Reihe von Auflagen betreffend der Fenster, der Toiletten, der Aufnahme und Unterbringung von Zöglingen gegenüber Vorstandsmitgliedern und Lehrern gemacht und mit Schreiben vom 18. Januar 1877 durch die Regierung in Würzburg angedroht, die Genehmigung für die Schule zu versagen, wenn die angemahnten Mängel nicht binnen kürzester Frist behoben würden. Aufgrund mangelnder finanzieller Ressourcen war an eine sofortige Abhilfe nicht zu denken, und so antwortete der Direktor, dass kein Internatsbetrieb existiere, lediglich zehn Schüler außerhalb der Schule Logis hätten, in einem Haus, das dem *Verein Talmud-Thora* gehöre und alle Schüler außerhalb der Schule verpflegt würden. Zunächst gab sich die Behörde damit zufrieden, forderte aber am 7. Juli 1877 einen ausführlichen Bericht über die Situation der Schule an. Nachdem dieser Bericht vom 7. Juli 1877 eingegangen war, wurden erhebliche Mängel hinsichtlich der Raumsituation und der Unterbringung der Schüler beanstandet. Die Regierung in Würzburg drohte in einem nachfolgenden Schreiben an das Amt in Königshofen die Schließung der Schule an.[51] Der drohenden Schließung versuchte Hirsch mit einem dringenden Verweis auf die übernommene *Verpflichtung gegen die zwei Lehrer der Anstalt, von welcher der eine Familie hat, denen wir sonst nicht gerecht werden können*[52], zu entgehen. Zugleich stellte er den Antrag, dass achtzehn Schüler in einem von Lehrer Wolf Neumann gemieteten Haus internatsmäßig untergebracht werden sollten. In fieberhafter Eile versuchte nun der *Talmud-Thora-Verein* als Träger der Schule, durch die Vorlage von Umbauplänen den beanstandeten baulichen Mängeln abzuhelfen. Während der Kreisschulinspektor in seinem Schreiben vom 23. September 1877 an die Regierung in Würzburg die Aufrechterhaltung der

Entscheidung, die Talmud – Thoraschule sofort zu schließen, forderte, entschied die Regierung in Würzburg am 15. Oktober 1877 differenzierter: Sie stellte zunächst fest, dass auch die geplanten baulichen Veränderungen nicht ausreichen würden, um eine staatliche Genehmigung zu erhalten, ließ aber dem Direktor der Schule mitteilen: *Gleichwohl wird Ihnen mit Rücksicht auf die in Ihrer Eingabe vom 10. d. Mts. dargelegten Gründe die Erlaubnis erteilt, die seitherigen Unterrichtslocalitäten noch für das Wintersemester 1877/78 zu benutzen unter der Voraussetzung, daß Sie Ihrer Zusicherung gemäß die fraglichen Räumlichkeiten ... lediglich zu Unterrichtszwecken und nicht mehr zugleich als Aufenthaltsort für ihre Zöglinge verwenden ... und neue Pläne vorgelegt werden.*[53] Wenn bis zum 1. April 1878 keine Genehmigung für den Neubau vorläge, dann würde die unverzügliche Schließung der Schule vollzogen. Damit hatte das Schreiben von A. Hirsch zumindest dazu beigetragen, dass der Unterrichtsbetrieb über den Winter nicht eingestellt werden musste und für die vorzulegenden Umbaupläne fünf Monate Zeit gewonnen waren. Für die Weiterexistenz der Schule war es allerdings zwingend notwendig, die Unterbringung der zumeist von auswärts kommenden Schüler zur Zufriedenheit der Schulaufsichtsbehörde beim Kreisamt in Königshofen zu regeln.

In dem Rechenschaftsbericht der Schule 1876/77 wurde auf diese Problematik jedoch nicht eingegangen, sondern zum Zweck der Anstalt ausgeführt: *eine gediegene Ausbildung der ihr anvertrauten Zöglinge, nicht nur in allen deutschen Unterrichtsgegenständen, wie sie an gehobenen Schulen unterrichtet werden, in der französischen und englischen Sprache, sondern ganz besonders eine Erziehung von gründlichem jüdischen Wissen....nicht nur umfassende Vorkenntnisse für ihren zukünftigen Beruf (genannt wird der „Kaufmannsstand"), sondern auch im Jüdischen ... dass sie befähigt werden in den Quellen der jüdischen Literatur weiterzuforschen.*[54] Als Erziehungsziele werden genannt: *Erziehlung echt-jüdischer Gesinnung, die wahre Gottesfurcht....und die Begeisterung ... für unsere Heilige Thora.*[55] Heinrich Ehrmann wird in dem Jahresbericht 1876/77 namentlich erwähnt: *Außer dem Direktor wirken an der Schule zwei Lehrer, die Herrn Ehrmann und Neumann,*[56] was die Lehrer betreffend einer besonderen Auszeichnung gleich kam. Wie auch aus den nachfolgenden Berichten der Schule hervorgeht, ging es dem Schulträger darum, die im Aufbau befindliche Schule in einem möglichst günstigen Licht darzustellen.

Bereits am 27. November 1878 reichte Abraham Hirsch neue Pläne ein, die am 13. Februar 1878 wiederum beanstandet wurden. Er wurde angewiesen, unverzüglich neue Pläne vorzulegen, um eine Schließung der Schule zu vermeiden. Am 3. März wurden diese revidierten Pläne vorgelegt und mit Schreiben vom 23. April bat der Leiter der Schule um Genehmigung, die dann am 1. Mai erteilt wurde. Am 29. Mai legte er die überarbeiteten Unterrichts- und Bildungspläne vor und teilte mit, dass die Zöglinge insbesondere für den Eintritt in die Israelitische Lehrbildungsanstalt in Würzburg vorbereitet werden sollten. Zugleich entschuldigte er sich für die Verzögerung; die, so Hirsch, durch seine verschiedenen Amtsfunktionen als Distriktrabbiner und hauptsächlich durch die Regulierung der Errichtung des Schulgebäudes seitens des hiesigen *Talmud Thora-Vereins* bedingt sei. Von welcher Bedeutung in dieser Phase Heinrich Ehrmann für den Aufbau und den Betrieb der Schule war, wird aus diesem Schreiben von Hirsch deutlich: *Bei der Auswahl der Lehrer* (Ehrmann und Neumann) *war für uns maßgeblich, daß dem unterfertigten Ehrmann, der bei ihm seine Ausbildung in Mainstockheim erhalten, persönlich als tüchtig, fleißig, in religiöser und sittlicher Beziehung als edler Charakter bekannt war ... Beide Lehrer widmen sich seit ihrer Acquirierung mit allem Ernste und aller Hingabe dem Unterricht, beeifern sich überdies, sich gewissenhaft fortzubilden und haben sich die vollkommene Zufriedenheit des Unterzeichneten sowohl als auch aller Mitglieder des besagten Vereins erworben.*[57] Es kann davon ausgegangen werden, dass es Heinrich Ehrmanns Verdienst war, der die Unterrichtspläne ausgearbeitet und zusammen mit seinem Kollegen Wolf Neumann[58] umgesetzt hat, denn der Schulleiter war, wie er selbst schrieb, mit den Aufgaben eines Rabbiners in den Gemeinden, der Planung und der Geldbeschaffung für den Neubau der Schule befasst. H. Ehrmann musste also in den ersten drei Jahren seiner Tätigkeit mit der Ungewissheit leben, ob die Schule, an der er angestellt war, weiter existieren würde. Aus seinem sechzig Jahre später erschienenen Nachruf erfahren wir zudem, dass er nicht nur als Lehrer, sondern auch als Sekretär des Direktors in Anspruch genommen wurde.[59] Zusätzlich wurde von ihm und seinem Kollegen, wie sich aus dem folgenden Schreiben Hirschs erweist, erwartet, dass er Schüler der Schule bei sich zu Hause aufnahm, um den Beanstandungen der Behörde hinsichtlich eines fehlenden Internats zu begegnen.

Die inzwischen überarbeiteten Lehrpläne der Schule wurden nach ihrer erneuten Vorlage genehmigt, nur wurde moniert, dass *die Schule in Burgpreppach an demselben Übelstande wie die beiden Schulen zu Höchberg u. Würz-*

burg, nämlich an dem einer zu großen Anzahl von Religionsstunden in dem Plan[60] *leide,* was zu einer nicht unerheblichen Ausweitung des Wochenstundenplanes führe. Aufgrund des Selbstverständnisses der Schule als jüdisch-orthodoxe Bildungseinrichtung wurde der Vorschlag der staatlichen Behörde, den Unterricht in „Talmud" „Pentateuch" und „Propheten" zu kürzen, natürlich nicht umgesetzt.

Auch während der folgenden Jahre kam es immer wieder zu Beanstandungen seitens der Behörden, was die Hygiene in der Schule, deren Räumlichkeiten und besonders, was die Zahl der aufzunehmenden und unterzubringenden Schüler betraf.[61] Trotz dieser angemahnten Mängel stellte der Schulleiter am 3. August 1880 den Antrag an die Regierung in Unterfranken, die Schule weiter ausbauen zu dürfen. Es sollte ein dritter Präparandenkurs eingerichtet werden. Zugleich versprach er, ein drittes Schulzimmer zu schaffen. Diesen Antrag auf Erweiterung nahm die Regierung in Würzburg zum Anlass, am 2. September 1880 auf die bestehenden Mängel, das Fehlen eines Internates, den akuten Raummangel und den fehlenden Lehrplan hinzuweisen. Zugleich wurde erneut angedroht, falls diese zur Genehmigung erforderlichen Rahmenbedingungen nicht fristgerecht erfüllt würden, die Schule unverzüglich zu schließen.[62] A. Hirsch versuchte, diesen Bedingungen zunächst dadurch zu begegnen, dass er um Genehmigung bat, einen dritten Lehrer, Naphtalie Ottensoser,[63] einstellen zu dürfen, und den Lehrern zusätzliche Aufgaben auferlegen wollte:

1. Ehrmann sollte den Unterricht in den deutschen Fächern im 3. Präparandenkurs übernehmen;

2. die Schüler sollten außer bei Gemeindemitgliedern auch von dem frisch verheirateten Lehrer Ehrmann und dem neu eingestellte Ottensoser in Pension genommen werden, sobald sich diese entsprechend eingerichtet hätten.[64]

A. Hirsch versuchte, auf diese Weise die Auflagen der Behörden zu umgehen. Er war bemüht, die Kapazität der inzwischen sehr nachgefragten Bildungseinrichtung, die er, so sein Schreiben vom 28. 2. 1881, als sein Lebenswerk betrachtete[65] de facto vor einer offiziellen Genehmigung auszuweiten. Zwischenzeitlich war jedoch die Genehmigung der Schule vom zuständigen Amt in Königshofen aufgehoben worden. Um die unmittelbar bevorstehende Schließung der Schule zu verhindern, begab sich A. Hirsch persönlich zu seinen Glaubensbrüdern nach Frankfurt am Main und bat diese um finanzielle Unterstützung, wohl vor allem für die Errichtung neuer Unterrichts- und Aufenthaltsräume, um die wachsende Zahl der Schüler an seiner Schule unterrichten zu können.[66] Zur gleichen Zeit musste er eingestehen, dass sein Plan, die Schüler bei den Lehrern der Anstalt unterzubringen, nicht funktioniert hatte, und lediglich zwei Gemeindemitglieder bereit waren, Schüler in Pension aufzunehmen. Damit schien die Schließung der Schule unvermeidbar. Dagegen legte Hirsch in einem bewegenden persönlichen Brief im März 1881 Beschwerde bei der übergeordneten Instanz ein, verwies auf die besonderen lokalen Verhältnisse, die Verpflichtung gegenüber den bereits aufgenommen Zöglingen und dem Lehrpersonal und auf sein persönliches jahrelanges Engagement in dieser Sache. In zwei Schreiben der Regierung von Unterfranken und Aschaffenburg bzw. des Amtes Königshofen wurde am 15. März bzw. 16. April 1881 die Aussetzung der Genehmigung unter *Berücksichtigung der besonderen örtlichen Verhältnisse, der beschränkten Mittel und der von A. Hirsch getätigten Eingaben*[67] angeordnet.

Am 21. Mai 1881 legte A. Hirsch der zuständigen Behörde einen entsprechend der zuvor mitgeteilten Auflagen geänderten Plan für das III. Präparandenjahr vor, zeitgleich reichte er die Anträge für bauliche Veränderungen (Aborte, Anbau auf dem Turnplatz) ein und kündigte eine weitere Grundstückserwerbung für das Neubauprojekt (Gemüsegarten der Ww. Adler) an. Noch einmal drohte der Konflikt zu eskalieren, weil zwischen der Schule und der Genehmigungsbehörde Differenzen bestanden, wo die Aborte für die Schule untergebracht werden sollten.[68] Auch wenn Hirsch aus rituellen Gründen hinsichtlich der Platzierung der Aborte den Behörden nicht entgegenkommen konnte, teilte er unverzüglich mit, dass ein neuer dritter Unterrichtsraum geschaffen wurde. Als am 1. Oktober 1881 A. Hirsch den Stundenplan des dritten Präparandenjahres zur Genehmigung vorlegte, war der Konflikt weitgehend beigelegt. Aus Sicht der Behörden waren die schlimmsten Mängel, die Baulichkeiten der Schule betreffend, abgestellt, und für A. Hirsch war die größte Krise bei dem Aufbau „seiner" Präparandenanstalt in Burgpreppach überstanden. Weniger der Unterrichtsbetrieb, als die räumlichen Voraussetzungen hatten zu der Existenzkrise der Schule geführt. Heinrich Ehrmann hatte in all den Jahren sicherlich die Sorgen seines Direktors geteilt, ging es für ihn doch immerhin um seine berufliche und bald darauf auch um seine familiäre Existenz. Was seinen Unterricht betraf, hatte ihm die Schulinspektion bereits ein Jahr zuvor in ihrem Bericht am 3. März 1880 gute Leistungen bescheinigt: *Von 2-4 Uhr wohnte ich einer Geschichts- und Geografiestunde bei. Lehrer Ehrmann hat sich seit meinem letzten Besuche im Jahre 1877 in seinem Vortragen wesentlich gebessert; weniger kann dies von den Schülern gesagt wer-*

den bezüglich des Sprechens, dieselben sprechen fast durchgängig zu schnell und undeutlich, häufig nur in abgebrochenen Sätzen...[69] Auch in den Inspektionsberichten aus den folgenden Jahren wurde die Qualität der unterrichtenden Lehrer positiv erwähnt, es wurde hervorgehoben, dass *mit Lust und Eifer gearbeitet wird,* und die Räumlichkeiten wurden nicht mehr beanstandet. Kritische Anmerkungen, wie fehlende Veranschaulichungsmittel, wurden von dem Direktor der Schule zum Anlass genommen, Maßnahmen zur Verbesserung zuzusagen.

Nach einem Lehrerwechsel - Lehrer Ottensoser schied aus, Lehrer Lichtenstädter wurde neu eingestellt - beantragte der Direktor der Schule, Hirsch, am 8. Oktober 1883 für seine Kollegen die Gewährung einer Alterszulage und die Gewährung eines Anspruchs auf eine Pensionsberechtigung entsprechend den nichtjüdischen Lehrern im Königreich Bayern. Hintergrund dieser Initiative war es, eine materielle Sicherung der beschäftigten Lehrer und deren Unabhängigkeit von dem Schulträger, dem *Verein Talmud-Thora* und der jüdischen Gemeinde in Burgpreppach, zu erreichen. Bis dahin waren die jüdischen Lehrer entweder abhängig von dem Träger der jeweiligen Bildungseinrichtung oder von den Gemeinden bzw. dem jeweiligen Rabbinat. Die Gleichberechtigung mit den nichtjüdischen Lehrern an den Konfessionsschulen des Königreichs Bayern sollte auf diese Weise angestrebt werden. Am 5. April 1884 lehnte in München das Bayrische Staatsministerium des Inneren für Kirchen- und Schulangelegenheiten das am 22. Oktober eingegangene Gesuch von A. Hirsch mit der Begründung ab, damit Präzedenzfälle zu schaffen. Dies bedeutete, dass die jüdischen Lehrer an den jüdischen Schulen Bayerns mit ihren nichtjüdischen Kollegen an den jeweiligen Konfessionsschulen nicht gleichgestellt werden würden.

Inzwischen hatten die Anstrengungen um die Erhaltung der Schule deren Direktor gesundheitlich stark angegriffen, so dass er um Erholungsurlaub bat, was ihm auch genehmigt wurde. Während seiner Abwesenheit fand eine erneute Inspektion der Schule statt, deren Ergebnisse sich in dem Bericht vom 9. Mai 1884 niederschlagen. Einwände wurden erhoben in Bezug auf die Aufenthaltsräume der Schüler, die Sauberkeit der Klassenräume, die Genauigkeit des Schülerverzeichnisses; angemahnt wurde eine strengere Aufsicht außerhalb der Unterrichtszeiten. Am Unterricht selbst wurde nichts bemängelt. Zu diesem Zeitpunkt unterrichteten an der Schule die zuerst eingestellten Lehrer Heinrich Ehrmann und Wolf Neumann, der neu hinzugekommene Lichtenstädter und der Bezirksrabbiner Adler (möglicherweise in Vertretung für A.

Hirsch). Nach seiner Rückkehr aus dem Erholungsurlaub versprach A. Hirsch, für sofortige Abhilfe der Beanstandungen zu sorgen. Zugleich verwies er auf seine *geschwächte* Gesundheit und zog sich aus seiner Unterrichtstätigkeit zurück. Eine Woche, nachdem A. Hirsch dies der Aufsichtsbehörde geschrieben hatte, musste er im Schreiben vom 22. Juli 1884 mitteilen, dass Heinrich Ehrmann, der mit ihm die Lehranstalt ins Leben gerufen hatte, aus dem Kollegium ausscheiden würde: *Wie wohl vorauszusehen war, so hat die Weigerung des h(ohen) Staatsministeriums aus prinzipiellen Bedenken die Gewährung der Alterszulage und Pensionsberechtigung der hies.(igen) israel.(ischen) Präparandenschule zu erkennen, die äußerst unangenehme Folge gehabt, daß sofort der befürchtete für solche Anstalten wie die unsere äußerst nachteilige Lehrerwechsel eingetreten ist. Der Lehrer H. Ehrmann, der seit der Gründung der hies. Tlm.-Thora-Schule ununterbrochen nunmehr seit 9 Jahren zu meiner größten Zufriedenheit an derselben wirkte, hat für das Ende des gegenwärtigen Schuljahres seinen Austritt erklärt, in dem er glaubte, daß er trotz der Opfer, die wir stets brachten, um ihn unserer Anstalt zu erhalten, er es seiner Familie schuldig sei, eine solche Stelle zu acquirieren, die ihm eine bessere und sichere Existenz garantiere.*[70]

Als Heinrich Ehrmann die Präparandenanstalt in Burgpreppach im Sommer 1884 verließ, befand sich diese auf einem guten Weg: Die Unterrichtsqualität war anerkannt worden und die schlimmsten räumlichem Probleme schienen behoben zu sein. Die Schule war, wie es im 3. Jahresbericht hieß, dank des *unermüdlichen Eifers des Direktors Herrn Rabbiner Hirsch, der eine seltene Tätigkeit dieser Sache widmet und mit einer bewundernswürdigen Begeisterung für dieselbe wirkt,*[71] auf dem besten Weg.

Aufgrund der überlieferten Berichte über die pädagogischen Zielsetzungen dieser Schule und vor dem Hintergrund der engen Kontakte des ortsansässigen Distriktrabbiners Josef Gabriel Adler zu dem Würzburger Distriktsrabbiner Seligmann Bär Bamberger ist davon auszugehen, dass unter Mitwirkung Heinrich Ehrmanns statt der ursprünglich geplanten Reorganisation der bestehenden Schule eine neue Bildungseinrichtung entstanden war, die vor allem dazu diente, die Schüler im Sinne des orthodoxen (gesetzestreuen) Judentums auszubilden und die besten von ihnen für das Studium an einem der orthodoxen jüdischen Lehrerseminare in Würzburg (ILBA) oder in Köln vorzubereiten.

Aus den Jahresberichten in der Zeit Heinrich Ehrmanns wird deutlich, vor welche Aufgabe sich der junge Lehrer gestellt sah. Während seiner Tätigkeit hatte die Schule, getragen von dem privaten *Talmud-Thora-Verein*, 1879, nach zähem Hin und Her die staatliche Anerkennung erlangt; sie hatte Grundbesitz erwerben können und weitere finanzielle Mittel erlangt, um einen Neubau der Schule zu finanzieren. Mehr als 60 Schüler besuchten die Präparandenanstalt, die sich dank ihrer Unterrichtserfolge, zu denen auch Heinrich Ehrmann beigetragen hatte, inzwischen einen sehr guten Ruf erworben hatte.[72] Das führte dazu, dass nunmehr in dem geplanten Neubau für mehr als hundert Schüler Raum geschaffen wurde, denn die Schüler kamen, so die Jahresberichte der folgenden Jahre, inzwischen *aus den verschiedensten Gegenden unseres Vaterlandes.*[73] Die Schule konnte es sich, laut Jahresbericht 1881/82 sogar leisten, einige Schüler zum Austritt zu veranlassen, *weil sie so gering talentiert und nach der Überzeugung des Lehrerkollegiums nicht erreichen können, tüchtige Lehrer zu werden und wir prinzipiell das Judentum mit unqualifizierten nicht bereichern wollen.*[74] Obwohl zum Zeitpunkt des Ausscheidens von H. Ehrmann nach der Auffassung von A. Hirsch immer noch *der Mangel an geeigneten israelitischen Elementarlehrern ... nicht behoben war,*[75] blieb es das Bestreben der Schule in Burgpreppach, dem *allgemein so bitter empfundenen großen Mangel an tüchtigen, charakterfesten jüdischen Lehrern abzuhelfen.*[76] Nicht zuletzt dank Ehrmanns Wirken wurde auch nach dessen Ausscheiden seitens der Schulleitung und des Kollegiums allergrößter Wert darauf gelegt, die Qualität der Ausbildung beizubehalten. Ehrmann selbst hatte zur Steigerung der Qualität beigetragen, indem zwei Jahre vor seinem Ausscheiden ein Vorkurs eingerichtet wurde, in dessen Konzeption er eingebunden war.

Abb. 13: Gebäude der ehemaligen Präparandenanstalt Talmud-Thora in Burgpreppach nach Auskunft ortsansässiger Bewohner. Foto: Hans-Helmut Hoos 2009

In Burgpreppach lernte Heinrich Ehrmann seine Frau Regina, möglicherweise die Tochter des evangelischen Realschullehrers Pfeiffer, kennen, die er 1881 heiratete.[77] Das Verhältnis zwischen Nichtjuden und Juden in Burgpreppach war zu diesem Zeitpunkt durchweg gut, „nicht zuletzt auch deswegen, weil viele Christen, vor allem Handwerker und Landwirte sowie auch Tagelöhner, bei den Juden zusätzlich Arbeit und Verdienst fanden."[78]

Seine Frau wurde jedenfalls später als eine überzeugte und engagierte jüdische Frau gewürdigt. Nicht auszuschließen ist, folgt man den späteren Aufzeichnungen von H. Ehrmann in seinem Notizbuch und einem jüdischerseits 1931 veröffentlichten Nachruf auf seine Frau, dass die Familie seiner Frau jüdische Wurzeln gehabt haben könnte.[79] Heinrich Ehrmann hat sich bei seiner Entscheidung für eine Liebesheirat bewusst nicht an den üblichen sozialen Normen seiner jüdischen Bezugsgruppe orientiert, für die nicht nur die Frage der Religionszugehörigkeit, sondern auch die der Mitgift eine wichtige Rolle spielte. Mit seiner Frau lebte er 50 Jahre in glücklicher Ehe und hatte acht Kinder.[80] Drei Kinder des jungen Ehepaares wurden in Burgpreppach geboren. Der älteste Sohn Saki am 29. Mai 1882 und wenige Tage vor dem Umzug nach Friedberg die Tochter Johatha am 19. Juli 1884.[81] Der 1883 geborene Sohn Selig muss in Burgpreppach vor der Übersiedlung nach Friedberg verstorben sein, denn in den Anmeldeunterlagen der Stadt Friedberg wird er nicht mehr aufgeführt.

Abb. 14: Die ehemalige Volksschule in Burgpreppach, Dienststelle von Ehrmanns nichtjüdischem Schwiegervater. Sie liegt auf einem der jüdischen Präparandenschule gegenüberliegenden Bergrücken. Im Tal dazwischen befand sich die 1938 zerstörte und abgerissene Synagoge. Foto: Hans-Helmut Hoos 2009

Um Heinrich Ehrmanns späteres Engagement als Lehrer in der Friedberger Gemeinde zu verstehen, ist es unverzichtbar, sich den Geist der Schule in Burgpreppach vor Augen zu führen, der ihn in seinen vielfältigen späteren Tätigkeiten als Angestellter der jüdischen Religionsgemeinde, als Lehrer an den Schulen in Friedberg, als Historiker und Privatgelehrter sowie als Redakteur, Journalist und Vertreter seines Berufsstandes in den israelitischen Lehrerorganisationen des Großherzogtums Hessen und des Deutschen Reiches entscheidend geprägt hat. An der Präparandenschule in Burgpreppach machte H. Ehrmann seine ersten beruflichen Erfahrungen, die sich in mehrfacher Hinsicht von denjenigen unterscheiden sollten, die er in Friedberg zu Beginn seiner Tätigkeit machen sollte. Die Schüler stellten eine Auslese dar, die nicht nur aus den umliegenden orthodoxen Landgemeinden stammten, sondern auch mit dem traditionellen Judentum eng verbunden waren. Die Schule tat ihr Übriges dazu, um die *gesetzestreue Ausrichtung* ihrer Zöglinge zu festigen. Dies war in Friedberg anders, denn hier befand sich die jüdische Gemeinde in einem fortschreitenden Assimilationsprozess. Die jüdischen Schülerinnen und Schüler in Friedberg stammten zum überwiegenden Teil, das zeigen deren Erinnerungen, aus Kreisen, die ihr Judentum eher liberal handhabten.[82]

Erst aus dem Nachruf, der 1931 in der Wochenzeitung *Der Israelit* erschien, erfahren wir weitere Gründe, warum Heinrich Ehrmann nach neunjähriger Tätigkeit seine Stelle in Burgpreppach aufgab: Ihm wird bescheinigt, dass er seine ganze Kraft der Aufbauarbeit dieser Schule widmete. *Er unterrichtete zunächst 2 Klassen und war täglich von früh 7 Uhr bis abends 10 Uhr für die Anstalt tätig, indem er zu dem Unterricht und der Beaufsichtigung der Schule noch die Stelle des Sekretärs ausübte. Er kannte schon damals keine Rücksicht auf seine eigene Person und arbeitete sich so herunter, dass der Arzt ihm dringend riet, eine andere Stelle zu suchen. Dabei nahm er noch seine Mutter und eine Schwester zu sich und sorgte für sie bis zu ihrem Ableben auf rührendste Weise.*[83] Neben dieser aufreibenden Tätigkeit bildete sich H. Ehrmann in dieser Zeit intensiv fort, indem er regelmäßig am Gomoro-Schiur[84] des Rabbiners Markus Horowitz teilnahm. Es ist also davon auszugehen, dass Heinrich Ehrmann, wohl auch auf Anraten seiner Freunde, sich beruflich neu orientierte, um einem totalen psychischen und physischen Zusammenbruch („Burn-out-Syndrom") zu entgehen und in Verantwortung gegenüber seiner Familie eine relativ gesicherte materielle Existenz anstrebte.

Dieses ist um so bemerkenswerter, als H. Ehrmann nur ein einziges Mal in seinem Leben einen beruflich bedingten Ortswechsel vollzog, um eine Stelle einzunehmen, die ihm mehr Freiheiten zur persönlichen und beruflichen Gestaltung des religiösen Lebens einer jüdischen Gemeinde eröffnete, ihn aber auch, was das religiöse Leben dieser Gemeinde betraf, vor neue Herausforderungen stellte. Sicherlich haben bei seiner Einstellung in Friedberg auch die Beziehungen innerhalb des orthodox ausgerichteten Judentums eine Rolle gespielt; Kontakte zu der in einer schwierigen Situation sich befindenden Gemeinde könnte der Frankfurter Rabbiner S. R. Hirsch, den A. Hirsch 1881 aufgesucht hatte, geknüpft haben. Jedenfalls tritt H. Ehrmann im September 1884 die vakante zweite Lehrerstelle in Friedberg an, nachdem er am 20. August 1884 nach Friedberg verzogen ist.[85] Dort wird er fortan bis zu seiner Pensionierung 1925 als Lehrer tätig sein und seinen Lebensabend in dieser Kleinstadt verbringen. Zeit seines Lebens aber blieb er der Präparandenanstalt Talmud-Thora in Burgpreppach, besonders während seiner Tätigkeit als verantwortlicher Redakteur der Beilage *Erziehung und Lehre* der Wochenzeitung *Der Israelit*, auf engste verbunden, wie die vielen von ihm veröffentlichten positiven Berichte beweisen.[86] Und nicht selten wird Heinrich Ehrmann, der viele Jahre mit seinem Idealismus und durch seinen bis zur Selbstaufgabe reichenden beruflichen Einsatz in den Gründerjahren die Präparandenanstalt in Burgpreppach mitgeprägt hatte, in Friedberg an seine Zeit als Junglehrer an dieses, dem orthodoxen Judentum und einem leistungsorientierten Bildungsziel verpflichteten Schulleben zurückgedacht haben.

5. Friedberg in der Wetterau (1884 - 1931)
1. Die ersten Jahre (1884 – 1890): Der Pädagoge Heinrich Ehrmann

Aller Anfang ist schwer, aber ihm wohnt ein besonderer Zauber inne.
(Notizbucheintrag H. Ehrmann 1894)
Heinrich Ehrmann bewarb sich erfolgreich um die vom Gemeindevorstand in Friedberg am 23. April 1884 ausgeschriebene Stelle des Kantors und Lehrers, die am 1. Juli vakant wurde. In der Ausschreibung im *Israelit* hatte es geheißen: *Mit dieser Stelle ist ein Jahresgehalt von Mark 1800 nebst freier Wohnung verbunden. Seminaristisch geprüfte Lehrer, die zugleich musikalische Bildung besitzen, um einen Synagogenchor leiten zu können, einen religiösen Lebenswandel führen, wollen sich unter Beifügung ihrer Zeugnisse längstens bis zum 15. Mai an unterzeichnete Stelle bewerben.*[87]
Am 20. August 1884 zog die Familie Ehrmann in Friedberg in das kleine, der Gemeinde gehörende Haus in der Judengasse 6, direkt neben der Synagoge ein[88]. Damit wohnten sie im Unterschied zu vielen ihrer Glaubensgenossen mitten im Zentrum des alten Judenviertels der Stadt Friedberg zwischen der Synagoge und der alten Mikwe. Als Heinrich Ehrmann im September 1884 in der jüdischen Gemeinde in Friedberg sein Amt antrat, hatte die Gemeinde bereits über drei Generationen den Weg aus dem 1805 aufgelösten Ghetto in der Judengasse mit beachtlichem Erfolg beschritten. Sie hatte sich trotz erheblicher

Abb. 15: Wohnhaus Heinrich Ehrmanns, bis 1931 das alte jüdische Gemeindehaus, in der Judengasse Nr. 6. Foto von Wilhelm Hans Braun im Juni 1944. Stadtarchiv Friedberg: Fotosammlung

Widerstände der nichtjüdischen Stadtbewohner in der ersten Hälfte des 19. Jahrhunderts im bürgerlichen Leben der aufstrebenden Kreisstadt etabliert.

Die Kreisstadt Friedberg befand sich im letzten Drittel des 19. Jahrhunderts in einem raschen Wachstums- und Umstrukturierungsprozess. Die Synagoge war 1846 ein erstes Mal gründlich renoviert und unter großer Anteilnahme der nichtjüdischen Honoratioren eingeweiht worden. Eine erneute Renovierung der Synagoge stand an; sie erfolgte 1884. Die Zahl der Juden in Friedberg stieg im 19. Jahrhundert von 363 Einwohnern (7,7% von 4691 Einwohnern) auf 438 (9% von 4869), 1890 auf 469 und 1910 auf 491. Noch rascher wuchs jedoch die Zahl der christlichen Einwohner am Ende des 19. bzw. zu Beginn des 20. Jahrhunderts, so dass sich der prozentuale Anteil der Juden verringerte. 1890: 5313 (Anteil der Juden 5,1%) 1910: 9518 (Anteil der Juden 4,9%).[89] Zur jüdischen Gemeinde in Friedberg gehörten auch Ober Rosbach, Dorheim und das 1901 eingemeindete Fauerbach. Dies stellte an die jüdische Gemeinde erhebliche Anforderungen hinsichtlich ihrer Integrationsfähigkeit, ihrer materiellen Aufwendungen und an die Gestaltung ihres Verhältnisses zu den nichtjüdischen Bürgern der Stadt. Die jüdischen Bürger der Stadt schickten ihre Kinder überwiegend auf die weiterführenden Schulen, die Augustinerschule und die Höhere Mädchenschule, wo Ehrmann als Religionslehrer tätig war. Bereits in den allerersten Schülerlisten finden sich die Namen der Kinder aller angesehenen jüdischen Bürger der Stadt (z.B. Erna Kassel; Bertha, Clara und David Grödel, Bettina Hanau, Lina und Franziska Oppenheimer, Otto Hirsch). Er hatte es als neuer Lehrer der jüdischen Gemeinde mit den Kindern der Elite der jüdischen Gemeinde Friedbergs zu tun, stand also von Anfang an auf dem „Prüfstand".[90] Als Lehrer und Angestellter der jüdischen Gemeinde, und somit auch von ihr zunächst materiell abhängig, musste er entsprechend seines Amtsverständnisses seinen erzieherischen Anspruch als gesetzestreuer Lehrer durchsetzen. Seine Vorgänger, die Lehrer Cahn und Heß, hatten aufgrund ihrer Ausbildungsvoraussetzungen den israelitischen Religionsunterricht und den Hebräisch-Unterricht nicht im Geiste des in Würzburg ausgebildeten Junglehrers gestaltet.

1882 hatte die spezielle Prüfung der jüdischen Schüler an der Realschule (Augustinerschule) und an der Musterschule zwar zu *im Ganzen recht befriedigenden Ergebnissen* geführt, aber die kritischen Anmerkungen wiesen deutlich auf Handlungsbedarf hin: *Sämtliche Examinanden bis auf eine verschwindend kleine Ausnahme* (Hervorhebung durch den Verf.) *beweisen durch die schnelle und korrekte Beantwortung der an sie gestellten Fragen ihre gründliche Vorbereitung in den ihrem Alter entsprechenden Religionswisssenschaften, als : Glaubens- und Pflichtenlehre, biblische und nachbiblische Geschichte, Literaturgeschichte bis etwa zur Zeit Moses Mendelsohns.* Doch dies, so der Bericht, war vor allem auf die *Initia-*

Abb. 16: Südseite der Synagoge mit Blick in den Judenplacken mit dem Haus Judengasse 8 an der Ecke. Foto von Alfred Klein im Juli 1939. Stadtarchiv Friedberg: Fotosammlung

tive des Stadtrates Eduard Hirsch zurückzuführen, *„der mit der Hilfe der hiesigen Schulbehörde und des genannten Lehrer Heß System und Plan in diesen Unterrichtszweig gebracht hat. Zu wünschen wäre noch, dass auch den fakultativ hebräischen Fächern eine ebensolche Aufmerksamkeit seitens der Rabbiner und Vorsteher zuteil werden möge.(*Hervorhebung durch den Verf.)[91] Der Gemeindevorstand erwartete von dem neueingestellten Lehrer und Kantor diesbezügliche Initiativen und ein entsprechendes Engagement. Heinrich Ehrmann war sich zugleich darüber im Klaren, dass er diesen Erwartungen nie vollständig würde genügen können, doch vertraute er auf Gottes gnädige Fügung: *Siehe es war alles schon gut!* Immer wieder setzte er sich zu Anfang seiner Tätigkeit in Friedberg, sozusagen als Selbstvergewisserung mit seinem Beruf und dem beruflichen Ethos des jüdischen Lehrers auseinander: *Es ist nicht leicht, mein Lernprogramm zu verstehen. Die Hauptsache meines Lernens sind die hebräische und die deutsche Sprache...* Und an anderen Stellen heißt es: *Ist der Anfang schwer, so wird Dein Ende froh sein.*[92] Er empfand schmerzlich den Kontrast zwischen ihm, dem Mann voll Einfalt, der in ruhiger Herzlichkeit den meisten Kinderherzen zugetan war, und den Realitäten, denen er sich ausgesetzt sah, dem, wie er es nannte, *wilden Wogen der Heldenscharen*(i.S. von Jugendlichen), die von Jahr zu Jahr wieder brausen und wüten. Voller Verständnis für die ihm anvertrauten Schüler formulierte er: *Das ist das Glück und Unglück des Wachstums, das alles wächst, neben dem Weizen meist auch noch rascher und lustiger das Unkraut, das alle Keime aufgehen und sich den Acker des Herzens streitig machen.* Und er fährt fort: *Stillsitzen, die schwerste Arbeit für ein Kind, die Lernleiter, das große Korrektionshaus... Es ist mindestens ebenso große Weisheit, zur rechten Zeit seine Gedanken an Fremden* (i.S. von jeweils neuen Schülerinnen und Schülern) *zu wagen, zu berichten, zu vervollkommnen und zu kräftigen als neue und überraschende Ideen auszusinnen, Verständigung ist das große Gebot der Klugheit und Humanität. Isolierung ist der Tod des einzelnen... Es muss wahr sein, dass der Charakter nach und nach dem Gesichte seinen Prägestempel aufdrückt und dass von ihm dauernde Schönheit oder Hässlichkeit abhängt. Seelenpflege ist deshalb auch zugleich Schönheitspflege das erste kosmetische Mittel.*[93]

Zunächst, das weisen die Notenlisten aus den Jahren 1884 und 1885 aus, unterrichtete der neue Lehrer überwiegend die Mädchen der jüdischen Gemeinde, wohl vor allem deshalb, weil sein Vorgänger Heß weiterhin an der Augustinerschule tätig blieb. Das änderte sich im folgenden Jahr. Im Schulbericht der Augustinerschule aus dem Jahre 1885 heißt es: *Mit dem Beginn des eben ab-*

laufenden Schuljahres trat Herr Heinrich Ehrmann aus Poppenlauer in Bayern, der neue Cantor der israelitischen Gemeinde, als israelitischer Religionslehrer ein.[94] Seit 1885 finden sich in den Notizbüchern Schülerlisten, die zeigen, dass H. Ehrmann an der Augustinerschule bis zu seinem Ausscheiden aus dem Dienst 1924 je vier Stunden Religionsunterricht und wohl auch Hebräischunterricht erteilt hat, an der höheren Mädchenschule sowie an den anderen allgemeinbildenden Schulen unterrichtete. Zudem hatte er in der Gemeinde den obligatorischen Unterricht für Jungen zur Vorbereitung auf die Bar Mitzwa zu erteilen, ebenso den für alle Kinder und Jugendliche der Gemeinde eingerichteten Religionsunterricht, der zeitweise von über 30 Kindern besucht wurde.[95] In den folgenden Jahren wird er alle bedeutenden Juden, die später weit über Friedberg hinaus bekannt wurden, unterrichten. Größten Wert legte er auf das verstehende Erlernen der hebräischen Sprache, sowie auf das Nachvollziehen und nicht nur Auswendiglernen wichtiger Passagen der Thora und des Talmud. Mit diesem Ansinnen musste sich H. Ehrmann bei seinen Schülern und in der Gemeinde zunächst einmal durchsetzen, wie die zahlreichen „strengen Tadel", „Verweise" wegen Faulheit, Unaufmerksamkeit, Verspottung des Lehrers, Lachens über den Lehrer und anderem Fehlverhalten der Schüler zeigen.[96] Nach wenigen Jahren aber scharte er motivierte Schüler und erwachsene Gemeindemitglieder um sich, die er durch sein persönliches Beispiel zur Rückbesinnung auf ihre religiösen jüdischen Wurzeln motivierte und denen er zusätzlichen Privatunterricht erteilte. Viele von ihnen wurden später an exponierter Stelle in der Leitung der jüdischen Gemeinde Friedbergs tätig, wie z. B. M. Stern, Strauß, Berthold Rosenthal.

Von Anfang an wirkte H. Ehrmann aufklärend und weiterbildend in seiner Friedberger Gemeinde. Bereits 1885 findet sich in seinem Notizbuch eine umfangreiche Sammlung von Literatur zum Judentum, u.a. *Briefe berühmter Zeitgenossen zur Judenfrage,*[97] über die er in seiner Gemeinde Vorträge und Gesprächsabende halten wollte. Die Liste der von Ehrmann notierten Verfasser weist ihn als einen in der Literatur seiner Zeit und in aktuellen gesellschaftspolitischen Fragen belesenen Menschen aus, der sich u.a. darum bemühte, zur *Judenfrage* Informationen von verschiedenen Autoren aus allen Ländern zusammen zu tragen, um sie als Argumentationsbasis für seine Tätigkeit als jüdischer Lehrer im weitesten Sinne nutzen zu können. Seine wirtschaftliche Situation jedoch war alles andere als einfach: Aus seinen Notizen, niedergeschrieben in den ersten Jahren seiner Tätigkeit in Friedberg. geht hervor, dass er bemüht war, sich zusätzliche Einkünfte zu verschaffen. Sein im Notizbuch notierter

Monatslohn von 150 Mark dürfte kaum ausgereicht haben, um eine vielköpfige Familie zu ernähren. Bereits 1884 ist der Entwurf einer Anzeige in seinem Notizbuch zu finden, in der er daran denkt, wie während seiner früheren Tätigkeit in Burgpreppach Schülern *vollständige Pension und Nachhilfe* anzubieten. Dieser wirtschaftliche Druck wuchs aufgrund der sich vergrößernden Familie in den folgenden Jahren. Am 27. Juli 1886 wurden eine Tochter Therese, am 2. August 1887, ein Sohn Moses Michael, am 15. November 1888, der Sohn Abraham, am 27. Juni 1890 ein weiterer Sohn Lazarus, am 27. April 1892, ein Sohn Emanuel und am 19. April 1894 eine Tochter Sarah (gest. 1934 in Berlin Schöneberg) geboren. Die von Ehrmann akribisch notierten Einnahmen aus Privatstunden, zeremoniellen Handlungen, Legaten und Geschenken dürften die materielle Situation nur unbedeutend verbessert haben. Daher finden sich in den Notizbüchern ab 1893 Hinweise, wie er sein Einkommen durch nebenberuflichen Zigarrenhandel und andere kleinere Geschäfte aufbesserte. Vor allem aber bemühte er sich darum, durch Nachhilfestunden, die Übernahme zusätzlicher Lehr- und Unterrichtsverpflichtungen, wie später an dem neugegründeten Polytechnikum u.a. in Mathematik (ab Oktober 1901), und Tätigkeiten in anderen Gemeinden außerhalb Friedbergs sowie durch die Aufnahme des einen oder anderen Schülers in Pension, seine Einnahmesituation zu verbessern. Was dies in der Realität für die Wohnverhältnisse in dem kleinen Haus Judengasse 6 bei einer vielköpfigen Familie, zu der auch zeitweise eine Schwester und seine Mutter gehörten, bedeutete, können wir uns heute kaum noch vorstellen. Jedenfalls musste die Familie vom August 1884 bis zum März 1885 von Ehrmanns Gehalt in Höhe von 1125 Mark und Sonderzahlungen in Höhe von 497 Mark leben.[98] Anfangs unterstützte Ehrmann wohl auch noch seinen Vater, denn in den persönlichen Ausgaben aus dem Jahr 1885 ist in seiner Aufstellung über Jahreseinnahmen und Ausgaben bei einer Gesamteinnahme von 1600 M die Ausgabe von 400 M *An den Vater* vermerkt. Erst durch die 1907 erfolgte Einstellung Ehrmanns in den Hessischen Schuldienst wurde diese Situation etwas gemildert. Das Ringen um die materielle Sicherung der Existenz als jüdischer Lehrer sollte Heinrich Ehrmann noch lange beschäftigen, ihn vor allem später für sein berufspolitisches Engagement als Interessenvertreter der jüdischen Lehrer in Hessen und auf der Ebene des Deutschen Reiches sowie in seiner Tätigkeit als Redakteur der überregionalen jüdischen Wochenzeitung *Der Israelit* prägen.

In den letzten Jahrzehnten bis zu seiner Ruhestandsversetzung 1924 unterrichtete Ehrmann vorwiegend an der Augustinerschule, wie die in seinen

Notizbüchern enthaltenen Notenlisten ausweisen. Disziplinarische Probleme hatte Heinrich Ehrmann, nachdem er sich in der Gemeinde nach einigen Jahren Anerkennung und Hochachtung erworben hatte, nicht mehr; seine Notengebung nutzte das ganze Spektrum der Leistungsbeurteilung aus. Bedeutende und später weit über die Region bekannte Persönlichkeiten aus der jüdischen Gemeinde Friedbergs (Oppenheimer, Rothschild, Stern, Neuhof, Ehrlich, Fürth, Grödel) waren Zeit ihres Lebens von Heinrich Ehrmanns Wirken beeindruckt.

Als Heinrich Ehrmann von dem Vorstand der jüdischen Gemeinde nach Friedberg berufen worden war, bestand nach Auffassung der eher traditionell orientierten Gemeindemitglieder dringender Handlungsbedarf, was die zukünftige Gestaltung des religiösen Lebens betraf. Vereinzelt hatte es Bemühungen gegeben, unterstützt von der reformierten jüdischen Gemeinde in Gießen, einen eher reformorientierten Kurs durchzusetzen. Im August 1881 hatte eine reformorientierte Gruppe in der Synagoge eine Harmonium aufgestellt, das bereits im September des gleichen Jahres entfernt worden war. Innerhalb des Gemeindevorstandes, der zu diesem Zeitpunkt reformorientiert war, kam es im Vorfeld des Umbaus der Synagoge 1884 zu heftigen Kontroversen wegen der Errichtung einer neuen Mikwe, denn die zu Beginn des 19. Jh. neben der Synagoge errichtete Mikwe (nicht zu verwechseln mit der Monumentalmikwe aus dem 13. Jh.) war unterdessen verwahrlost. Der Konflikt hatte zu Eingaben bei der Kreisbehörde, schließlich bis zu Protesten beim Großherzoglichen Ministerium geführt. So berichtete die orthodoxe jüdische Zeitschrift *Jeschurun* 1884 zur Friedberger Gemeinde: *Der hiesigen israelitischen Gemeinde steht – so wird von dem ‚Frankf. Journal' gemeldet – eine Trennung resp. Spaltung bevor, weil der Vorstand den Plan gefaßt, nächstes Frühjahr mit dem Bau eines rituellen Frauenbades zu beginnen, wogegen die liberale Partei sich sträubt, und zwar einmal des Kostenpunktes wegen, zweitens weil dieselbe von der Nothwendigkeit der Errichtung eines solchen Baus nicht überzeugt ist, da schon hinreichend in dieser Beziehung gesorgt sei durch die schon seit Jahren bestehende Warmwasserbadeanstalt, (rituell?), die zu jeder Zeit frequentiert werden kann, und durch das kaum eine halbe Stunde entfernte Solbad Nauheim. (ist dasselbe rituell?). Außerdem war die Errichtung eines solchen Institutes aus Rücksicht auf die Andersgläubigen (!??) nicht für angemessen gehalten worden.*[99]

Trotz heftiger Pressekampagnen der Reformorientierten, die in der Minderheit waren (14 Steuerzahlende gegen 80), hatte sich die Linie der Orthodoxen durchgesetzt und sämtliche Reformansätze wurden rückgängig gemacht: Der bisherige gemischte Chor wurde aufgelöst, ein Männerchor gegründet, die strikte Trennung von Männern und Frauen in der Synagoge wieder durchgesetzt. Dies führte dazu, dass in dem Magazin eines abgewählten Gemeindevorstehers zeitweise ein eigener Betsaal eingerichtet wurde. In der *Allgemeinen jüdischen Wochenzeitung* wurde das wie folgt kommentiert: *Die Herren werden sich aber irren, denn der neue Vorstand wird seine Gesinnung nicht ändern. In neuester Zeit versuchen es die Herrn nun in politischen Zeitungen, den Vorstand einzuschüchtern, so im Frankfurter Journal am 14. Januar und in den Wetterauer Nachrichten; sie eröffnen den Austritt als beschlossene Tatsache. Möge doch die kleine Schar entweder ruhig ihrem Schicksal sich ergeben oder austreten; ändern können sie doch vorerst nichts. Dem Vorstand wollen wir jedoch zurufen: Stark und standhaft!*[100] Im Vorstand traten die Reformorientierten zurück, und durch die Einstellung von Heinrich Ehrmann als Lehrer sollten die Weichen für die orthodoxe Ausrichtung der Gemeinde in Friedberg gestellt werden.

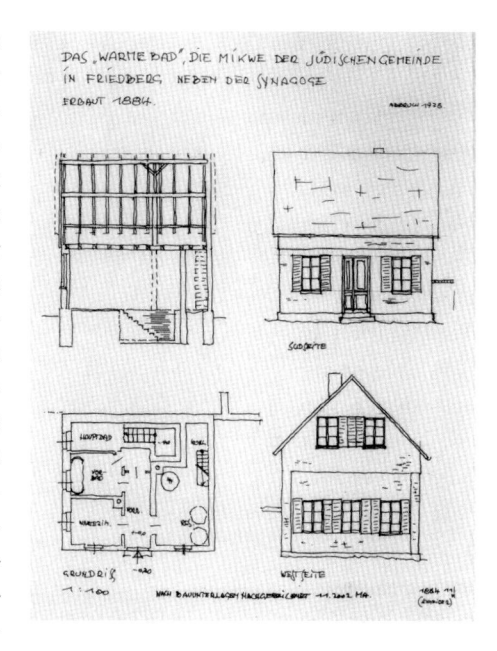

Abb. 17: Skizze der 1884 erbauten warmen Mikwe. Zeichnung von Hermann Mangels. Privatarchiv Hans-Helmut Hoos

Dies war angesichts der Verhältnisse nicht so einfach. Im Unterschied zu Bayern waren in Hessen keine gesonderten Ausbildungsanstalten für jüdische Lehrer eingerichtet worden. In den beiden Lehrerseminaren in Bensheim und Friedberg hatten die jüdischen Lehramtskandidaten vor 1880 keinen jüdischen Religionsunterricht und dementsprechend auch keinen Unterricht in Hebräisch erhalten. An dem 1880 neu eingerichteten Lehrerseminar in Alzey wurde zwar der dortige Rabbiner beauftragt, Religionsunterricht für die jüdischen

Lehramtskandidaten zu erteilen. Dies hatte jedoch die orthodoxe Bewegung im Judentum nicht zufriedengestellt, und so war von Frankfurt aus der von S. Hirsch gegründeten orthodoxen Schule ein Lehrer nach Friedberg entsandt worden, um die dort weilenden jüdischen Lehramtskandidaten entsprechend auszubilden. Für die Gemeinde in Friedberg, in der sich die orthodoxe Richtung durchgesetzt hatte, bestand somit nur die Möglichkeit, einen in ihrem Sinne gesetzestreuen Lehrer aus Bayern einzustellen.

Auf der politischen Ebene hatte zudem in der Wetterau und in Friedberg der politisch organisierte Antisemitismus der Böckel - Bewegung in drei Formen Wurzeln geschlagen:

1. durch die in der Wetterau um sich greifende Feindschaft gegen die Juden, wie sie sich beispielsweise in der Forderung nach judenfreien Viehmärkten massiv äußerte;

2. durch den politisch organisierten Antisemitismus Stoeckers und seiner *Christlich-Sozialen Partei* mit rassistischem Hintergrund;

3. durch das allmähliche Eindringen des akademischen Antisemitismus, der sich innerhalb der organisierten Studentenschaft an den Universitäten niederschlug und deren Vertreter in die gesellschaftlichen Eliten der Kleinstadt Friedberg aufstiegen.[101]

Heinrich Ehrmann, der sich aufgrund seiner absolut integren Persönlichkeit und seines Engagements als Lehrer und als Kantor bald zum führenden Kopf in der jüdischen Gemeinde entwickelte, hatte sich also mit dem Problem der drohenden Spaltung der jüdischen Gemeinde, mit der um sich greifenden Indifferenz innerhalb des Judentums, der wachsenden Bereitschaft zur Assimilation, wie auch mit dem politischen Antisemitismus auseinanderzusetzen. Dies waren wohl die Beweggründe, warum der orthodox ausgerichtete Gemeindevorstand ihn nach Friedberg berufen hatte. In den jüdischen Gemeinden Oberhessens und in Frankfurt a.M. hatte zu diesem Zeitpunkt die orthodoxe Richtung des deutschen Judentums das Sagen.[102] So war es nicht verwunderlich, dass Heinrich Ehrmann 1884 aus einem bedeutenden Zentrum des orthodoxen Judentums im Deutschen Reich, aus Unterfranken, wahrscheinlich auf Fürsprache des Frankfurter Rabbiners Samson Raphael Hirsch, nach Friedberg berufen worden war.

Ehrmann stellte sich diesen Aufgaben der Reorganisation des Gemeindelebens und des israelitischen Religionsunterrichts von Anfang an vorbehaltlos. In seinem Anspruch an die Amtsführung in der Gemeinde orientierte er sich an der Rolle des Rabbiners, denn er war als Kantor und Vorbeter, wenn kein Rabbiner verfügbar war, eine wichtige Instanz für die Abhaltung der Gottesdienste. Dies weisen Eintragungen in seinen Notizbüchern über all die Jahre, die er in der jüdischen Gemeinde in Friedberg wirkte, aus. Intensiv beschäftigte er sich mit der religiösen Literatur des Judentums; zu seinen Ansprachen sind Skizzen überliefert; er setzte sich aus seiner orthodoxen Sicht mit der Beschneidung, der Krankenpflege und der Einsargung von Verstorbenen sowie den Vorschriften des rituell korrekten Schlachtens auseinander. Dabei bezog er sich auf bedeutende Rabbiner der Friedberger Gemeinde und des europäischen Judentums.

Acht Jahre währte es, bis er sich mit seinem Bemühen um die Reorganisation des religiösen Gemeindelebens endgültig durchsetzen konnte. 1893 fasste der Gemeindevorstand den Beschluss *…daß allmonatlich an einem ersten Samstag Nachmittag vor dem Gottesdienst in der Synagoge durch Lehrer Ehrmann Schrifterklärungen abgehalten werden, welche Einrichtung sich sehr gut bewährt.* In Ehrmanns Bericht für die *Allgemeine Zeitung des Judentums* heißt es im gleichen Jahr: *So wird jetzt eine Reihe von Vorträgen über den ‚Talmud' gehalten.* Nach achteinhalb Jahren seiner Tätigkeit konnte er stolz feststellen: *In unserer Religionsschule wurde vorigen Sonntag Prüfung gehalten und fand nachher unter größerer Beteiligung der Gemeinde* (ein) *feierlicher Schlußakt in der Synagoge statt, wobei Rede, Gesang und Vortrag der Schüler abwechselten.* Ehrmann sorgte darüber hinaus dafür, dass die besonders erfolgreichen Schüler von der Gemeinde mit schönen Büchern ausgezeichnet wurden. So konnte der Vorstand selbstbewusst feststellen: *Unsere Religionsschule wird wohl eine der besten in unserem Lande sein. Überhaupt sind unsere Gemeindeeinrichtungen in stetiger Besserung begriffen. Der Schulsaal ist groß und geräumig hergestellt, der Friedhof mit guten Wegen angelegt und eine zweckmäßige und würdige Leichenhalle erbaut usw.*[103]

Die inhaltliche und liturgische Reorganisation der Sabbathgottesdienste war eine weitere Aufgabe, der sich Heinrich Ehrmann als Vorbeter und Kantor (Chasan) widmete. Es gelang ihm, vier Gottesdienste anlässlich des Sabbath in der Gemeinde durchzusetzen: die Feier am Beginn des Sabbath vor Sonnenuntergang, zwei Gottesdienste am Sabbathvor- bzw. -nachmittag und einen Gottesdienst zum Sabbathausgang.[104] Später werden sich seine ehemaligen Schüler und Gemeindemitglieder, wie Heinrich Buxbaum, Deborah Gross und Alfred Rosenthal, in ihren Erinnerungen an die eindrucksvolle Gestaltung dieser Gottesdienste erinnern,[105] wie der folgende Auszug aus den Erinnerungen von Heinrich Buxbaum zeigt:

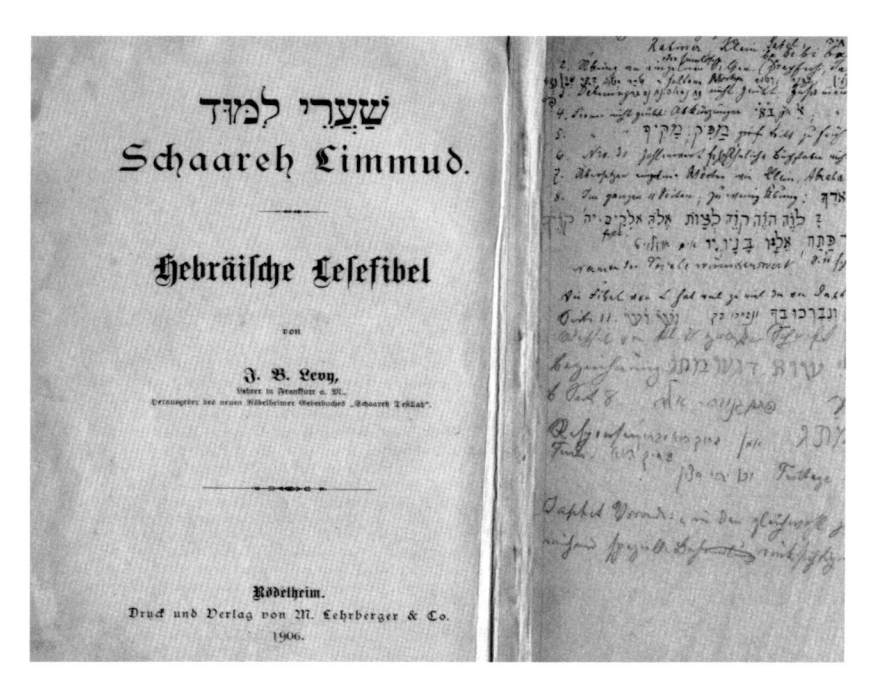

Abb. 18: Hilfsheft für das Lesenlernen im Hebräischunterricht aus dem Nachlass von Heinrich Ehrmann. Alfred Rosenthal, Jerusalem

„Der Hebräisch-Lehrer hatte eine andere und weit wichtigere Funktion in dem religiösen Leben der kleinen Gemeinde inne, als nur ´Schochet`zu sein: Er war auch der ´Chasan`, das ist der Kantor für den Gottesdienst in der Synagoge... Die Synagogen der kleineren jüdischen Gemeinden waren nicht nur ihr religiöses, sondern auch ihr einziges kulturelles und soziales Zentrum, das sie kannten. Von einem ´Chasan` wurde erwartet, die Hunderte der traditionellen Gesänge und Melodien auswendig zu kennen, jedesmal eine andere für die vielen Gottesdienste am Sabbat und den Feiertagen. `Chasan` übersetzt man ins Deutsche am besten mit `Vorsinger`, was er auch wirklich war, da er die Gemeinde im Singen und Rezitieren der Gebete, der Psalmen und anderer traditionellen `Nigguns` führte. … Ein guter 'Chasan' war derjenige, der die richtige Stimme hatte. Was das bedeutete, so war es etwas Besonderes, das über das Singen hinausging.... Ein wahrer Chasan war unser Lehrer Ehrmann in Friedberg. Er konnte Ehrfurcht und Verehrung in die heiligen Gesänge und Melodien hineinlegen, so daß, überwältigt durch die Leidenschaft seines Singens, er die 'Seele' des Gesanges in einer Gemeinde wurde und er sie in eine ekstatische Verzückung bringen konnte, auf den Höhepunkt der Gefühle. An jedem 'Erew' (Vorabend von Jom Kippur) war die Synagoge, die ungefähr 130 Leute in der Abteilung der Männer faßte, bereits vollständig besetzt. Das war außergewöhnlich im Vergleich zu allen anderen Feiertagen oder zum Sabbat, wenn jedes Mitglied der Gemeinde ankam, wann und wie es ihm beliebte. An diesem Abend wollte jeder Jude in Friedberg auf seinem Platz sein, bevor Lehrer Ehrmann den 'Kol – Nitrei' anstimmte. (Kol Nitrei heißt unser Glaubensbekenntnis)." Und dann beschreibt H. Buxbaum als einziger Zeitzeuge, wie Heinrich Ehrmann durch seinen Tätigkeit als Chasan die Gemeinde zutiefst anrührte: „Die schlanke Gestalt oben auf dem 'Ahron Hakodesch' (erhöhter Platz vor dem Thoraschrein in der Synagoge) von Kopf bis Fuß in einen weißen Mantel gekleidet wie alle anderen Männer, sah nicht beeindruckend aus. Aber wenn auch seine äußere Erscheinung nicht eindrucksvoll war, so änderte sich das mit der Sekunde, in der er seinen Gesang begann: Seine Stimme hob sich und fiel in einen lang gezogenen Ton des Wehklagens beim Gebet zur Vergebung der Sünden. Es begann ohne Worte, nur eine zitternde Welle von Schluchzen und Seufzen, die die Gottheit oben in der Höhe anflehte, sie immer und immer wieder anrief, und ihre Vergebung für alle unsere Sünden und Fehltritte erbat. Plötzlich hielt das Wehklagen inne, und gleich einer Fanfare brachen die zwei Worte hervor, nach denen wir uns gesehnt hatten: 'Kol -Nitrei'. Und nun kamen in einer schnellen Folge die großen Worte des Glaubensbekenntnisses: 'Oschamnu – Bokdnu – Oslanu – Divarnu – Dauwi' (Sündenbekenntnis im Synagogengottesdienst; eigentlich lautet es: 'aschamnu bagdnu= wir haben gefrevelt, wir waren treulos usw. Dieses Sündenbekenntnis ist für den Abend vor Jom Kippur vorgeschrieben. d.Verf.). Aber der Rhythmus des Gesanges wechselte plötzlich. Die Stimmen, die in Sekunden vorher den Kummer über ihre Taten in der Demut der Unterwerfung unter den Willen Gottes getragen hatten in dem Flehen um Vergebung, wurden nun lauter. Die Gemeinde hatte Feuer gefangen und sang mit ihm, indem sie sich mit der Stimme über ihr in einem stürmischen Meer von Gefühlen vorwärts bewegte. Wie Hammerschläge, wie rollender Donner, lauter und lauter kamen nun die Worte des Glaubensbekenntnisses. Sie baten, sie bekannten ihre Sünden, es klang, als ob sie zu den mächtigen Klängen von Trompeten marschierten, wobei sie sich ihre Sünden zuschrieben, wie beim Angriff auf einen unsichtbaren Feind. Sie schlugen sich die Brust im Rhythmus mit dem Gesang, jedes neue Wort bekannte eine andere Sünde, aber der stampfende Rhythmus klang nicht wie das Bekenntnis von Sündern. Was als eine Klage begonnen hatte, wurde zu einer Herausforderung. Die Seelenkräfte des Vorsängers hatte die Menge der soliden, gestandenen Geschäftsleute überwältigt, im Alltag so nüchterne Leute, hatten sie nun eine tief vergrabenen Quelle ihres inneren Lebens offengelegt, von der sie nicht mehr gewußt hatten, daß sie noch existierte. Er hatte Wunder für sie bewirkt, ein Mirakel, ihre Seelen waren erwacht, und sie würden es niemals vergessen. Eine Stimme wie die seine würde die Engel erzittern und sich verbeugen lassen."

Ein wichtiger Schritt für die allgemeine Anerkennung Heinrich Ehrmanns in der Gemeinde und in der Stadt Friedberg war mit einem tragischen Unglücksfall verbunden: Am 22. Februar 1890 kam Moritz Löb, der Sohn des in Friedberg ansässigen Kaufmanns Löb, (* 9.November 1867) bei dem vergeblichen Versuch um, die beim Schlittschuhlaufen auf dem Bad Nauheimer Teich eingebrochene Minna Deike, Tochter des Handschuhfabrikanten Deike, und ihren Bräutigam, den aus Laubach stammenden Kandidaten der Theologie Hotz, zu retten. Die Trauerfeier fand am 24. Februar unter größter Anteilnahme der Friedberger Öffentlichkeit statt. In der Presse erschien ein groß aufgemachter Artikel über dieses Ereignis: *Ein Leichenzug, wie ihn Friedberg wohl noch nie gesehen hat, bewegte sich nachmittags um 4 Uhr durch die Straßen unserer Stadt nach dem jüdischen Friedhofe. Alle Zivil- und Militärbehörden, Männer des Lehrer- und Predigerseminars und Frauen, Jünglinge und Jungfrauen Friedbergs, und der ganzen Umgebung gaben dem Verblichenen das letzte Ehrengeleite. Ein Landauer, gefüllt mit prachtvollen Kränzen, Blumen, Palmenzweigen mit Schleifen, alle gewidmet von christlichen Mitbürgern, fuhr im Zug. Auch eine Schar seiner christlichen Freundinnen, jede mit einem schönen Kranze, hatte sich dem Zug angeschlossen; das Weinen und Schluchzen war weithin vernehmbar. Wohl kann das Ehrengeleit nach Tausenden gerechnet werden.*[106] Ehrmann, der die Traueransprache hielt, nahm die Gelegenheit war, um darauf hinzuweisen, dass die elenden Verleumder verstummen und verschämt zurückweichen müssen *...die sich hier bemühen, den Samen des Hasses und der Zwietracht auszustreuen zwischen den Bekennern der verschiedenen Religionen.*[107] Seine Ansprache ließ er am Ende des gleichen Monats *auf vielseitig geäußerten Wunsch* drucken.[108] Der Erlös der kleinen Schrift, 20 Pf., sollte *zum Besten wohlthätiger Anstalten sämmtlicher Confessionen* zu gute kommen.

Dies war für die damalige Zeit ein besonderer Vorgang, der, wie auch die Rede selbst, für Aufsehen in der Friedberger Öffentlichkeit sorgte. Was trug dazu bei, dass Heinrich Ehrmann durch diese Trauerrede offensichtlich an Ansehen in der jüdischen wie nichtjüdischen Öffentlichkeit in Friedberg so sehr gewann, dass er hinfort allseits als ein geachteter Vertreter der jüdischen Gemeinde angesehen wurde? Ehrmann hatte seine Ansprache unter das für Christen und Juden gleichermaßen gültige Wort des Psalmisten gestellt: *O Herr! Wie unerforschlich sind deine Werke – unergründlich deine Wege; das fühlt meine Seele – in ihrem Schmerze – gar sehr.* (Psalm 139, V. 14) In seiner Ansprache zeigte sich Heinrich Ehrmann als einfühlsamer Prediger, der, ausgehend von der alle betreffenden Trauer, immer wieder unter Bezugnahme auf die gemeinsamen Grundlagen der christlichen und jüdischen Religion *(Ja, jeder mitfühlende Mensch muß ob dieses erschütternden Trauerfalles mit dem Psalmisten ausrufen ...unerforschlich, o Herr, sind deine Werke!*[109]*)* Worte aus der Thora bzw. des Alten Testaments als Trost und Zuspruch den Leidtragenden zuteil werden ließ. Indem er an Moritz Löb *den Adel des Geistes und seines Gemütes* lobte und als Beweis für diese Haltung dessen vergeblichen Rettungsversuch erwähnte, versuchte er, die Sinnhaftigkeit des frühen Todes zu deuten. Die persönliche, mitfühlende Ansprache der *gramerfüllten Eltern*, des *tieferschütterten Vaters* und der *tiefbekümmerten Mutter*[110] zeugen von einem sensiblen, aber immer wieder durch Bezugnahme auf die Heiligen Schriften glaubensfesten Trösten der Hinterbliebenen. Es entsprach Heinrich Ehrmanns eigener Glaubens- und Lebenserfahrung, wenn er den Eltern und Anwesenden zurief: *Menschliche Trostgründe allein, das fühle ich wohl, sind hier unzureichend und ich muß die gramerfüllten Eltern vor allem auf den Trost hinweisen, den die Religion gewährt: ... Von dem Herrn werden die Schritte des Menschen geleitet.* Er verband diesen Trost

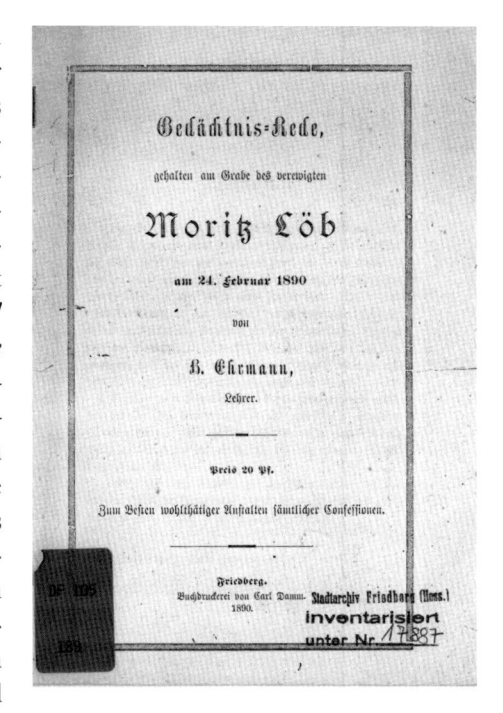

Abb. 19: Titelblatt der von Heinrich Ehrmann in Druck gegebenen Traueransprache für Moritz Löb 1890. Stadtarchiv Friedberg: Sondersammlung Wetterau DF 105 189

mit der Schlussfolgerung: *Er ist es, der in seiner unerforschlichen Weisheit die Schritte unseres unglücklichen Freundes zum Tode gelenkt; sein unergründlicher Ratschluß war es, der dahin geführt, wo sein Leben enden sollte, denn wie unsere Weisen (Talmud Babli, Tractat Succah 53) so treffend sagen: 'Wo der Mensch sterben soll, da tragen ihn seine Füße hin.*[111] Ehrmann verleugnete nicht seine jüdischen Glaubenswurzeln, aber er bezog sie in seine Traueransprache so authentisch ein, dass jedem Zuhörer kein „billiger Trost" zuteil wurde, sondern über die Grenzen der Religion hinaus die ganze unerklärbare, gottgewollte Schicksalhaftigkeit des tragischen Todes von Moritz Löb deutlich wurde, aber aus der Perspektive eines gläubigen Juden, der auch den anwesenden Christen etwas zu sagen hatte. Über die Grenzen der Religionen sprach Ehrmann mit den Worten: *Und noch einen Trost möchte ich ihnen ans Herz legen. Unser unglücklicher Freund hat seinen Tod gefunden in der Ausübung einer der heiligsten Mensch- und einer der wichtigsten religiösen Pflichten ...stehe nicht still bei der Lebensgefahr deines Nächsten ... so schreibt es das jüdische Gesetz vor (Leviticus 19,16).*[112] In seinem Vorwort hatte Ehrmann durch seinen Wunsch *Möge der gütige Allvater* (Hervorhebung durch den Verf.) *auch den Hinterbliebenen der zwei anderen Opfer der Katastrophe (Fräul. Mina Deicke und Herrn Candidat Hotz) Trost in ihrem Unglücke spenden.*[113] Mit dieser Juden und Christen in Friedberg gleichermaßen ansprechenden Traueransprache war Heinrich Ehrmann in der Mitte der Stadt und ihrer Bevölkerung angekommen.

1900 wurde zu Ehrmanns Entlastung und sicherlich mit seiner Befürwortung ein zweiter Lehrer, Kantor und Schochet eingestellt, der ebenso wie er Schüler der Präparandenanstalt zu Burgpreppach gewesen war: Heinrich Neumann. Er hatte zuvor in den Gemeinden in Lohrhaupten, Herborn, in der (orthodoxen) israelitischen Religionsgesellschaft in Gießen, in Reinheim und in Groß-Gerau gewirkt. Bis zu seinem Tod 1920 arbeitete er zusammen mit H. Ehrmann in der Friedberger Gemeinde, ohne allerdings je an dessen Bedeutung heranzureichen.

5. 2. Der Historiker Heinrich Ehrmann und die Rettung der Mikwe (1890-1905)

Was das Bewusstsein um die bedeutende Tradition der seit dem 13. Jahrhundert bestehenden jüdischen Gemeinde in Friedberg betraf, war im Verlaufe des 19. Jahrhunderts vieles an Grundlagenwissen in der Gemeinde verlorengegangen. Die mit dem Beginn des 19. Jahrhunderts einsetzende Emanzipation hatte auch in der Friedberger jüdischen Gemeinde zu einer Distanzierung von der früheren jüdischen Geschichte, die sich weitgehend im Judenghetto der Judengasse und des Judenplacken abgespielt hatte, geführt. Das im 13. Jahrhundert errichtete Judenbad war verkauft worden, in der Gemeinde gab es Bestrebungen, sich mehr und mehr zu assimilieren und sich von den traditionellen Bindungen des Judentums zu lösen. Die christlichen Feste wurden mitgefeiert, die jüdischen Ritualgesetze indifferent gehandhabt.[114] Die Reorganisation des Gemeindelebens, die unter Heinrich Ehrmann stattfand, hatte ihre Wurzeln in der von ihm initiierten Rückbesinnung auf die historischen Traditionen der früheren Gemeinde, der „Kehillah Kedoschah Friedberg", in der es ein vielfältiges Unterstützungs- und Hilfssystem für alle Lebenssituationen gab. Heinrich Ehrmann machte sich mit einigen überzeugten Gemeindemitgliedern daran, das jüdische Gemeindeleben, anknüpfend an historische Traditionen, zu reorganisieren. Wie aus seinen Eintragungen in die Notizbücher von 1893 und 1898 hervorgeht, war er in der Friedberger Gemeinde buchhalterisch für den Holzverein, den Speiseverein, den Begräbnisverein, (alles Selbsthilfeorganisationen, teilweise mit einer in das 17. Jahrhundert reichenden Tradition) und in Grundstücksangelegenheiten tätig. Überregional engagierte er sich für die Gründung eines Hilfsvereins für bedürftige Juden mit dem Ziel, diesen Darlehen zu gewähren. Zu diesem Zweck reiste er u.a. 1893 nach Bad Orb.

Seiner unterfränkischen Heimat blieb er in diesen Jahren durch den Bezug bzw. die Lektüre der *Würzburger Zeitung*, des *Fränkischen Couriers*, und der *Bamberger Zeitung* verbunden, für die er wohl eine Artikelreihe zu *Criminalfällen in Unterfranken* konzipierte. Seine Eintragungen im Notizbuch weisen zudem auf viele überregionale Kontakte zu Juden hin.[115] Immer wieder kreisten seine Gedanken um die richtige Wahrnehmung der Lehrerrolle in seiner Gemeinde, wenn er schreibt: *Wie erhält sich der Lehrer lange jung. Lebe verständig und naturgemäß, verjünge Dich stets mit Deinen Kindern. Pflege die Geselligkeit, besonders mit Kollegen. Halte Dich auf dem Laufenden. Lies alte und neue Schriften, besonders Klassiker.*[116]

Sehr frühzeitig verstand Heinrich Ehrmann seine Tätigkeit als Lehrer und Angestellter der jüdischen Gemeinde auch als Auftrag, die Geschichte der jüdischen Gemeinde in Friedberg, die seit ihrer einzigen Vernichtung im Jahre 1349 über 600 Jahre kontinuierlich bestanden und zeitweise eine überragende Bedeutung innerhalb der jüdischen Gemeinden des Alten Reiches erlangt hatte, gründlich und nach wissenschaftlichen Gesichtspunkten zu erforschen. Als Gemeindeangestellter und wissenschaftlich ausgebildeter Lehrer hatte er Zugang zu dem umfangreichen Archiv der Friedberger jüdischen Gemeinde und vor allem durch seine profunden Hebräischkenntnisse die Fähigkeiten, diese Archivalien auszuwerten.

Das am 14. November 1893 begonnene Notizbuch enthält bereits ausführliche Stichworte zur Geschichte der jüdischen Gemeinde in Friedberg und spricht alle künftigen Themen an, zu denen Ehrmann in den folgenden Jahren historisch recherchieren und referieren wird:

1. Urkundliche Erwähnungen der Juden in Friedberg
2. Biographische Notizen zu den Rabbinern der jüdischen Gemeinde,[117] er notierte hierzu: *Das Rabbinat war ein unbezahltes Ehrenamt, das nur dem würdigsten übertragen wird. Es waren hervorragende Gelehrte...*
3. Vernetzung der jüdischen Gemeinde Friedberg mit Worms, Frankfurt/M. und vor allem Köln
4. Das Judenbad in Friedberg[119]
5. Die Münzenberger Juden
6. Die Juden zu Cöln[120]
7. Geschichte der Gaukler und der Anteil der Juden an diesen, gedacht als Vorbereitung für einen Diskussionsabend zur *Judenfrage*.

Zu dieser intensiven Beschäftigung mit der Geschichte seiner eigenen Gemeinde hat mit Sicherheit der in der Wetterau und Friedberg sich politisch organisierende und ausbreitende Antisemitismus beigetragen. Ehrmann war, wie viele seiner Glaubensbrüder der Auffassung, dass dem politischen Antisemitismus am besten durch Aufklärung über das Judentum, dessen Geschichte und dessen Beitrag zur Ausbildung der gegenwärtigen Gesellschaft begegnet werde. Ein Hinweis hierauf war seine Mitschrift zu einem Vortrag zur Abwehr des Antisemitismus mit dem Titel *Die Pflicht der Selbstverteidigung* von Dr. Mendel.[121] Daraus geht hervor, dass der politischen Diffamierung und gesellschaftlichen Ausgrenzung der Juden vor allem durch Aufklärung über das Wesen des Judentums, durch Zusammenschluss in einem Verein zur Bekämpfung des Antisemitismus sowie durch die Bildung von örtlichen Komitees entgegenzutreten war. Das entsprach voll und ganz Ehrmanns gesellschaftlichem Ethos: Zeit seines Lebens setzte er aufgrund seiner biographischen Erfahrungen und Lehrerausbildung auf Aufklärung und somit auf die Vernunft seiner nichtjüdischen Mitbürger in der Frage des Zusammenlebens von Juden und Nichtjuden. Das waren die Hintergründe, warum Heinrich Ehrmann zu diesem Zeitpunkt bereits eine umfassend angelegte Vortragskampagne mit insgesamt 60 Vortragsthemen projektierte,[122] die später tatsächlich zum größten Teil in der jüdischen

Gemeinde und in der breiten Öffentlichkeit stattfand. Die meisten Themen betrafen wiederum die Geschichte der Juden in Friedberg, viele waren dem jüdischen Glaubensleben gewidmet und der internationalen Geschichte des Judentums. Zum Antisemitismus notierte er im Anschluss an diese Liste: *Antisemitismus ist berechtigt, (da) der Antisemit verlangt, dass die Juden einen eigenen Staat für sich bilden.*[123] Diese zunächst missverständliche Äußerung ist dahingehend zu verstehen, dass Heinrich Ehrmann der Bildung eines eigenen jüdischen Nationalstaates und damit dem nicht religiös bestimmten Zionismus aufgrund seiner orthodoxen Einstellung skeptisch gegenüberstand und sein Judentum als Bestandteil der deutschen Kultur verstanden wissen wollte.

Abb. 20: Der Zugangshof zum Friedberger Judenbad im Jahr 1896 vor dem Neubau des Hauses Judengasse 20. Zeichnung von Rudolf Koch (1856-1921). *Illustrierte Zeitung* vom 27.6.1896

Zum Kristallisationspunkt dieses Bemühens um die Bewahrung und Wertschätzung der jüdischen Geschichte in Friedberg wurde für Heinrich Ehrmann die aus der Gründungszeit der ersten jüdischen Gemeinde im 13. Jahrhundert stammende Monumentalmikwe, ein in seiner Architektur einzigartiges Denkmal aus dem hohen Mittelalter.

Als Heinrich Ehrmann 1884 sein Amt in Friedberg antrat, war die wahrscheinlich um 1260 erbaute Mikwe seit über 60 Jahren nicht mehr in Betrieb. M. Kingreen vermutet, dass die Friedberger Mikwe vermutlich bis 1804 oder 1807 benutzt wurde.[124] 1804 war sie durch ein *warmes Bad* ersetzt worden, das sich in unmittelbarer Nachbarschaft zur Synagoge in deren Hof, am nordöstlichen Ende, befand. Dieses befand sich aber zur Zeit von Ehrmanns Amtsantritt in einem desolaten Zustand, so dass über einen Neubau bzw. eine grundlegende Renovierung nachgedacht wurde. Die jüdische Gemeinde hatte die stillgelegte Mikwe um 1830 verkauft. Sie wurde nach dem Tod des Eigentümers, des Schulkloppers[125] der jüdischen Gemeinde, als Kühlraum für Metzger genutzt. Seit 1850 bestand aufgrund des Bauzustandes akute Gefahr für denjenigen, der die Mikwe betreten wollte; 1856 war das Bassin der Mikwe mit Unrat gefüllt. Obwohl 1856 die Mikwe in einem Buch über die Denkmäler deutscher Baukunst ausführlich beschrieben worden war, war sie weiter dem Verfall preisgegeben. Eine Zeichnung aus jenen Jahren verdeutlicht den beklagenswerten Zustand dieses kulturhistorisch einmaligen Bauwerkes aus dem Mittelalter. Ein Versuch des *Historischen Vereins von Oberhessen* zur Rettung der Mikwe durch deren Aufkauf scheiterte. Der neue Eigentümer, ein Konsul Stieber aus Frankfurt, ließ sie weiter verwahrlosen.[126] In dieser Situation kam Ehrmann als Lehrer und Kantor in die jüdische Gemeinde. Zugleich erlebte er, wie der politische Antisemitismus an Einfluss gewann. 1893 hatte die antisemitische Partei bei der Reichstagswahl 3529 Stimmen errungen und war zweitstärkste politische Kraft in der Region geworden, was sich noch einmal in der Stichwahl bestätigte, als die Stimmenzahl auf 5472 Stimmen anstieg. Bis 1898 verringerte sich zwar der Stimmenanteil; aber die antisemitische Partei war immer noch drittstärkste politische Kraft im Wahlkreis.[127] Dieser Entwicklung wollte Ehrmann als führender Kopf der jüdischen Gemeinde durch eine von Juden und Nichtjuden getragene Aktion zur Rettung der Mikwe und zur Rückerinnerung an die gemeinsame Geschichte von Reichsburg, Freier Reichsstadt Friedberg und der jüdischen Gemeinde entgegenwirken.

Seine projektierten und teilweise von ihm selbst durchgeführten Vorträge, zunächst in dem von ihm ins Leben gerufenen *Verein für jüdische Altertümer*, später vor allem in dem 1896 gegründeten *Friedberger Geschichtsverein*, lassen sich in den Notizbüchern 1884, 1893, 1898 und 1901 als Gedankenskizzen, Gliederungsentwürfe und thematische Einkreisungen nachweisen.

Die Rettung der Mikwe als architektonisches Symbol dieser über 600jährigen Tradition der jüdischen Gemeinde und als das einzige erhaltene Zeugnis der 1349 untergegangenen ersten jüdischen Gemeinde - das war Heinrich Ehrmann klar - konnte nur gelingen, wenn im Bewusstsein der Bevölkerung deutlich wurde, welche kulturellen, wirtschaftlichen und humanitären Beiträge die Friedberger Juden zur Stadtgeschichte beigetragen hatten und von welcher Einmaligkeit - heute sprechen wir von einem „Alleinstellungsmerkmal" -, dieses gotische Bauwerk aus dem 13. Jahrhundert neben der Stadtkirche und der Burg Friedberg hatte. Worin besteht nun der Anteil von Heinrich Ehrmann an der Rettung der Friedberger Monumentalmikwe?

Durch seinen Unterricht, durch seine Bildungs- und Überzeugungsarbeit in der jüdischen Gemeinde gelang es ihm, die heranwachsende jüdische Generation für die Geschichte der Juden im Mittelalter und der frühen Neuzeit zu sensibilisieren. So hielt beispielsweise Ehrmanns Schüler E. Hirsch einen Vortrag über das Judenbad. Seine ehemaligen Schüler Emil Hirsch und Heinrich Buxbaum haben dann später selbst dazu beigetragen, die Geschichte der jüdischen Gemeinde in Friedberg und der Wetterau zu erforschen bzw. zu beschreiben. Durch seine Vorträge wollte Ehrmann die historisch interessierten Bürger der Stadt, jüdische wie nichtjüdische, für die Stadtgeschichte interessieren, zu deren untrennbarem Bestandteil auch die Geschichte der jüdischen Gemeinde gehörte. Das gegen Ende des 19. Jahrhunderts wachsende historische Bewusstsein war die entscheidende Voraussetzung dafür, Juden und Christen in Friedberg zu motivieren, sich für den Erhalt dieses beeindruckenden Monuments in der Stadt einzusetzen. Zuerst einmal musste Ehrmann die Mitglieder des Gemeindevorstandes der jüdischen Gemeinde dafür gewinnen, die Mikwe als Baudenkmal wieder in jüdischen Besitz zu bringen und anschließend der Öffentlichkeit zugänglich zu machen. Folglich machte er auf der Ebene der Selbstverwaltungsorgane der jüdischen Gemeinde seinen ganzen Einfluss geltend, damit das im Verfall befindliche Judenbad 1892 von der Gemeinde wieder käuflich erworben wurde. Dies war anfangs ein schwieriges Unterfangen, wie B. Brilling schrieb: „In den Augen der deutschen Juden, die eben erst die Mauern des Ghettos verlassen hatten (in Friedberg: nach 1802, d. Verf.) und von den damit verbundenen wirtschaftlichen und politischen Beschränkungen befreit worden waren… erschien die Zeit ihrer Vergangenheit als eine dunkle und traurige Epoche, gehaßt und aus dem Gedächtnis verdrängt wegen der damit verbundenen Demütigungen und Erniedrigungen. Alles Material, das mit dieser Zeit des Ghettos, mit der Entrechtung und Absonderung der Juden zusammenhing, …war mit schrecklichen Erinnerungen belastet, von denen man sich möglichst schnell befreien wollte."[128] Diesem Bewusstsein galt es entgegen zuwirken in einer jüdischen Gemeinde, die erst 80 Jahre zuvor - die Nachkommen jener Generation lebten noch in Friedberg, die von ihren Eltern und Großeltern von dieser Zeit gehört hatten - das über 500 Jahre bedrängende Ghetto, die Judengasse und den Judenplacken, verlassen hatte. Nur ungern wollte man an diese „dunkle" Epoche der eigenen Geschichte erinnert werden. Die Mikwe galt als Symbol für diese Vergangenheit, von der man sich ein knappes Jahrhundert zuvor durch die Errichtung einer neuen Mikwe, des sogenannten *Warmbades*, unmittelbar nach der Befreiung aus dem Judenghetto in Friedberg losgesagt hatte.

Auch in der ehemaligen Reichsstadt Friedberg, in der noch zwei Generationen nach der Auflösung des Ghettos in der Judengasse judenfeindliche Tendenzen latent vorhanden waren, musste ein Umdenken bewirkt werden. Ehrmann war es aufgrund seiner intensiven Studien zur Geschichte der jüdischen Gemeinde und aufgrund seines überzeugenden Auftretens möglich, den Gemeindevorstand von der Notwendigkeit dieser Investition zu überzeugen. 1892 erschienen, von ihm inspiriert, wenn nicht selbst verfasst, zwei Artikel mit dem Ziel, das Judenbad als Baudenkmal zu retten.

Im *Oberhessischen Anzeiger* wurde darüber im Frühjahr 1892 berichtet: *Das altberühmte, etwa aus dem 12. Jahrhundert stammende Judenbad soll seitens einer Privatgesellschaft angekauft werden. Man will den Zugang zum Bad erleichtern und die reparaturbedürftigen Stellen wieder herstellen, auch soll der Versuch gemacht werden, das Bad einmal auszupumpen, um auf den Grund zu gelangen, etwaiger Fundstücke wegen.*[129] Am 16. September 1892 wurde das Judenbad durch die jüdische Gemeinde unter ihrem damaligen Vorsitzenden M. Stern für den Preis von dreitausend Mark zurückgekauft, eine Entscheidung, an der Heinrich Ehrmann als Mitglied des Gemeindevorstandes maßgeblich beteiligt war. Im gleichen Jahr wurde das Judenbad für Besucher geöffnet und als historische Attraktion der ehemaligen Reichsstadt weit über deren Grenzen hinaus bekannt. Der von Heinrich Ehrmann initiierte *Verein zur Erhaltung jüdischer Altertümer* übernahm es, das darüber gebaute Haus

Abb. 21: Die alte Mikwe als touristische Attraktion. Ansichtskarte des Judenbades aus den 1960er Jahren. Stadtarchiv Friedberg: Postkartensammlung

zu erneuern und das Bad den Interessierten und Touristen besser zugänglich zu machen. Zudem wurde mitgeteilt, dass der Verein beabsichtige, auch von Zeit zu Zeit Vorträge über die jüdische Geschichte anzubieten. Als erster Referent sollte Heinrich Ehrmann einen Vortrag über *Die Juden Friedbergs im Mittelalter* halten.[130] Für die in der Satzung des Vereins vorgesehenen sechs *großen Belehrungsabende* stellte sich Lehrer Ehrmann zur Verfügung. Seine Themensammlung aus dem Jahr 1893 deutet darauf hin, dass er es war, der sich dieses langjährige Projekt ausgedacht hatte.

Als Aufgabe hatte sich der Verein zum Ziel gesetzt: *Aufmerksamkeit und Sinn für die Geschichte der deutschen Juden, zumal unserer Vaterstadt Friedberg zu wecken und zu beleben und die Kenntnis ihrer Vergangenheit in immer weitere Kreise zu tragen. Vor allem sucht er die erhaltenen Denkmäler zu bewahren und läßt darum dem hier befindlichen Judenbad die möglichste Fürsorge angedeihen.*[131] Ein Hauswart wurde ernannt, der die Aufsicht auf Kosten der jüdischen Gemeinde übernahm. Stolz teilte Ehrmann mit, dass *unsere Gemeinde von Frau Konsul Stiebel in Frankfurt das alte Römerbad, welches vielleicht 800 Jahre Gemeindeeigentum war, wieder zurückgekauft (hat), um dasselbe würdig herzustellen.*[132]

Fortan stand im Mittelpunkt der Bemühungen des Vereins unter der Ägide von Heinrich Ehrmann, die dringend erforderlichen Sanierungsmaßnahmen in die Wege zu leiten. In der Satzung des Vereins wurde als dessen Zweck unter § 1 ausdrücklich erwähnt: *Vor allem sucht er* (der Verein, d. Verf.) *die erhaltenen Denkmäler zu bewahren und läßt darum dem hier befindlichen Judenbad die möglichst Fürsorge angedeihen.*[133] Ganz im Sinne Ehrmanns waren die weiteren Aktivitäten, die sich der neugegründete Verein gemäß § 2 vorgenommen hatte: *1. ...belehrende Vorträge 2. ...Sammlung und Zugänglichmachen von Urkunden und Altertümern, 3. ...Veröffentlichungen und Vermittlung von Schriften und Untersuchungen über das Judentum, durch Anregung und Unterstützung derartiger Arbeiten, 4... durch Rat und Belehrung in einzelnen Fragen.*[134] Auch die Bereitschaft, in Zukunft die in der jüdischen Gemeinde gehüteten Urkunden und Aufzeichnungen öffentlich zugänglich zu machen, sind der Überzeugungsarbeit von H. Ehrmann in der Gemeinde zuzuschreiben.

1898 setzte der Verein die Renovierung des Judenbades auf seine Tagesordnung. Die Bauschäden wurden aufgenommen, nachdem sich 1897 eine Gesellschaft zur Erforschung jüdischer Kunstdenkmäler gegründet hatte. Erste Schritte zu Renovierung wurden durchgeführt: Ersatz defekter Treppenstufen und zerstörter Werkstücke, Türen, Ersatz des hölzernen Geländers durch ein eisernes. Ein Jahr später erhielt der Architekt Hubert Kratz, der auch die Renovierung des Chores der Stadtkirche betreute, den Auftrag, alle Bauschäden zu dokumentieren und eine Kalkulation für die Renovierung des Judenbades vorzulegen. Es dauerte weitere vier Jahre und erforderte die Mobilisierung weiterer Kräfte, um schließlich 1902 die grundlegende Sanierung des Judenbades anzugehen. Unter Leitung des Architekten Hubert Kratz wurde das Tauchbecken zeitweise trockengelegt und gründlich erforscht. Dabei kamen erstaunliche Forschungsergebnisse zu Tage.

Die damals als Sensation empfundenen Erkenntnisse waren:
- Es wurde eine Inschrift gefunden, die den Bau des Judenbades auf das Jahr 1260 datierte, was lange Zeit zu der Annahme führte, dass damit das tatsächliche Errichtungsdatum der Mikwe entdeckt worden sei.[135]
- Im untersten Teil des Brunnenschachtes wurde ein Name gefunden, der möglicherweise auf einen der wichtigen Stifter der Mikwe hinwies: Isaak Coblenz, über den wir aber nichts näher wissen.
- Das Judenbad konnte nicht endgültig fertig gestellt werden, weil der Brunnenschacht sich bei einer Tiefe von 24 m. durch rasches Eindringen des Grundwassers füllte.
- Das Judenbad wurde von den gleichen Bauleuten erbaut wie die Stadtkirche.

Vor allem die Erkenntnis, dass die gleiche Bauhütte das Judenbad erbaut hatte wie die gotische Hallenkirche in der ehemaligen Freien Reichsstadt, sollte dazu beitragen, dass das Judenbad im 3. Reich nach Intervention des *Friedberger*

Abb. 22: Gipsabguss der Stifterinschrift von Isaak Coblenz und der Datierung im Wetterau-Museum. Stadtarchiv Friedberg: Fotosammlung

Geschichtsvereins und geschichtsbewusster Friedberger Bürger als einzigartiges Denkmal jüdischer Geschichte in Deutschland vor der Zerstörung bewahrt werden konnte. Auch dies war letztlich eine Folge von Heinrich Ehrmanns Engagement für das Judenbad vier Jahrzehnte zuvor.[136]

Als das Judenbad 1902 schließlich nach einer gründlichen Untersuchung und Restauration durch den Architekten H. Kratz wieder als Baudenkmal der Öffentlichkeit zugänglich gemacht wurde, steuerte die israelitische Gemeinde Friedbergs, von H. Ehrmann initiiert, 1200 Mark bei.[137] Sein Eintreten für die Mikwe wurde 1926 durch den Volksstaat Hessen mit seiner Berufung zum ehrenamtlichen Denkmalpfleger honoriert.

Abb. 23: Zeichnung de gotischen Kapitelle im Judenbad, wie sie sich auch in der Stadtkirche befinden. Rudolf Adamy, *Kunstdenkmäler im Großherzogtum Hessen*, Darmstadt 1895, S. 104

Begleitet war das Bemühen um die Erhaltung des Judenbades durch eine Reihe von Vorträgen Heinrich Ehrmanns, die auf einer gründlichen Erforschung und Erschließung des Archivs der jüdischen Gemeinde basierten, und in denen er seiner jüdischen Gemeinde und vor allem der Friedberger Öffentlichkeit die fast siebenhundertjährige Geschichte der Juden in Friedberg nahebrachte:

24. Sept.1893   *Die Juden Friedbergs im Mittelalter* (Schmittscher Garten)
3. Febr. 1895   *Die Jüdische Armenpflege und die sozialen Aufgaben des Judentums in der Gegenwart* (Restauration Butzbach)[138]
3. Nov. 1895   *Das Schulwesen der Juden Friedbergs von 1530 bis zur Gegenwart* (Pfälzer Hof)
25. Jan.1898   *Über jüdische Volkskunde* (großer Saal der „Drei Schwerter")

Am 23. Mai 1898 hielt er vor dem *Friedberger Geschichts- und Altertumsverein* einen vielbeachteten Vortrag *Zur Geschichte der Juden*. Bei diesem Vortrag konnte er auf seine umfangreichen Recherchen zur Geschichte der Friedberger Juden zurückgreifen, wie sie sich 1884 und 1893 in seinen Notizbüchern finden. In den *Quartalsblättern des Historischen Vereins für das Grossherzog-*

tum Hessen (Neue Folge) wurde über diesen Vortrag ausführlich berichtet. Für die Erforschung der Geschichte der Juden in Friedberg war dieser Vortrag von grundlegender und richtungsweisender Bedeutung. Ehrmann wies erstmals nach, dass die *Juden Friedbergs ... nicht nur eine Kirchen - Gemeinde (bildeten), sondern auch eine p o l i t i s c h e, die ihren eigenen Vorsteher, Pfleger und Schätzer, ihre Marktaufseher und Thorwächter, ja sogar ihre eigene Nachtwächter, drei an der Zahl hatte.*[139] Er belegte die große Bedeutung der Friedberger jüdischen Gemeinde im Hohen Mittelalter, indem er auf die Abfassung eines Klageliedes anlässlich der ersten Judenverfolgung durch den Friedberger Rabbiner Jehudah bar Mosche Hakohen einging, „ein Klagelied, das noch jetzt alljährlich am Tage der Tempelzerstörung rezitiert wird."[140] Er legte dar, dass die jüdische Gemeinde ihr eigenes Gericht, Schulwesen sowie ein Spital unterhielt, und er ging auf die Rechtsverhältnisse zwischen Burggraf (Aufsichtsrecht, höhere Gerichtsbarkeit) und Stadt (Steuer- und Abgabenforderungen) näher ein. Auch von der ersten Erwähnung der Friedberger Juden 1241 berichtete Ehrmann, indem er sich auf eine jüdische Überlieferung stützte: Seine weiteren detaillierten Ausführungen zeigen, dass er sich intensiv mit den damals umfangreichen Aufzeichnungen der über 600 Jahre alten jüdischen Gemeinde Friedbergs befasst haben muss.[141] 1903 referierte er zum Thema *Die Verwaltung und das Recht der Juden im Mittelalter bis zur Neuzeit*, 1905 sprach er *Zur Volkskunde der Juden in Oberhessen*. Die Themenauswahl und soweit überliefert die Inhalte weisen darauf hin, dass er die Eigenständigkeit und die ethischen Wertvorstellungen der jüdischen Gemeinde im Zusammenhang mit der nichtjüdischen Geschichte als einen unverzichtbaren Beitrag zur Geschichte der Stadt und des Umlandes ansah. Ihm kam es bei seinen Forschungen darauf an, einerseits in der jüdischen Gemeinde Friedbergs zu einem wachsenden Selbstbewusstsein beizutragen, andererseits eine breite Öffentlichkeit auf die überregionale Bedeutung der aus dem Mittelalter stammenden jüdischen Gemeinde analog zur Erschließung der Geschichte der Burg und Reichsstadt aufmerksam zu machen. In diesem Sinne ging er auch auf die Beschlüsse der Frankfurter Rabbinerkonferenz 1603 ein und stellte dabei die Mitwirkung der Rabbiner und Gemeindemitglieder von Friedberg heraus.[142] Ehrmann hatte zu einem Zeitpunkt, als sich noch niemand dafür interessierte, die wichtigsten Dokumente der jüdischen Gemeinde in Friedberg gesichtet und gesichert, wie z.B. das „Gemeindebuch", das Angaben zur Steuerrechnungen der Gemeindemitglieder enthalten hat. Dora Lehmann, die sich nach dem Ersten Weltkrieg mit der Geschichte der Juden beschäftigte, ver-

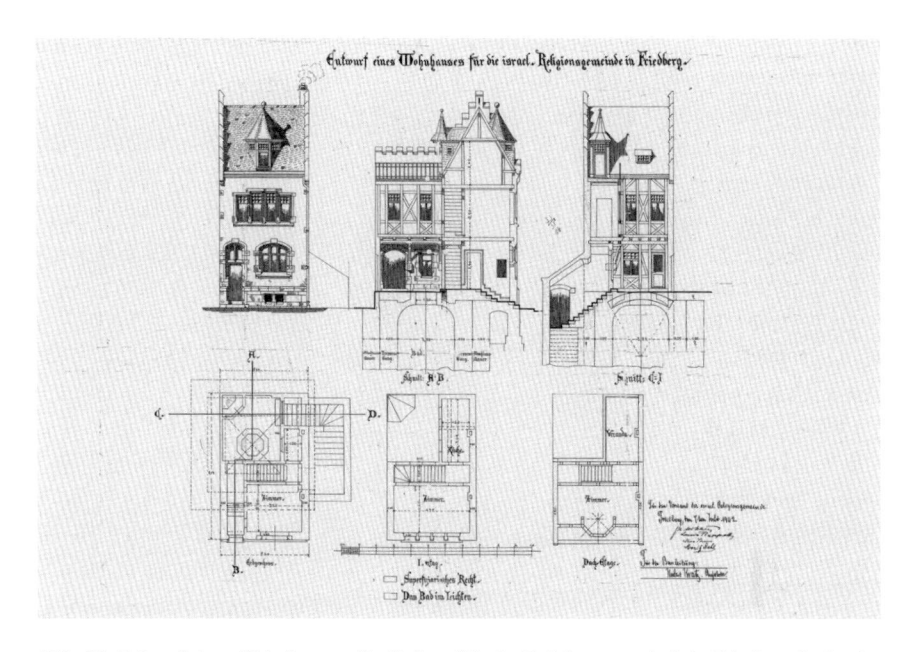

Abb. 24: Entwurf eines Wohnhauses für die israelitische Religionsgemeinde in Friedberg in der Judengasse 20, Juli 1902 von Hubert Kratz. Die unterzeichnenden Vorstandsmitglieder Louis Rapport, Max Straus und Moritz Stahl standen in engem Kontakt zu Heinrich Ehrmann. Stadtarchiv Friedberg: Nachlass Hubert Kratz, Konv. 11, Fasz. 11,2

dankte Ehrmann die Einsichtnahme in das Memorbuch, neben dem Pinkas eine der wichtigsten, bis heute nicht zugänglichen Quellen aus der jüdischen Gemeinde Friedberg.[143] Das Statutenbuch der jüdischen Gemeinde stellte Ehrmann 1909 erstmals vor und wies nach, dass sich die Gemeinde auf der Grundlage dieses Statutenbuches zivilrechtlich autonom verwalten konnte.[144] Seine Beschäftigung mit diesem Statutenbuch reichte, wie aus seinen Notizen hervorgeht, in die 90er Jahre des 19. Jahrhunderts zurück.

Zwei Vorträge seines ehemaligen Schülers Emil Hirsch *Vom alten Judenbad* (Vortrag am 2. Januar 1894) und *Die Familiennamen der deutschen Juden* (18. März 1900) gehen wie die ganze Konzeption der Vortragsreihe, die der jüdischen Geschichte in Friedberg und darüber hinaus gewidmet war, auf H. Ehrmanns Initiative zurück. Denn all diese Vortragsthemen finden sich in einer dreiseitigen Notizbucheintragung aus dem Jahr 1893. Insgesamt organisierte der *Verein für jüdische Geschichte und Altertumskunde* bis zu seiner Fusion mit dem Geschichtsverein im Jahre 1905 achtzehn Vorträge. Aber auch die Diskussionsabende in der jüdischen Gemeinde, die sich mit Fragen des Verhältnisses von Sozialismus und Judentum, mit dem Zionismus und anderen tagespolitischen Themen befassten, wurden von Heinrich Ehrmann geplant und moderiert, wenn nicht sogar maßgeblich gestaltet. Darüber hinaus kannte er sich auch sehr gut in der Sekundärliteratur zu dieser Thematik aus. In seinen Notizen finden sich Exzerpte u.a. zu Schazmanns Schrift aus dem Jahre 1788, in der jener sich für die Emanzipation der Juden in Friedberg einsetzte, aber auch Exzerpte der bis dahin erschienenen Publikationen zur kaiserlichen Reichsburg Friedberg und zur freien Reichsstadt. All diese Aktivitäten begründeten seinen Ruf als kompetenter Kenner der jüdischen Gemeinde in Friedberg.

Heinrich Ehrmanns gar nicht hoch genug einzuschätzender Verdienst um die Rettung der Mikwe als einzigartiges mittelalterliches Baudenkmal einer jüdischen Gemeinde im Alten Reich war es, zum richtigen Zeitpunkt eine Bewusstseinsänderung unter seinen Glaubensgenossen und in der breiten Öffentlichkeit in der Stadt herbeigeführt zu haben. Zudem hatte er als führender Kopf der jüdischen Gemeinde durch eigene Vortragstätigkeit und durch die Gründung des *Vereins für jüdische Geschichte und Altertümer* die ersten Schritte zur Herstellung der Bereitschaft zum Erhalt des Judenbades initiiert. Schließlich hat er durch die von ihm mit veranlasste Fusion des *Vereins für jüdische Geschichte und Altertümer* mit dem *Friedberger Geschichtsverein* die nichtjüdische Öffentlichkeit für dieses einzigartige Baudenkmal aus dem Mittelalter gewonnen. Seine Sichtung und Sicherung des Archivs der jüdischen Gemeinde stellten zudem einen entscheidenden Beitrag dar, der sich dann auch auf die Bereitschaft der Gemeinde auswirkte, ihre Geschichte der nichtjüdischen Öffentlichkeit stolz als untrennbaren Bestandteil der Geschichte des mittelalterlichen Friedberg zu präsentieren.

Dies wurde deutlich in einem Artikel, den Heinrich Ehrmann 1927 in der *Jüdischen Wochenzeitung für Kassel, Hessen und Waldeck* veröffentlichte.[145]

In der Stadt Friedberg hatte er sich durch sein engagiertes Auftreten und seine historische Kompetenz Respekt und Achtung über die jüdische Gemeinde und die Region hinaus verschafft. Seine Eintragungen in seinen Notizbücher dieser Jahre zeigen, dass er als Schlichter (Moderator) bei Nachlassfragen in der Gemeinde in Anspruch genommen wurde; er wurde eingebunden in die Beratungen der Stadt um die Seewiesenbepflanzung, zur Schrautenbachschen Stiftung sowie bei der Eingemeindung von Fauerbach nach Friedberg. Er gehörte durch sein Engagement in der jüdischen Gemeinde und durch sein Eintreten für die Mikwe nach den ersten zwanzig Jahren seiner Tätigkeit in Friedberg zu den

Honoratioren der Stadt und war der unbestrittene Repräsentant der jüdischen Gemeinde. Zudem hatte er eine Schar Gleichgesinnter um sich geschart, die sich intensiv mit den Wurzeln der jüdischen Religion befassten und Privatunterricht bei ihm nahmen, um die hebräischen Texte studieren zu können. Trotz dieser Anerkennung blieb er bis zu seinem Lebensende eine bescheidene Persönlichkeit.

Fortan konnte er sich neuen Aufgaben zuwenden, die an ihn herangetragen wurden: Der Gleichstellung der jüdischen Lehrer mit ihren nichtjüdischen Kollegen, der materiellen Verbesserung ihrer Situation und vor allem

Abb. 25: Zeitungsartikel von Heinrich Ehrmann, Das Judenbad zu Friedberg, in: *Jüdische Wochenzeitung für Kassel, Hessen und Waldeck*, Nr. 6, 11.2.1927

dem Berufethos eines jüdischen Lehrers, der seinen Glaubensüberzeugungen entsprechend seinen Unterricht methodisch und didaktisch gestaltet.

5.3. Der Redakteur und Verbandsfunktionär Heinrich Ehrmann (1906 - 1925)

Trotz seiner historischen Aktivitäten hatte Heinrich Ehrmann über all die Jahre niemals seine Verantwortung als jüdischer Lehrer aus den Augen verloren: *Unser Erziehungsideal muss sein: ein willens und thatkräftiges Individuum, welches ohne seine Eigenart aufzugeben, sich freiwillig in den Dienst des Ganzen stellt nach Maßgabe der ihm verliehenen Kräfte an dessen idealer Gestaltung mitthätig ist.*[146] Er sah die jüdischen Lehrer von ihrem professionellen Verständnis her den Beschlüssen der deutschen Lehrerschaft zur Lehrerausbildung verpflichtet. Darüber hinaus nannte er entsprechend seiner eigenen Lernbiographie eine Reihe von Eigenschaften, die einen jüdischen Lehrer zusätzlich auszeichnen sollten: *In bezug auf die allgemeine Ausbildung stehen wir*

auf dem Boden der Beschlüsse der deutschen Lehrerschaft in Breslau. Mit Berücksichtigung auf die besonderen Anforderungen, die an die jüdischen Lehrer gest(ellt) werden, ist zu verlangen
- *(bei) der Aufnahmeprüfung genügend Vertrautheit* (zu ergänzen: mit den jüdischen Gesetzen)
- *bei der Entlassung Vertrautheit mit der gesamten Religionsunterw(eisung)*
- *Bekanntschaft mit der Liturgie und der Vorbeter*(literatur?)[147]

Für die Durchsetzung dieser berufspolitischen Vorstellungen war Ehrmann bereit, sich in Hessen und im Deutschen Reich zu engagieren. So zeichnete sich nach der Rettung des Judenbades im Leben und Wirken Heinrich Ehrmanns ein neuer Schwerpunkt ab. 1907 wurde er als verantwortlicher Redakteur für die pädagogische Beilage *Erziehung und Leben* der orthodoxen jüdischen Wochenzeitung *Der Israelit* berufen. Die Beilage, die bis auf wenige Ausnahmen vierzehntägig als redaktioneller Teil der Wochenzeitung erschien, verstand sich, so der spätere Untertitel, als *Organ des Bundes gesetzestreuer jüdischer Lehrer Deutschlands*. Über fast acht Jahrzehnte, von 1860-1938, war diese jüdische Wochenzeitung „das bedeutendste Publikationsorgan der deutsch – jüdischen Orthodoxie."[148] Sein Gründer, Marcus Lehmann, hatte die Zeitung vor dem Hintergrund der wachsenden Säkularisation, die mit zunehmenden Assimilationsbestrebungen und einer tiefgreifenden Reform des jüdischen Ritus und Kultus seit Beginn des 19. Jahrhunderts in Gang gekommen war, ins Leben gerufen. Sie verstand sich als Gegengewicht zu der von Ludwig Philippson (1811-1889) 1837 gegründeten *Allgemeinen Zeitung des Judenthums*, die für die Vorstellungen eines reformierten Judentums in Deutschland eintrat. In dieser Zeitung kamen aber auch anfangs Orthodoxe wie Samson Raphael Hirsch zu Wort.[149] In den Ausgaben des neugegründeten *Israelit* erschienen vorwiegend solche Artikel zu allgemeinen und religiösen Themen, mit denen sich die orthodoxen Juden auseinanderzusetzen hatten, sei es die Situation in den Ländern, in denen Juden lebten, seien es die aktuellen Auseinandersetzungen mit dem liberalen („neologen") Judentum in Deutschland; Beiträge zu den Judenverfolgungen in osteuropäischen Ländern, zum Schicksal der in Palästina lebenden Juden sowie zum aufkommenden politischen Antisemitismus wurden publiziert, wie beispielsweise ein am 31. Januar 1907 veröffentlichter Aufruf zeigte, sich bei den bevorstehenden Reichstagswahlen unter allen Umständen gegen die Antisemiten durch die Stimmabgabe zur Wehr zu setzen.[150] Der Sohn des Begründers der Zeitung, Oscar Lehmann, hatte den Redaktionssitz 1906 von Mainz nach Frankfurt verlegt und H. Ehrmann gebeten, die pädagogische Beilage der Zeitung redaktionell zu betreuen. Ehrmann war schon seit seiner Studienzeit aufgrund seiner Herkunft und Ausbildung der orthodoxen Richtung des Judentums in Deutschland besonders verbunden. Aufgrund seiner ausbildungsbedingten Beziehungen zu den unterfränkischen Zentren der orthodoxen Lehrerausbildung, Burgpreppach und Würzburg, schien er prädestiniert für diese Aufgabe. Ehrmann wandte sich mit der Übernahme der Redaktionsleitung der ihm von seiner Herkunft und Ausbildung am meisten am Herzen liegenden Aufgabe seines Lebens zu: bewusst jüdischer Lehrer zu sein, sich der religiösen Tradition des Judentums verpflichtet zu fühlen und so in der Gemeinde und über sie hinaus zu wirken. Für ihn galt, was der Würzburger Seminarlehrer L. Ansperger in einem Beitrag zur Beilage so formuliert hatte: *Allerdings ist es wohl heute kaum mehr denkbar, daß ein jüdischer Lehrer nicht jüdischen Unterricht erteilen möchte. Der jüdische Lehrer sieht es als seine Hauptaufgabe an, in Schule und Gemeinde Thorakenntnis und Gottesfurcht zu verbreiten.*[151] Zugleich engagierte sich Heinrich Ehrmann verbandspolitisch und als Journalist für die Professionalisierung der Berufsausbildung, - natürlich im Sinne des gesetzestreuen Judentums - für die materielle Sicherung, die Unabhängigkeit der jüdischen Lehrer und ihre Gleichberechtigung mit ihren nichtjüdischen Kollegen.

Die Tätigkeit als Redakteur übte er bis 1917 aus. Fortan stand Heinrich Ehrmann vor der Aufgabe, für die vierzehntägig erscheinende Beilage Autoren zu finden, die sich mit den Fragen der gesetzeskonformen Erziehung und dem entsprechenden Unterricht für jüdische Kinder aller Altersstufen auseinandersetzten. Die Beiträge beinhalte-

Abb. 26: Ein von Heinrich Ehrmann verfasster, aber nicht namentlich gekennzeichneter Beitrag für die von ihm redaktionell geleitete Beilage *Erziehung und Lehre* in der Zeitschrift *Der Israelit*, Heft 6, 14.2.1915

ten grundsätzliche, ja programmatische Überlegungen zu Fragen der Inhalte, der Didaktik und Methodik einer gesetzestreuen Erziehung in Schule und Elternhaus. Zur Diskussion gestellt wurden die von den einzelnen Ländern des Deutschen Reiches geplanten und verabschiedeten Regelungen zum Unterricht jüdischer Kinder. Zusätzlich wurden Rezensionen von zeitgenössischen Publikationen zu Fragen der jüdischen Religion, des Unterrichts im Allgemeinen, dessen Methodik im Besonderen und des Hebräisch-Unterrichts veröffentlicht. Für die Auswahl der Beiträge, wahrscheinlich auch für viele nicht namentlich gekennzeichneten Artikel sowie für den großen Teil der Rezensionen war Heinrich Ehrmann selbst verantwortlich. So kann aufgrund der Analyse der Auswahl von Beiträgen, der nicht namentlich gezeichneten „Leit"-Artikel sowie anhand der Auswahl und Besprechung von Werken zum jüdischen Religionsunterricht das berufliche und religiöse Selbstverständnis und sein berufspolitisches Engagement, das auch immer gesellschaftspolitische Implikationen beinhaltete, aufgezeigt werden.[152]

Bei der Auswahl seiner Autoren griff Ehrmann bevorzugt auf Lehrkräfte zurück, die, möglicherweise mit ihm selbst bekannt, an der Präparandenanstalt „Talmud-Thora" in Burgpreppach und an der Israelitischen Lehrerbildungsanstalt in Würzburg" (ILBA) unterrichteten oder die er aufgrund seiner Beziehungen zu dem Bund der gesetzestreuen Lehrer in Deutschland hatte, so z. B. auch Lehrer des israelitischen orthodoxen jüdischen Lehrerseminars in Köln. Aber auch sein in Assenheim benachbarter Kollege J. Marcus gehörte zu den Autoren von Beiträgen in der Beilage *Erziehung und Lehre*. Wenige Jahre nach seiner Übernahme der redaktionellen Verantwortung spitzte sich der Konflikt zwischen dem gesetzestreuen und dem reformorientierten Judentum in Deutschland zu, und er hatte sich entsprechend zu positionieren. Fortan firmierte die *Pädagogische Beilage* zum *Israelit* als *Organ des Bundes gesetzestreuer jüdischer Lehrer Deutschlands*.

Wie wirkte und was bewirkte nun H. Ehrmann während seiner zehnjährigen Tätigkeit (1907-1917) in diesem komplexen Aufgabenfeld? Ein regelmäßiger Schwerpunkt der Berichterstattung waren die Schulberichte seiner ehemaligen Ausbildungsstätten in Mainstockheim und Burgpreppach[153] sowie Beiträge aus der Israelitischen Lehrerbildungsanstalt (ILBA) in Würzburg. Oft hatte es dabei den Anschein, als klänge in derartigen Lobeshymnen auf diese mit Ehrmanns Bildungsgang verbundenen Ausbildungsstationen so etwas wie dankbare Wehmut mit. Die Affinität Ehrmanns zu seiner alten Heimat Unterfranken und Bayern, zeigte sich darüber hinaus in dem besonderen Augenmerk, das er immer wieder der Berichterstattung über die Situation der jüdischen Lehrer in Bayern widmete.

1907, kurz nach der Übernahme der Redaktion der Beilage, erschien unter Ehrmanns Verantwortung ein mehrteiliger Beitrag zum Thema *Der naturkundliche Unterricht in seinem Verhältnis zur ästhetischen, ethischen und religiösen Bildung des Kindes,*[154] dessen Verfasser, Seminar - Oberlehrer Jakob Stoll, Lehrkraft an der Israelitischen Lehrerbildungsanstalt in Würzburg war.

Abb. 27: Seminarlehrer Stoll, einer der bedeutendsten Dozenten an der Israelitischen Lehrerbildungsanstalt in Würzburg. Verfasser der von Ehrmann 1907 publizierten Artikelserie in der Beilage *Erziehung und Lehre* mit dem Titel: Der naturkundliche Unterricht in seinem Verhältnis zur ästhetischen, ethischen und religiösen Bildung des Kindes.
Foto: Jakob Stoll

Der Autor eines weiteren nicht signierten Grundsatzartikels mit der für einen orthodoxen Juden provokanten Frage *Wo bleibt der Talmud?*[155] war möglicherweise Heinrich Ehrmann selbst. Der Verfasser dieses Beitrages kam zu dem Schluss, dass *das Thorastudium, in welcher Form es auch betrieben wird, ob als gründlicher Unterricht ..., oder als Unterweisung oder als eingehendes Lernen seinen Zweck* (nur) *erfüllen* (kann), *wenn es ... der jüdischen Jugend den richtigen G e i s t einflößt, den festen Willen, die Thora zur Norm des Lebens zu machen.*[156] Dies sollte nach der Meinung des Autors dadurch bewirkt werden, dass einerseits die modernen Erkenntnisse zum Lehren und Lernen vorgestellt werden, andererseits die Frage aufgegriffen wird, wie hierbei die religiöse Grundhaltung des Judentums, orientiert an der Lehre der Thora, vermittelt werden könnte. Für Ehrmanns publizistische und redaktionelle Tätigkeit war das in den nächsten zehn Jahren die Richtschnur für sein Wirken als Redakteur.

Zugleich engagierte sich Heinrich Ehrmann als Vorsitzender des *Unabhängigen Vereins israelitischer Lehrer im Großherzogtum Hessen* und setzte sich in dieser Funktion vehement für die materielle Sicherung und rechtliche Gleichstellung der jüdischen Lehrer mit ihren nichtjüdischen Kollegen in Hessen und darüber hinaus in den anderen Ländern des Deutschen Reiches ein. Er verfolgte aufmerksam die entsprechenden Gesetzgebungen und die jeweiligen Aktivitäten der israelitischen Lehrerverbände in den Ländern des Deutschen Reiches und berichtete darüber regelmäßig in der Beilage zum *Israelit*. In seiner Funktion als Interessenvertreter kam Ehrmann auch in Deutschland viel herum, denn seine Berichte von den verschiedenen Zusammenkünften der israelitischen Lehrerorganisationen sind von genauen Kenntnissen gekennzeichnet, und in seinen Notizbüchern finden sich Hinweise auf solche Reisen und überregionale Kontakte.

Zu dieser Zeit war die Rolle des jüdischen Lehrers in der Gemeinde seitens des hessischen Staates durch die Vorschrift, dass ein angestellter Lehrer nicht zugleich das Schächteramt ausüben sollte, reglementiert. Diese Bestimmung ging auf eine Verordnung, betreffend das jüdische Schulwesen, hier insbesondere die Verbindung des Schächteramtes mit den Schullehrer- und Vorsängerstellen vom 13. Mai 1824 (!)[157] zurück. Es stand zudem im Ermessen der jeweiligen Gemeinde, den Lehrer für seine Dienstleistungen, z.B. die Gestaltung des Gottesdienstes als Vorbeter bzw. Vorsänger (Kantor), und seine unterrichtliche Tätigkeit zu entlohnen. Während seiner Tätigkeit als Redakteur berichtete H. Ehrmann wiederholt von Konflikten zwischen jüdischen Gemeinden und deren Lehrern, die für diese zu existenzbedrohenden Notlagen führten. Für den Interessenvertreter und Redakteur Heinrich Ehrmann ergaben sich hieraus klare Konsequenzen:

- die Professionalisierung des Berufsverständnisses israelitischer Lehrer musste durch eine entsprechende, aus seiner Sicht gesetzestreuen (orthodoxen) Aus- und Fortbildung erreicht werden;
- die Unabhängigkeit des Lehrers sollte gewährleistet werden, was letztlich
- die materielle Absicherung des israelitischen (Religions-)Lehrers bedeutete, und dies während seiner Dienstzeit und für seinen Ruhestand.

Dabei kamen für Heinrich Ehrmann eigene Erfahrungen und berufspolitisches Interesse zusammen.

Am 29. Dezember 1907 leitete er die Jahreshauptversammlung des *Verbandes der unabhängigen israelitischen Lehrer in Hessen*,[158] den er mitgegründet hatte und dessen Vorsitzender er einige Jahre zuvor geworden war. Er sprach zu dem Thema der derzeitigen Lage der israelitischen Lehrer besonders in Hessen. In dem diesbezüglichen Bericht in der Pädagogischen Beilage der Wochenzeitung *Der Israelit* heißt es hierzu, dass er unter Bezugnahme auf entsprechende Bibelstellen *sowie unter geschichtlicher Würdigung der damaligen Lage unseres Volkes in Babylon ... eine Betrachtung anstellte über die sowohl nach beruflicher Wirksamkeit als auch nach der äußeren Stellung noch immer in vieler Hinsicht trostlose Lage des jüdischen Lehrerstandes.*[159] Ehrmann verlieh in seinem Grundsatzreferat der Hoffnung Ausdruck, dass sich hieran bald etwas ändern würde. In diesem Zusammenhang berichtete er auch über die Gespräche mit Abgeordneten beider Kammern des Landtages im Großherzogtum Hessen, in denen diese Situation thematisiert worden war.[160] Ehrmann versprach den Mitgliedern des Vereins, sich weiterhin bei den Abgeordneten für eine gesetzliche *Regelung der Angestelltenverhältnisse* (für jüdische Lehrer, d.Verf.)[161] einzusetzen. In der folgenden Beilage am 15. April 1907 konnte er bereits berichten, dass eine entsprechende Anfrage in der zweiten Kammer des Hessischen Landtages von dem Regierungsvertreter positiv beantwortet worden sei.[162] Einen kurz darauf erschienenen dreiteiligen Beitrag zur Frage der Gleichstellung der jüdischen mit den nichtjüdischen Lehrern in der Beilage *Erziehung und Lehre* schloss der unbekannte Verfasser - wahrscheinlich der verantwortliche Redakteur H. Ehrmann selbst- nach einer historisch fundierten Analyse mit der Schlussfolgerung ab: *Die Emanzipationsbestrebung der jüdischen Lehrerschaft ist zwar, wie gezeigt, nicht ausschließlich wirtschaftlicher Natur* (sondern hängt auch mit der jeweiligen Gemeindestruktur zusammen, d.V.), *aber in der Hauptsache ist er ein L o h n k a m p f, der sich vor unsren Augen vollzieht.*[163] Schwerpunkt von Ehrmanns Tätigkeit als Vorsitzender der Interessenvertretung der jüdischen Lehrer in Hessen blieb auch in den folgenden Jahren die Aufwertung des Lehrerberufs und die Verbesserung der materiellen Situation jüdischer Religionslehrer im Deutschen Reich. Das zeigte sich deutlich in der Veröffentlichung einer vermutlich von ihm verfassten vierteiligen Artikelserie *Die soziale Wirksamkeit der jüdischen Lehrer* gegen Ende des Jahres 1907.[164] Nach Ehrmanns Auffassung sollte deren Gleichstellung mit den nichtjüdischen Kollegen keinesfalls mit der Preisgabe der gesetzestreuen Position des Judentums erreicht werden, wie es teilweise von den liberalen jüdischen Lehrervereinigungen intendiert war.

Es war für das Selbstverständnis der israelitischen Lehrerorganisation im Großherzogtum Hessen unter Heinrich Ehrmanns Vorsitz kennzeichnend, dass auf den Jahreshauptversammlungen neben berufspolitischen Interessen auch immer inhaltliche Themen zum orthodoxen jüdischen Erziehungs- und Unterrichtswesen behandelt wurden. 1907 lag der inhaltliche Schwerpunkt der Tagung auf dem Thema: *Religionsunterricht im ersten Schuljahr* (Referat: Lehrer Kaufmann aus Schotten). Ganz im Sinne eines zuvor veröffentlichten Artikels in der Beilage *Erziehung und Lehre* wurde von den jüdischen Eltern gefordert, *die ersten Lernjahre des Kindes zu begleiten und hier ausnahmslos die Lehrer zu unterstützen, sowie des Kindes Freude zu fördern, bald am Gottesdienst teilnehmen zu können.* Zugleich wurde der Wert der religiösen Erziehung im Kindergarten und das möglichst frühe Erlernen der hebräischen Sprache gefordert.[165] In einer der darauffolgenden Beilagen zum *Israelit* publizierte Ehrmann dieses Grundsatzreferat. Auf einem Vortrag Heinrich Ehrmanns basierte der am 16. Juli 1908 in der Beilage *Erziehung und Lehre* erschienene Artikel zu *Neuerscheinungen auf dem Gebiete der jüdischen Schulbücherliteratur.*[166] Zuvor war auf der Jahresversammlung 1907 folgender Antrag verabschiedet worden: *Die Generalversammlung des Unabhängigen Vereins israelitischer Lehrer im Großherzogtum Hessen richtet an den Vorstand des Bundes der gesetzestreuen Lehrer das höfliche Ersuchen, zur Förderung der Ziele des Bundes die Bildung von Zweigvereinen aus den in Frankfurt a.M. und Hamburg wohnenden Bundesmitgliedern veranlassen zu wollen.*[166] Ehrmann war Mitglied des *Bundes gesetzestreuer jüdischer Lehrer Deutschlands* und arbeitete zeitweise in dessen Vorstand mit. So bedeutete die Annahme dieses Antrags, dass sich unter seinem Vorsitz die Auffassungen der Vertreter des orthodoxen Judentums in dem „Verband der unabhängigen israelitischen Lehrer in Hessen" durchzusetzen vermochte. Zugleich musste Heinrich Ehrmann aber auch eine vermittelnde Rolle einnehmen, denn nicht alle organisierten israelitischen Lehrer in Hessen standen der orthodoxen Richtung gleichermaßen nahe: Dies ist ihm offensichtlich, wie seine lange und anlässlich seines Todes ausführlich gewürdigte Tätigkeit in dieser Interessenvertretung bewies, weitgehend gelungen. Wie schwierig dies gewesen sein muss, das mag die folgende Grundsatzerklärung seitens der orthodoxen Richtung im deutschen Judentum zu jener Zeit belegen, die am 7. Mai 1908 in dem Leitartikel der Wochenzeitschrift *Der Israelit* erschien: *Zwischen Neologie* (reformorientiertes Judentum, d.Verf.) *und Orthodoxie gähnt die tiefste, gähnt eine unüberbrückbare Kluft und nur Gedankenlosigkeit oder religiöser Leichtsinn kann sich beikommen lassen, über diese Kluft hinweg legislatorische Brücken zu schlagen, mit Zwangsgewalt geistige Gegensätze, die wie Ja und Nein einander gegenüberstehen, aus der Welt schaffen zu wollen.*[168] Für Ehrmann war es nicht einfach, seiner orthodoxen Grundhaltung treu zu bleiben und es zugleich nicht zu ei-

nem totalen Bruch mit Vertretern einer liberalen Ausrichtung kommen zu lassen, was das Bemühen um vollständige Gleichstellung beeinträchtigt hätte.
Ab dem Jahr 1908 konnte er aufgrund der Entwicklung in Hessen die Forderung nach der Gleichstellung jüdischer Lehrer mit ihren nichtjüdischen in den Hintergrund treten lassen, denn sie war zumindest in großen Teilen verwirklicht worden. Es taten sich jedoch unterdessen immer tiefere Rissen zwischen den Vertretern eines liberalen und eines orthodoxen Judentums auf.
Als Mitglied und zeitweise im Vorstand des *Bundes gesetzestreuer jüdischer Lehrer* tätig, besuchte Ehrmann auch überregionale Versammlungen, wie die Veröffentlichung von Einladungen zu deren Generalversammlungen,[169] deren ausführliche Kommentierungen und der Abdruck der wichtigsten dort gehaltenen Referate, zeigt.[170]. Er selbst engagierte sich in der Verbandsarbeit, wie aus dem Protokoll der III. Jahreshauptversammlung des *Bundes gesetzestreuer jüdischer Lehrer* vom 28. Dezember 1908 hervorgeht, indem er sich an der Diskussion und bei der redaktionellen Ausarbeitung der vorgetragenen Thesen zum Grundsatzreferat *Die Fortbildung des jüdischen Lehrers in den Religionswissenschaften* beteiligte.[171] In der darauffolgenden Beilage am 18. Februar 1909 erschienen die auch von Ehrmann ausgearbeiteten Thesen:
I: *Da die Persönlichkeit des Lehrers ein entscheidender Faktor alles pädagogischen Wirkens ist und von seinem Streben das Wohl der heranwachsenden Geschlechter abhängt, bedeutet das Streben nach Weiterbildung eine notwendige Pflichtarbeit unseres ganzen Standes."*[172]
Für die jüdische Lehrerschaft wird daraus abgeleitet, dass besonders die religiöse Fortbildung zu pflegen ist: *Für den gesetzestreuen Lehrer bedeutet Weiterarbeit auf diesem Gebiet vor allem also e i n g e h e n d e Pflege des T h o r a studiums.*[173] Um die Lehrer entsprechend fortzubilden, wurde unter Federführung des orthodoxen jüdischen Kölner Lehrerseminars eine Reihe von Fortbildungsveranstaltungen von dem *Bund gesetzestreuer jüdischer Lehrer* angeboten und teilweise finanziert.[174] Solange er nicht persönlich angegriffen wurde, standen für den Verbandsfunktionär und Redakteur Heinrich Ehrmann immer fachliche Fragen (Methodik und Didaktik des Unterrichts) und die Ausrichtung der jüdischen Erziehung und Lehre an der Thora im Vordergrund. Er verzichtete weitgehend auf polemische Auseinandersetzungen mit der Gegenseite. Der konkreten Ausgestaltung des Unterrichts sollten beispielsweise eine Reihe von Veröffentlichungen ausgearbeiteter Unterrichtsvorhaben dienen. Auch an die Verantwortung der jüdischen Eltern wurde immer wieder appelliert: Sie sollten im Sinne der gesetzestreuen Richtung im deutschen Ju-

dentum motiviert werden, ihren Kindern ein gesetzestreues religiöses Bewusstsein nahezubringen, wie beispielsweise in einem von ihm publizierten mehrteiligen *Brief aus der Schule an das Elternhaus* deutlich wird,. Darin heißt es am Ende: Wenn das Elternhaus aktiv Gesetzestreue vorlebt und *Israels Nachkommenschaft auch dann dem Gesetz treu bleibt, dann gibt es für den Lehrer die Gewähr, daß er mit Erfolg an das anknüpfen kann, was das Kind dort gesehen und gehört, geübt und gelernt hat*.[175] Diesem Bemühen sah sich H. Ehrmann aufgrund seiner professionellen Auffassung vom Beruf des jüdischen Lehrers und aufgrund der von ihm als Identitätsbedrohung erlebten Assimilation in seiner eigenen Gemeinde in jenen Jahren verpflichtet. Ihm erschien das umso wichtiger, je mehr der Antisemitismus als reale Bedrohung des europäischen Judentums an Boden gewann. Dieses entschiedene Eintreten für ein bewusst gelebtes Judentum, das sich nach Ehrmanns Auffassung in einem dementsprechenden Erziehungs- und Unterrichtswesen zu realisieren hatte, stand keinesfalls einer guten Zusammenarbeit mit den Vertretern nichtjüdischer Lehrerverbände entgegen. In dem Bericht über die 40. Jahreshauptversammlung der Israelitischen Lehrerkonferenz heißt es: *Mit ganz besonderer Befriedigung gedachte der Redner* (d.i. Heinrich Ehrmann. d. Verf.) *noch des Verhältnisses der israelitischen Lehrer in Hessen zum Hessischen Volksschullehrerverein und dessen Bezirksvereinen, das so ideal wohl in keinem anderen Zweigvereine des deutschen Lehrervereins wieder vorkommt.*[176]

In einem in der Beilage *Erziehung und Lehre* erschienenen Artikel würdigte Ehrmann den hochverdienten Obmann des *Hessischen Landeslehrervereins*, „Vater Backes, wie er häufig in Hessen genannt wurde"[177], als dieser nach 25 jähriger Tätigkeit im Mai 1907 sein Amt als Vorsitzender niederlegte. Karl Backes (*23.1.1837 †12.11.1909) war seit 1882 Obmann des Landeslehrervereins gewesen und hatte sich während dieser Zeit um die Verbesserung der Situation der hessischen Volksschullehrer erfolgreich verdient gemacht.[178] Bei dieser Gelegenheit ging Ehrmann auf die Verdienste ein, die sich Backes als Mitglied der zweiten Hessischen Kammer um die Gleichstellung der jüdischen Lehrer in Hessen erworben hatte. Ihm sei es zu verdanken, dass eine nicht geringe Zahl israelitischer Religionslehrer eine feste Anstellung erlangt habe und *die hessische Landesregierung den Landständen* (einen) *Organisationsentwurf vorgelegt* (hätte), *der - ....im dritten Abschnitt die Verhältnisse der jüdischen Religionslehrer in einer Weise regelt, welche die Erwartungen der Lehrer bei weitem übertroffen hat*.[179] Zum Schluss des Berichtes wird deutlich, wie sehr Ehrmann den Schulterschluss mit den nichtjüdischen Lehrern in Hessen anstrebte: *Lehrer Ehrmann - Friedberg - benutzte die Gelegenheit, um auch hier dankbar zu gedenken, was Backes für uns getan hat, indem er seinerseits das Gelöbnis ablegte, dass die jüdischen Lehrer Hessens allzeit treu zum Landesverein stehen würden.*[180]

Mit den von ihm veröffentlichten Beiträgen versuchte Heinrich Ehrmann, auch in den folgenden Jahren, die Diskussion um ein von der Gesetzestreue (Orthodoxie) geprägtes Erziehungs- und Unterrichtswesen auf eine wissenschaftliche Basis zu stellen. Aus einem vermutlich von Ehrmann verfassten Beitrag zur *Sozialen Wirksamkeit des jüdischen Lehrers* wird deutlich, wie entscheidend der Verfasser die Vorbildfunktion des jüdischen Lehrers in seinem gesellschaftlichen Umfeld einschätzte. Sonst würde es ihm schwer fallen, *als Prediger echter Sittlichkeit, als Schärfer des sittlichen Gewissen der Gemeinde, als Mahner und Warner* seine Gesetzestreue unter Beweis zu stellen; zudem habe er die Verpflichtung in seiner Gemeinde freimütig alle Mängel klarzulegen und auf deren Beseitigung zu dringen.[181] Für Ehrmann ergab sich daraus die Verpflichtung für den gesetzestreuen jüdischen Lehrer, sich *für Erhaltung der alten jüdischen Tugenden* einzusetzen. Er sah es mithin als dessen Hauptaufgabe an, *in seinen Schiurvorträgen und Predigten auf das S c h w i n d e n des religiösen Sinnes, auf A b n a h m e der Sparsamkeit und Häuslichkeit und das N a c h l a s s e n der echten Wohltätigkeit immer und immer wieder hinzuweisen.*[182] In Bezug auf die von dem Autor kritisch dargestellte innere Verfassung nicht weniger jüdischer Gemeinden, die oftmals ein Bild widerwärtigen Streites böten, forderte er vom Lehrer *durch sein eigenes Beispiel, durch Ermahnung, Belehrung und p e r s ö n l i c h e Einwirkung großen Segen zu stiften.*[183]

Zugleich musste sich H. Ehrmann der Anfrage seiner Leser stellen: *Wie soll der gesetzestreue Lehrer den Religionsunterricht von Schülern, die aus neologen Familien stammen, erteilen?*[184] Der Geringschätzung fundamentaler jüdischer Gesetze wie u. a. strikter Einhaltung des Sabbaths, der Speisegesetze, des täglichen Gebetes hatte sich auch Heinrich Ehrmann in seiner Friedberger Gemeinde über viele Jahre zu stellen. Er selbst hatte versucht, wie wir aus den Berichten von Zeitzeugen und aus seine Notizen entnehmen, diesen Assimilationserscheinungen bis hin zur Indifferenz gegenüber dem jüdischen Glauben durch das eigene Vorbild, durch überzeugendes Auftreten in der Synagoge und im Unterricht, durch persönliches Eintreten für das gesetzestreue Judentum und durch die Erteilung von Privatunterricht für interessierte Gemeindemitglieder zu begegnen. Wie in seinem gesamten Leben setzte er auf die Authentizität seiner Persönlichkeit, seine eigenen Erfahrungen und auf die Überzeugungskraft der an den heiligen Schriften des Judentums orientierten Lehre und ihrer orthodoxen Auslegung.

Die scheinbar unüberbrückbaren Differenzen zwischen den reformorientierten und den gesetzestreuen (orthodoxen) jüdischen Lehrern im Deutschen Kaiserreich führten letzten Endes zu Problemen bei einer einheitlichen gesetzlichen Regelung ihres Rechtsstatus. Solange jedoch dieser Rechtsstatus ungeklärt war, blieb das Problem der fehlenden staatlichen Altersversorgung eine wichtige Aufgabe der von den israelitischen Lehrervereinigungen ins Leben gerufenen Hilfskassen. In diese Hilfskassen sollten die jüdischen Gemeinden aufgrund der Tatsache, dass die israelitischen Lehrer von ihnen eingestellt waren, um auch verschiedene Aufgaben eines Kultusbeamten auszuüben, einen gewissen Betrag einzahlen. Viele jüdische Gemeinden, - das beklagte Ehrmann in seinen Ausführungen -, unterstützten die Hilfskassen nur unzulänglich. In dieser Diskussion zeigte sich ein weiteres Konfliktfeld für die materielle Sicherung der jüdischen Lehrer: Die Abhängigkeit von der jeweiligen jüdischen Gemeinde, die auf diese Weise direkt oder indirekt auf den angestellten Lehrer Einfluss ausüben konnte, war ganz und gar nicht im Sinne der von Heinrich Ehrmann vertretenen unabhängigen Rolle des Lehrers. In einem Leitartikel vom 24. Dezember 1908 rückte er das Amt des Lehrers, wiederum vor dem Hintergrund seiner eigenen Erfahrungen in Friedberg, in die Nähe zu dem des Rabbiners. Für ihn galt, so in einem weiteren Beitrag mit dem Titel *Die Emanzipationsbestrebungen der jüdischen Religionslehrer,* dass eine Emanzipation der jüdischen Lehrergruppe nicht zwingend eine Trennung von geistlichem und weltlichem Amt erfordere. Entschieden trat er jedoch für *ein gesichertes Auskommen, eine seiner Bildung und seinem Beruf entsprechende soziale Stellung, aber auch „Ellenbogenfreiheit",*[185] das heißt Unabhängigkeit von Bevormundung durch die Vorstände der jeweiligen jüdischen Gemeinden, ein. Damit aber geriet er wiederum in den Widerspruch zum Anliegen des Staates, der eine Verquickung von religiösem Amt und der Lehrerrolle ablehnte. Ein weiteres Problem für die Realisierung dieser Vorstellungen stellte die finanzielle Leistungskraft jener Gemeinden dar, die recht klein waren oder unter der Migration ihrer Gemeindemitglieder in größere Städte ihre finanzielle Leistungskraft eingebüßt hatten und deshalb den ehemals eingestellten Lehrer nicht mehr ausreichend alimentieren konnten. Ehrmanns Bemühen als Vorsitzender des *israelitischen Lehrerverbandes in Hessen* und als Vorstandsmitglied im *Bund gesetzestreuer jüdischer Lehrer Deutschlands* zielte aus wohlerwogenen Gründen auf die Unabhängigkeit der jüdischen Lehrer von der direkten Einflussnahme der jeweiligen Gemeinde, in denen sie arbeiteten, allerdings unter Wahrung der Option, die rituellen Aufgaben, die ihnen zusätzliche Nebeneinnahmen und religiösen Einfluss ermöglichten, weiter wahrnehmen zu können. Nur dann, so seine Meinung, könnte der Lehrer seine Lehrertätigkeit in und außerhalb der Gemeinde entsprechend seines Berufsethos ausüben. Dieses Anliegen zog sich wie ein roter Faden durch Ehrmanns Tätigkeit als Interessenvertreter und Redakteur: 1911 schrieb er in seinem Beitrag *Umlernen: Wir müssen deshalb laut und vor der gesamten jüdischen Öffentlichkeit fordern, daß uns ein größerer Anteil gewährt werde an der Leitung und Führung der jüdischen Angelegenheiten, damit wir endlich aufhören, die wehrlosen Objekte der Gesetzgebung zu sein, die wir bisher waren.*[186] Um seinen Kollegen auch praktische Hinweise für den Abschluss eines diesen Vorstellungen entsprechenden Vertrages mit jüdischen Gemeinden zu geben, veröffentlichte Ehrmann gegen Ende des Jahres 1911 einen Fragekatalog zur Prüfung eines Anstellungsvertrags *Welches sind die wichtigsten Punkte, über welche sich jeder Kultusbeamte vor dem Unterschreiben seines Anstellungsvertrages orientieren sollte?*[187] Die Fragen des festen Gehaltes, der Alterssicherung, der Vertretung sowie die Zusage für sichere Nebeneinnahmen aus dem Vorbeter- und Schächteramt sollten nach diesem Modell geklärt werden.

Hinsichtlich der uneingeschränkten Gleichstellung der jüdischen Lehrer mit ihren nichtjüdischen Kollegen musste Ehrmann auf der Jahresversammlung 1909 eingestehen, dass das Engagement des Vereins noch immer *nicht zu dem erhofften Erfolg* geführt hatte. Der Konflikt hatte sich erneut daran entzündet, dass den fest eingestellten jüdischen Lehrern nach der Vorstellung vieler jüdischer Gemeinden auch weiterhin erlaubt sein sollte, die Funktion des „Schochet" auszuüben. Das jedoch wurde von der Regierung des Großherzogtums kategorisch abgelehnt, weil sie darin eine Vermischung von religiösem Amt und dem Lehrerberuf sah. Durch das berufspolitische Engagement des israelitischen Lehrerverbandes unter Ehrmann waren hingegen Fortschritte erzielt worden, was die *Erteilung der Pensionsberechtigung isrl. Lehrer auch bei 12 Wochenstunden betraf.*[188] Heinrich Ehrmann als Vorsitzender des Vereins befand sich nun in einem Dilemma: Einerseits hatte die von ihm geführte *israelitischen Lehrervereinigung* einige Zugeständnisse hinsichtlich der materiellen Gleichstellung mit den nichtjüdischen Lehrer erreicht, andererseits standen weiteren Fortschritten die Interessen der Gemeinden entgegen, besonders die der kleineren Gemeinden, die weiterhin den jüdischen Lehrer als einen Gemeindeangestellten benötigten, der rituelle Handlungen wie das Schächten ausüben sollte.[189] Hinzu kam, dass er aufgrund seiner Zugehörigkeit zum *Bund gesetzestreuer jüdischer Lehrer Deutschlands* ein Interesse daran hatte, das der Lehrer eng mit dem religiösen Lebens der orthodoxen jüdischen Gemeinde verbunden bleiben sollte. Es entsprach Ehrmanns Selbstverständnis und seinen Erfahrungen, dass ein Lehrer in einer jüdischen Gemeinde auch Aufgaben eines Kultusbeamten übernehmen sollte, nicht zuletzt deshalb, weil er, sofern gesetzestreu, als Gewährsmann für die orthodoxe Handhabung jüdischer Riten wirken konnte. So war er bemüht, die Diskussion um die Handhabung des Schächteramtes durch den Lehrer zu relativieren: *Jedes Schlachten, das haben im Reichstag alle Redner hervorgehoben, (habe) etwas Widerwärtiges und Verrohendes an sich. Metzger! Das Schächten hat das Gute an sich, daß nur eine Person dieses Gewerbe ausübt und daß versucht wird, den Vorgang zu einem religiöse Akt zu stempeln.*[190]

Zu Anfang des Jahres 1909 wurde Ehrmann wegen seiner Haltung seitens eines Vertreters der Reformbewegung in der israelitischen Lehrerschaft in einem Zeitungsartikel heftig angegriffen. Darin war Heinrich Ehrmann *Inkonsequenz* vorgeworfen worden, da er einerseits nicht dem *allgemeinen Verband der jüdischen Lehrervereine* (in Deutschland) angehöre, andererseits Misrachist, „also Mitglied der gesetzestreuen Gruppe innerhalb des Zionismus[191] sei. In einem der ganz wenigen von ihm persönlich gezeichneten Artikel nahm er am 4. März 1909 ausführlich Stellung. Er rechtfertigte sich exemplarisch für seinen komplexen und differenzierten Umgang mit den verschiedenen Positionen des Judentums jener Zeit, indem er seine Einstellung zum Zionismus wie folgt begründete: *Eine eng begrenzte Aufgabe, wie die Kolonisation Palästinas mit radikalen Elementen gemeinsam zu lösen, halte ich – und das ist meine p r i v a t e Überzeugung – für ungefährlich, besonders da die Führer das bündige Versprechen gegeben haben, daß dabei nichts geschehe, was die religiöse Überzeugung der Misrachisten verletzen kann.*[192] Ehrmann wies in seiner Replik darauf hin, dass ebenso wie bei den unterschiedlichen Gewerkschaften im Deutschen Reich eine gemeinsame Kommission der unterschiedlichen jüdischen Lehrerverbände zur Interessenwahrung aller jüdischer Lehrer gebildet werden sollte, um so deren Forderungen mehr Gewicht zu verleihen. Dies dürfe aber nicht als eine Unterwerfung der Vertreter der gesetzestreuen Lehrerorganisationen unter die reformorientierten verstanden werden. Aus diesem Artikel geht weiterhin hervor, wie Ehrmann mit dem zuvor aufgezeigten Dilemma umgehen wollte: Er hatte ein Schiedsverfahren vorgeschlagen, um die mittler-

weile vehement aufgebrochenen Konflikte zwischen den beiden Richtungen der jüdischen Lehrerschaft zu schlichten. Gegenüber den sehr persönlichen Angriffen der Gegenseite, die auch gegen seine Tätigkeit in der Gemeinde Friedberg polemisierte, antwortete der Angegriffene:
Ein ehrendes Zeugnis darf ich ihr jedenfalls ausstellen: wie auch der religiöse Standpunkt der einzelnen Vorstände und Mitglieder war, sie haben nach besten Kräften dafür gesorgt, die religiösen Institutionen zu erhalten und zu kräftigen. Daß sie dabei meinen Wünschen Rechnung getragen, das danke ich ihnen, und das ist mir ein Beweis, daß mein Wirken kein ganz vergebliches war.[193]
Nach fast fünfundzwanzigjähriger Tätigkeit in der jüdischen Gemeinde in Friedberg klang dies schon fast wie ein Vermächtnis. Aber es sollte noch siebzehn Jahre dauern, bis Ehrmann sich endgültig in den Ruhestand zurückziehen konnte.
In den folgenden Jahren seiner Verbands- und Redakteurstätigkeit setzte sich Ehrmann vorwiegend wieder mit Fragen auseinander, die die jeweilige Ausbildung, entweder nach orthodoxen oder nach reformorientierten Grundsätzen, sowie das Rollenverständnis und die Amtsführung seiner Kollegen betrafen. Hierbei bezog er sich oft auf seine eigenen Berufserfahrungen, so wie in einem 1911 veröffentlichten Artikel *Der Einfluß des Seminars auf die religiöse Richtung des Lehrers*. Darin ging er der Frage nach, wie prägend dieser Einfluss auf das zukünftige Wirken des Lehrers sei. Vor dem Hintergrund seiner eigenen Erfahrungen in Würzburg und Burgpreppach schrieb er: *Wie verfährt die orthodoxe Bildungsanstalt? Sie steht in Lehre und Leben voll und ganz auf dem Standpunkt des traditionellen, meinetwegen talmudischen Judentums. Sie lehrt die Thora als göttliche Offenbarung, die schriftliche wie mündliche; sie widmet einen reichen Teil ihrer Arbeitszeit dem Unterricht in den Religionswissenschaften und vorzugsweise dem Quellenstudium, sie lehrt die Religion nicht nur kritisch verstandesmäßig, sie sucht Herz und Gemüt zu packen, zu begeistern; sie schmeichelt nicht dem menschlichen Vernunftdünkel, indem sie verwirft, was dem schwachen Menschengeist unverständlich bleibt am Gotteswort und Gotteswillen, sondern sie weist eben auf die Schranken hin, die menschlichen Begriffsvermögen gezogen sind; sie verlangt von ihren Lehrern und Schülern, daß das Leben der Lehre entspreche, dass alle Religionsvorschriften gewissenhaft beachtet werden...*[194]
Demgegenüber, so Ehrmann, würde in den neologen (reformorientierten) Lehrerseminaren die Thora nicht als Gottes Offenbarung gelehrt, Bibelkritik als

Bibelunterricht betrachtet und die Verbindlichkeit der Traditionen in Abrede gestellt. Ehrmann verwies unter Bezugnahme auf seinen eigenen Ausbildungskurs (*Jahrzehnte zurück*[195]), dass die gesetzestreu ausgebildeten Lehrer *samt und sonders noch auf dem religiösen Standpunkt ihres Seminares* (stehen).[196] Hinsichtlich der nicht gesetzestreu ausgebildeten Lehrer existiere eine solche Kontinuität in der religiösen Grundeinstellung nicht. Zugleich betonte er, *daß ich jede wahre Überzeugung achten kann, dann aber auch Respektierung meiner Ueberzeugung erwarten darf.*[197] Für ihn stand jedoch außer Frage, dass die Wandlung von der Orthodoxie zum Radikalismus (i.S. von Ultraorthodoxie, d.Verf.) keine Alternative sei. Unbestritten, und das war Ehrmanns Plädoyer für die orthodoxen jüdischen Lehrerseminare, sei, *daß die religiöse Richtung der Bildungsanstalt maßgebend ist und bleibt für ihre Zöglinge.*[198] Den drei Lehrerbildungsanstalten im Kreise Unterfranken widmete Ehrmann 1911 einen mehrteiligen Artikel, in dem er wiederum unter Bezugnahme auf seine eigenen Erfahrungen deren Ausbildungsprogramm ausführlich würdigte und zur Unterstützung der Einrichtungen alle Juden in Deutschland aufrief.[199] Zugleich bestand er in einem Leitartikel aus dieser Zeit auf einem substantiellen Mitbestimmungsrecht der Lehrer, indem er forderte, *daß die Lehrer in den Kuratorien der Lehrerbildungsanstalten vertreten seien* sowie mitbestimmen sollten in all jenen gemeindlichen Einrichtungen der jüdischen Gemeinde, für die sie indirekt in der Gemeinde wirkten.[200]

Im Juni 1911 setzte sich Ehrmann auf der Generalversammlung des *Bundes gesetzestreuer jüdischer Lehrer* für die Gründung von Lehrlingsheimen für kaufmännische Angestellte ein, analog den christlichen Heimen in Dillenburg und Marburg, um auch ihnen eine den jüdischen Religionsgesetzen entsprechende Ausbildungsstätte zu bieten. In Friedberg hatte er zu diesem Zeitpunkt bereits einen koscheren Mensatisch für die jüdischen Studierenden am 1901 neu gegründeten Polytechnikum, dem Vorläufer der heutigen Technischen Hochschule Mittelhessen, ins Leben gerufen. Dort unterrichtete H. Ehrmann seit dem 2. Oktober 1901 als Lehrer für Mathematik, donnerstags 10.00-11.00 und freitags 9.00 – 10.00 Uhr.[201]

Während der Kriegsjahre traten die vehementen Forderungen zur uneingeschränkten Gleichberechtigung aufgrund der kriegsbedingt nationalistischen Blickrichtung hinter den methodischen und unterrichtspraktischen Beiträgen zurück. Trotzdem beschäftigte sich Heinrich Ehrmann bis zum Ende seiner Tätigkeit als Redakteur, die wohl auch mit dem Ende seiner aktiven Beteiligung an der Verbandsarbeit einherging, mit der nach seiner Meinung unzureichend gelösten materiellen Lage der jüdischen Religionslehrer. Im Jahre 1915 erschien ein in zwei Teilen veröffentlichter Vortrag von ihm. Darin beklagte er, dass besonders für jene Lehrer, die von der Finanzkraft ihrer teilweise stark geschrumpften Gemeinden abhängig seien und in dem Falle, in dem sie nicht einen familiären Rückhalt durch die eigene Familie oder die ihrer Frau hätten, die materielle Situation oftmals bedrohlich sei.[202] Ehrmann wies insbesondere auf diejenigen Kollegen hin, *die seit 30 oder 40 Jahren auf ihren Stellen in den Landgemeinden ausgeharrt haben, dabei alt und grau geworden sind und sich nichts erübrigen konnten.*[203] Ehrmann analysierte die Situation der jüdischen Lehrer in Bayern, Preußen und Hessen im Hinblick auf die kriegsbedingten Einschränkungen und zeigte exemplarisch die Notlagen auf. Fast klang es wie eine resignative Bilanz seiner knapp zwei Jahre später zu Ende gehenden Tätigkeit als Redakteur und Interessenvertreter der jüdischen Lehrer in Hessen und im Deutschen Reich, wenn Heinrich Ehrmann am Ende seiner Artikelserie dazu aufruft: *Wendet Euer Interesse ein k l e i n w e n i g auch unserem Stande zu und lasset von dem Geldstrome, den ihr g e b e f r e u d i g spendet, auch den jüdischen Schulen etwas zukommen. Es ist für Euch eine Ehrenpflicht.*[204]

Erst nach seiner Tätigkeit als Redakteur und Verbandsvertreter wird durch die Weimarer Verfassung die Gleichstellung der jüdischen Religionslehrer mit den anderen Lehrern erreicht, von der Ehrmann bei seiner Ruhestandversetzung 1924 durch die Gewährung einer staatlichen Pension selbst betroffen war. Letzten Endes schienen seine Bemühungen doch nicht auf fruchtlosen Boden gefallen zu sein.

Heinrich Ehrmann kann als ein Pionier auf dem Weg der Emanzipation der jüdischen (Religions-)Lehrer in Deutschland betrachtet werden; er hat sich während seiner zehnjährigen Tätigkeit vehement für die Professionalisierung des Lehrerberufs, für die materielle Absicherung seiner Kollegen, für das Recht und die Pflicht zur ständigen Fortbildung, für deren Unabhängigkeit von Gemeinde und gegen staatliche Einmischung und für die Mitbestimmung eingesetzt und sich damit um die Gleichberechtigung der jüdischen Lehrer in Deutschland verdient gemacht. Dabei hat er sich immer als Deutscher und gläubiger Jude verstanden, gleichberechtigt neben den anderen Deutschen unterschiedlicher Konfessionen.

Exkurs 1: Heinrich Ehrmann und der Erste Weltkrieg

Eine Darstellung von Heinrich Ehrmanns Persönlichkeit kann nicht an seiner Einstellung gegenüber dem Ersten Weltkrieg vorbeiführen. Das einzige uns aus den Kriegsjahren überlieferte Notizbuch stammt aus dem Jahre 1914.[205] Es erlaubt einige Rückschlüsse auf Ehrmanns Einstellung gegenüber diesem welterschütternden, gewaltsamen globalen Konflikt. Durch den Militärdienst seiner beiden ältesten Söhne Abraham und Saki war er selbst unmittelbar betroffen. Aber auch bezüglich der militärischen Verwendung der Gemeindemitglieder aus Friedberg machte er sich Aufzeichnungen.[206] Aus der jüdischen Gemeinde Friedbergs hatten sich viele gleich zu Kriegsbeginn freiwillig zum Kriegsdienst gemeldet; einige waren später eingezogen worden. Grundsätzlich unterschied sich die Einstellung der deutschen Juden nicht von denen der nichtjüdischen Untertanen Wilhelms II.: Viele meldeten sich sofort, getragen von einer Welle der nationalen Begeisterung, freiwillig zum Militärdienst. Der *Central-Verein Deutscher Staatsbürger jüdischen Glaubens*[207] hatte bereits am Tag der Mobilmachung, am 1. August 1914, in einem Aufruf *An die deutschen Juden* zum

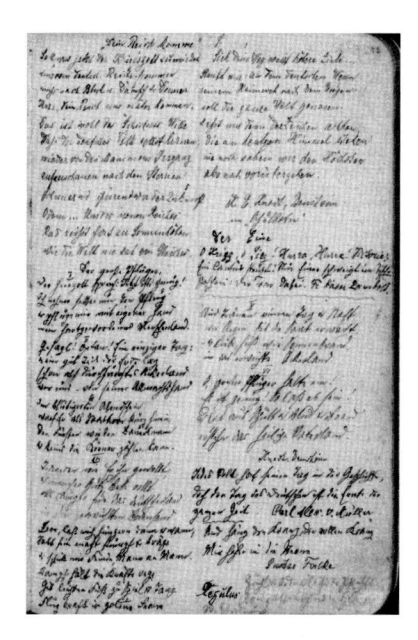

Abb. 28: Seite 47 aus dem Notizbuch von Heinrich Ehrmann aus dem Jahr 1914. Stadtarchiv Friedberg: Bestand 9.007., Nr. 205

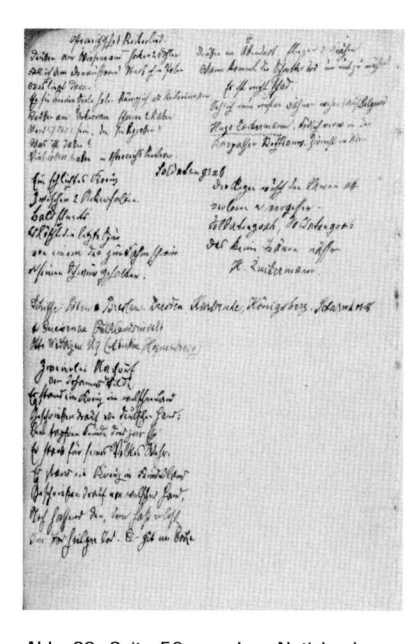

Abb. 29: Seite 52 aus dem Notizbuch von Heinrich Ehrmann aus dem Jahr 1914. Stadtarchiv Friedberg: Bestand 9.007., Nr. 205

freiwilligen Militärdienst und zu materiellen Opfern aufgefordert. Viele deutsche Juden sahen in ihrem Militäreinsatz die Chance, endlich unter Beweis stellen zu können, „daß man bedingungslos bereit war, für die deutsche Nation einzutreten."[208] Der von Kaiser Wilhelm II. verkündete Burgfrieden (*Ich kenne keine Parteien mehr, nur noch Deutsche...*), die Tatsache, dass viele führende deutsche Juden aus der Wirtschaft in verantwortungsvolle Positionen berufen wurden (z.B. Albert Ballin, Max Warburg und Paul Nathan) und einige Juden selbst Offiziere werden konnten und ihnen zu bislang verwehrten gesellschaftlichen Positionen Zugang gewährt wurde, erklärte, warum auch Heinrich Ehrmann zunächst von der Kriegsbegeisterung angesteckt wurde. Er befand sich in „guter Gesellschaft", denn selbst Martin Buber schrieb dem Prager Zionisten Hans Kohn:

„Im Sturm der Begebenheiten hat der Jude mit elementarer Gewalt erfahren, was Gemeinschaft ist."[209]

So ist es nicht verwunderlich, dass H. Ehrmann wie viele Deutsche seiner Zeit dem Kriegsausbruch zunächst positiv gegenüber stand, was sich aus den Abschriften von fünf Gedichten und zwei notierten Zitaten in seinem Notizbuch aus dem Jahre 1914 ersehen lässt.

Offen muss bleiben, wieweit sich H. Ehrmann zu diesem Zeitpunkt, vor allem aber später, als sich das Wiederaufleben antisemitischer Strömungen zeigte, mit dem Inhalt der Gedichte noch zu identifizieren vermochte. Seine Eintragungen und Abschriften von Zitaten der damals vorherrschenden Meinungsführer im Wilhelminischen Kaiserreich geben zumindest die Stimmung zu Kriegsbeginn wieder, die er aufmerksam verfolgte. Zumindest deutet eine sehr viel später im Notizbuch aufzufindende Eintragung eines wohl dem liberalen Politiker Friedrich Naumann[210] zugeschriebenen Satzes auf eine wachsende skeptische Einstellung gegenüber den Kriegszielen des Wil-

Abb. 30: Auszeichnung von Vize-Feldwebel Karl Neuhof (RIR 221) aus Friedberg durch Kaiser Wilhelm II. im Jahr 1915. Stadtarchiv Friedberg: Fotosammlung

helminischen Kaiserreichs hin: *Das deutsche Machtproblem gipfelt darin, daß mit dem Aufwand von möglichst geringen Mitteln der höchste Erfolg erzielt werden soll.*[211] Mit Sicherheit dürfte sich die Einstellung Ehrmanns spätestens nach 1916 gewandelt haben, als bekannt wurde, dass auf Anfrage zweier antisemitischer Abgeordneter des Reichstages von dem preußischen Kriegsminister Adolf Wild v. Hohenborn eine sogenannte Judenzählung durchgeführt wurde, die den Nachweis erbringen sollte, „daß jüdische Kriegsteilnehmer weniger an der Front als in der Etappe im Einsatz waren."[212]

Das antisemitische Vorurteil, Juden seien feige und drückten sich vor dem Einsatz für ihr Vaterland, sollte durch das Ergebnis der statistischen Erhebung bestätigt werden. Das Ergebnis erfüllte die vorurteilsbedingten Erwartungen nicht, denn es stellte sich heraus, dass es keine günstigere Zahlenrelation Front-Etappe für die Juden als für die Nichtjuden gab. Obwohl das Ergebnis nicht veröffentlicht wurde, war die Hoffnung vieler Juden auf Anerkennung ihres Einsatzes bitter enttäuscht worden: „Kein anderer Akt des Regimes während des Krieges trug mehr dazu bei, die Juden zu entfremden und an ihren Status als Stiefkinder zu erinnern."[213] Sehr viele Eintragungen in dem Notizbuch, die über das Jahr 1914 hinausreichen, belegen, dass H. Ehrmann neben den aktuellen Kriegsereignissen auch die wirtschaftlichen und sozialen Aspekte dieses globalen Krieges aufmerksam und zunehmend skeptischer beobachtete und seine Schlüsse hieraus gezogen hat. So notierte er in seinem Notizbuch während des Krieges einmal die bis dahin angefallenen Kosten: *380 Milliarden hat der Krieg bisher gekostet, 79 Mill. hat D. (eutschland) verausgabt, 220 Mill. hat die Entente, 140 die Zentralmächte, Italien 17 Mill.*, und ihm, der sich, wie seine Lektürezusammenstellungen zeigen, auch volkswirtschaftlich weitergebildet hatte und zeitweise an der Gewerbeschule in Friedberg unterrichtete, war klar, dass dies am Ende des Krieges nur durch einen strikten Sparkurs und ggf. durch Eingriffe in die Währung zu finanzieren sein würde.[214] Ehrmann wurde sich also sehr bald des furchtbaren Aspektes des Krieges bewusst, wie eine Eintragung in sein Notizbuch anlässlich der Versenkung des Passagierschiffes „Lusitania"[215] zeigt: [216]

Auch die jüdische Gemeinde in Friedberg hatte im Verlauf des Ersten Weltkrieges den Tod von mindestens 21 Männern[217] zu beklagen.

Fast alle Gefallenen hatte Heinrich Ehrmann persönlich gekannt und unterrichtet.

Ludwig Aaron, Unteroffizier (* 22.10.1883, gef. 21.4.1915 in den Karpaten).
Berthold Appel, Musketier (* 6.11.1894, gef. 25.8.1916 bei Fleury- Thiaumont).
Hermann Appel, Kriegsfreiwilliger (* 12.6.1894, gef. 25.9.1915 bei Massiges).
Karl Ernst Ascher, Unteroffizier (*21.8.1895 in Hamburg, gef. 8.6.1917 bei Lens).
Benno Baer , Musketier (* 21.9.1891 in Seligenstadt, gest. 7.3.1917 im Lazarett Berlin).
Wilhelm Ballin-Oppenheimer, Gefreiter (* 7.9.1889 in Heldenbergen, gef. 24.4.1917 an der Somme).
Simon Cassel, Sanitätsunteroffizier (* 2.10.1886, gef. 15.7.1918 bei Reims).
Sally Hammel (gef. 12.8.1915).
Willi Leopold, Unteroffizier (* 22.5.1896 in Gettenau, gef. 16.10.1918 Ostsee).
Ludwig Jakob Meyer (* 12.1.1894, gef. 22.3.1918).
Max Meyer, Unteroffizier (* 4.4.1889, 11.1916 vermisst an der Somme).
Paul Seligmann, Musketier (* 29. 8.1899, gef. 29.8.1918 Cambrai).
Max Simon (* 30. 1. 1901, gef. 8.12.1914).[218]
Josef Simons (* in Eltville, gef. 11. 8. 1918).
Robert Steinhardt (* 29. 7.1887 gef. 24.6.1916)
Leopold Stern, Unteroffizier (* 11. 2. 1888, gef. 22.8.1914 in Belgien).[219]
Ehrmann hatte als Lehrer und religiöser Leiter der Gemeinde die Hinterbliebenen zu trösten und in den Gottesdiensten der Gefallenen zu gedenken. Wir haben keine Hinweise, wie er diese Aufgabe bewältigt hat, aber können aufgrund seiner Persönlichkeit vermuten, dass er dies in gleicher Empathie und Glaubensfestigkeit getan hat wie bei seiner Trauerrede für Löb 1890. Zugleich dürfte er mit Bedrückung die von einem antisemitischen Geist getragene Erhebung der Behörden verfolgt haben, in der nachgewiesen werden sollte, dass sich die Juden in Deutschland vor dem Militärdienst in der kaiserlichen Armee drückten.[220]
Das Notizbuch von 1914 zeigt die ganze Fülle der Aufgaben Ehrmanns sowie sein nur aus sporadischen, wenig systematischen Eintragungen erkennbares tiefes Interesse an dem Schicksal des Judentums. Er fertigte Notizen an zu Ereignissen in der Friedberger Gemeinde (Todes- und Geburtsfälle) wie zu seinen möglicherweise verbandsbedingten Reisen nach Bad Orb, Frankfurt a.M. und zu anderen jüdischen Gemeinden in der Wetterau. Anfangs vermerkte er noch in seiner Kriegschronik die wichtigsten Ereignisse, den Beginn des Kriegszustandes am 31. 7. 1914, die anfänglichen Erfolge der kaiserlichen Armee, wie

Abb. 31: Ludwig Aaron, gefallen am 21. April 1915 in den Karpaten. Stadtarchiv Friedberg: Fotosammlung

Abb. 32: Otto Ascher, vermisst seit 3. Mai 1915 in Russland. Stadtarchiv Friedberg: Fotosammlung

Abb. 33: Robert Steinhardt, gefallen am 24. Juni 1916 in Galizien. Stadtarchiv Friedberg: Fotosammlung

Abb. 34: Max Meyer, gefallen am 8. November 1916 an der Somme. Stadtarchiv Friedberg: Fotosammlung

Abb. 35: Baruch Weissmann, gefallen am 12. April 1917. Stadtarchiv Friedberg: Fotosammlung

Abb. 36: Ernst Ascher, gefallen am 9. Juni 1917 bei Lens in Frankreich. Stadtarchiv Friedberg: Fotosammlung

Abb. 37: Ludwig Meyer, gefallen am 22. März 1918 bei Cambrai in Frankreich. Stadtarchiv Friedberg: Fotosammlung

Abb. 38: Wilhelm Ballin-Oppenheimer, gefallen am 24. April 1918 bei Cachi in Frankreich. Stadtarchiv Friedberg: Fotosammlung

Abb. 39: Simon Kassel, gefallen am 15.Juli 1918 in Nauray, Frankreich. Stadtarchiv Friedberg: Fotosammlung

Abb. 40: Paul Seligmann, gefallen am 29. September 1918 bei Cambrai in Frankreich. Stadtarchiv Friedberg: Fotosammlung

Abb. 41: Willy Leopold, gefallen 15. Oktober 1918. Stadtarchiv Friedberg: Fotosammlung

z.B. den Einmarsch in Luxemburg und Belgien am 2. 8.1914, die Eroberung von Lüttich am 8. 8. 1914 und die Besetzung von Brüssel am 20. 8.1914, die Schlacht von St. Quentin, die Schlacht von Tannenberg, aber auch den Tod der ersten aus der Gemeinde stammenden Mitglieder Leopold Stern am 22. August 1914, Max Simon am 8. Dezember 1914, Ludwig Aaron am 21. April 1915, Otto Ascher am 2. Mai 1915 und Berthold Appel am 25. 8. 1916.[221]

Nach wie vor notierte er aber auch alles, was er zum Judentum in den deutschen Ländern und in Europa in Erfahrung bringen konnte und was ihm des Festhaltens Wert erschien: Eine Nachricht aus einem Fachblatt für Holzwirtschaft zur Aufforstung Palästinas, Angaben zu dem Anteil der Steuer, die die Juden in den verschiedenen Ländern des Deutschen Reichs aufbrachten, sowie die dort bezahlten Pensionen für jüdische Lehrer. Die Leseliste Ehrmanns aus diesem Jahr 1914 weist ihn als einen literarisch universell interessierten Leser aus, der neben volks- und naturwirtschaftlichen Abhandlungen zeitgenössische Autoren sowie anerkannte Autoren der deutschen und englischen Literatur las.

Abb. 42: Gedenkstein für die Gefallenen der jüdischen Gemeinde Friedberg. Stadtarchiv Friedberg: Fotosammlung

Exkurs 2: Heinrich Ehrmann und die Bemühungen des *Centralvereins* in Friedberg um die Abwehr des Antisemitismus 1920-1933[223]

Es entsprach dem politischen Bewusstsein und Selbstverständnis von Heinrich Ehrmann, dass er die Entwicklung des wiederauflebenden politischen Antisemitismus mit Aufmerksamkeit verfolgte, ohne jedoch selbst aktiv in Erscheinung zu treten. Längst hatte er in seiner Friedberger Gemeinde durch seine Tätigkeit ein Bewusstsein dafür geschaffen, dass - in seinem Sinne - die Auseinandersetzung mit der Bedrohung durch den Antisemitismus durch organisierte Aufklärung, Vorträge und Informationen über das Judentum und die Geschichte der jüdischen Gemeinde vor Ort verbunden werden sollten.

Bereits am 26. März 1893 hatte sich in Berlin der *Centralverein deutscher Staatsbürger jüdischen Glaubens* gegründet, der die Mehrheit der assimilierten bürgerlich liberalen Juden in Deutschland vertrat. Dessen Arbeitsschwerpunkt war der Kampf gegen den im Kaiserreich aufgekommenen politischen Antisemitismus. Der *Centralverein* verstand sich als Dachorganisation zahlreicher jüdischer Vereine und entwickelte sich zur größten Organisation der Juden in Deutschland: 1929 gab es 31 Landesverbände und um die 500 Ortsgruppen. Zionistischen Auffassungen gegenüber stand der *Centralverein* ebenso wie Heinrich Ehrmann kritisch gegenüber. Das Anliegen des *Centralvereins*, durch

Aufklärungsarbeit vorurteilsfreie Kenntnisse zum Judentum zu vermitteln, Ressentiments abzubauen und das Selbstbewusstsein der deutschen Juden durch das Herausstellen eigener kultureller Leistungen in Deutschland zu stärken, entsprach Ehrmanns Auffassung. Das Bemühen des *Centralvereins*, durch eine stärkere Integration und Assimilation, - auch unter Aufgabe traditioneller Glaubenspositionen - die Stellung der Juden in Deutschland zu verbessern, teilte er hingegen nicht.

Auch wenn Heinrich Ehrmann selbst zu keinem Zeitpunkt während der Aktivitäten der Ortsgruppe offiziell in Erscheinung trat, wirkte sich sein Engagement als Lehrer und Historiker bei der vor dem Ersten Weltkrieg ins Leben gerufenen Ortsgruppe Friedberg-Bad Nauheim des *Centralvereins deutscher Staatsbürger jüdischen Glaubens* aus. Manch eine Aktivität der Ortsgruppe orientierte sich an den von Ehrmann angedachten Überlegungen zur Aufklärung über das Judentum und über dessen Bedeutung für die Geschichte der Stadt und der Region. Friedberger Gemeindemitglieder, die über den Gemeindevorstand mit ihm in engem Kontakt standen, waren an leitender Stelle in dieser Ortsgruppe tätig. Auf Ehrmanns historisches Wissen und sein politisches Bewusstsein wurde in den Aktivitäten dieses Vereins, wie aufzuzeigen sein wird, immer wieder zurückgegriffen.

Erstmals trat die ins Leben gerufene Ortsgruppe Friedberg-Bad Nauheim in Zusammenarbeit mit der Leitung des *Centralvereins deutscher Staatsbürger jüdischen Glaubens* in Berlin Anfang des Jahres 1914 in Erscheinung, um Vorträge zu aktuellen Themen in Friedberg und Bad Nauheim zu organisieren. Am 12. Januar 1914 schrieb ihr Vorsitzender, Ferdinand Krämer, selbst an führender Stelle in der jüdischen Gemeinde in Friedberg tätig, an den *Centralverein* in Berlin:

Die Vorstandssitzung unserer Ortsgruppe Friedberg-Bad Nauheim dankte dem verehrl. Vorstand des Centralvereins für die Schritte, die er für die ... verfassungsmäßig verbürgten Rechte getan hat und erwartet von ihm, dass er auch weiterhin in diesem Sinne tätig wird.[224]

Zugleich bekundete der Vorstand in Friedberg seine Bereitschaft, von den seitens des *Centralvereins* unterbreiteten Vortragsangeboten Gebrauch zu machen. Für die bevorstehende Jahreshauptversammlung in Berlin erbat Ferdinand Krämer zwei Karten für die Ortsgruppe.

Am 23. Januar 1914 bat er darum, den Referenten Rechtsanwalt Dr. Holländer für einen Vortrag nach Friedberg zu entsenden. Über das Ergebnis des

Vortrages von Dr. Mainzer zu dem Thema *Die Judenhetze*, sollte lt. Anschreiben der Vorsitzende Ferdinand Krämer nach Berlin berichten.[225]
Während des Ersten Weltkrieges sind keine Aktivitäten der Ortsgruppe zu verzeichnen. Jüdische Gemeindemitglieder waren als Soldaten im Einsatz, und es hatte den Anschein, als sei hierdurch die Hoffnung bestärkt worden, uneingeschränkt als deutsche Staatsbürger aller Rechte der Nichtjuden teilhaftig zu werden. Zu Beginn der zwanziger Jahre, als auch in Friedberg die ersten antisemitischen Pamphlete auftauchten, trat die Ortsgruppe wieder in Erscheinung. Der aufkommende Antisemitismus in den Anfangsjahren der Weimarer Republik hatte dazu geführt, dass 1922 im *Centralverein* über 60000 Mitglieder in 555 Ortsgruppen organisiert waren. So berichtete ein Funktionär des *Landesverbandes Hessen- Nassau (mit Wetzlar) u. Hessen* nach Berlin, *dass gestern Abend in der Ortsgruppe Friedberg-Bad Nauheim eine gut besuchte Veranstaltung stattfand, in der ich selbst über 'Die Judenhetze' sprach.*[226]
 Der Brief enthält ebenfalls die Information, dass drei neue Mitglieder für die Ortsgruppe Friedberg-Bad Nauheim gewonnen werden konnten: Als Vorstand der Ortsgruppe wurde der alte Vorstand wiedergewählt. Dr. Hirsch (Bad Nauheim), Dr. med. Max Oppenheimer (Friedberg) und Seligmann.
Aus dem Bericht des Vorsitzenden, Geschäftsinhaber der Firma David Groedel & Söhne, geht hervor, dass in der erstmals anberaumten Versammlung der Ortsgruppe nach fünf Jahren ein Überblick über die Vereinsgeschäfte gegeben wurde, anschließend der im Krieg Gefallenen und der Verstorbenen des Vereins gedacht wurde. Die Ausführungen zu dem Thema *Die Judenhetze* sowie die ergänzenden Ausführungen des Landesvorsitzenden Dr. Marx wurde, so Krämer, *bei starkem Besuch mit lebhaften Beifall*[227] aufgenommen. In dieser Versammlung spendeten für den Verein: Dentist Rosenbaum 10 RM, Louis Rothschild 8 RM, Frau Ida Goldschmidt 8 RM, Moritz Becker(?) 8 RM, I. Störger 10 RM, ... Hanau 8 RM und Adolf Kann 10 RM. Alle Spender stammten aus Friedberg. Ferner wurde mitgeteilt, dass die nächste Vorstandssitzung in Bad Nauheim stattfinden solle und eine öffentliche Versammlung vom Vorstand geplant werde. Über diese wie auch andere Aktivitäten der Ortsgruppe, so die internen Unterlagen, wurde die Presse informiert. Die angekündigte Versammlung fand am Mittwoch, den 7. April 1920 im Promenaden-Hotel in Bad Nauheim statt. Es referierte der Syndikus des Landesverbandes, Dr. Marx, zu dem Thema *Die antisemitische Hetze und ihre Gefahren*. In dem eineinhalbstündigen Vortrag, so ein Schreiben des Vorsitzenden der Ortsgruppe, wurde *unter Darlegung der augenblicklichen Situation auf den ver-*

schiedenen Operationsgebieten (Reichswehr und Studentenschaft, Schule, Presse und Verlag) des antisemitischen Kriegsschauplatzes in eindringlichen Worten (hingewiesen und), dass es Pflicht eines jeden Glaubensgenossen in der jetzigen schweren Zeit sein müsse, durch Einsatz seiner ganzen Persönlichkeit, vor allem durch einfache Lebensführung, zumal in Bädern, an der Abwehr des Antisemitismus mitzuwirken.[228]
Der mit reichem Beifall bedachte Vortrag führte dazu, dass 17 neue Mitglieder dem Verein beitraten. Im Anschluss an diese Veranstaltung wurden dem Reichsverband 1000 RM überwiesen.[229] Beigefügt war eine Spendenliste der 17 neu aufgenommenen Mitglieder, die zeigt, wie erfolgreich das Bemühen in Bad Nauheim unter den anwesenden Juden zu diesem Zeitpunkt war, gegen den aufkommenden Antisemitismus Front zu machen. Aus dem Antwortschreiben wurde aber auch deutlich, dass der Reichsleitung in Berlin durchaus bewusst war, *wie schwer die Arbeit der Ortsgruppe im Hinblick auf die starke antisemitische Agitation in der dortigen Gegend ist.*[230]
Am 22. November 1920 veranstaltete die Ortsgruppe Friedberg-Bad Nauheim in Zusammenarbeit mit der Butzbacher Ortsgruppe einen weiteren Vortrag im Rahmen ihrer Jahreshauptversammlung. Dieses Mal sprach Rabbiner Dr. Lazarus zum Thema *Gegenwartsfragen des Judentums heute*. In seinem Vortrag, von starkem Beifall begleitet, wurde auf die *Grundprinzipien, die Stärke, das Selbstbewusstsein und Geduld des Judentums heute hingewiesen,* [231] wofür sich Ferdinand Krämer herzlichst beim Reichsverband bedankte.
Am 4. Mai 1921 erreichte den Landesverband ein Schreiben von Dr. Sonnenfeldt, der im Sanatorium Grödel in Bad Nauheim weilte und der die Ortsgruppe Friedberg-Bad Nauheim wegen mangelnder Aktivität kritisierte. Er beklagte sich über den weit verbreiteten *Schulantisemitismus* in Form von *antisemitischen Rüpeleien* und wies auf die Bedeutung der vielen Schulen in Friedberg hin, an denen eine verdeckte Form des Antisemitismus verbreitet sei. Er kritisierte, dass die Ortsgruppe in dieser Hinsicht nicht aktiv genug sei. In diesem Zusammenhang wurde in Betracht gezogen, durch touristische Vermarktung auf die einzigartige architektonische und historische Monumentalität der Friedberger Mikwe aufmerksam zu machen, indem entsprechende Verweise in Touristenführern der Region und ansprechend gestaltete Ansichtskarten durch den *Centralverein gesponsert* würden, um damit dem latent vorhandenen Antisemitismus entgegenzuwirken.[232] Zur Stellungnahme aufgefordert berichtete Dr. Mainzer vom Landesverband des Centralverbands am 3. Juni 1921 nach Berlin: *Ich kann weder den Pessimismus in bezug auf die Ortsgruppe Fried-*

*berg-Nauheim noch leider den Optimismus in bezug auf den Wert der Verbreitung der Ansichtspostkarten des bekannten Friedberger Judenbades teilen.*233 Auch wenn die Frage des Schulantisemitismus bislang von der Ortsgruppe noch nicht aufgegriffen worden war, beurteilte Dr. Mainzer die Aktivitäten der Ortsgruppe durchaus als positiv, zeigte sich aber skeptisch über einen Erfolg einer öffentlichen Veranstaltung gegen ihn. *In Friedberg, wo die Oberlehrerschaft von vornherein meist eingeschworene deutschnationale Freunde des Herrn Werner-Giessen sind, soll man sich ja keinen Illusionen hingeben.*234 Von einem Versuch, dem durch einen Vortrag entgegenzuwirken, hielt Dr. Mainzer nicht viel, erklärte aber seine Bereitschaft, einen Versuch zu wagen. Die Verbreitung der Kunstpostkarten zur Mikwe begrüßte er aus *kunsthistorischen Gründen ... , sie darf uns aber keine Opfer kosten, denn die Leute, die in Friedberg und Bad Nauheim den Antisemitismus machen, sind nicht die Kurgäste, sondern ein bestimmter, übrigens sehr kleiner Teil der Einheimischen.* Die politische Situation in Friedberg und Bad Nauheim schätzte der Landesvorsitzende so ein: *politisch eher links orientiert ... und für eine monarchistische Demokratie selbst in den schlimmsten Zeiten nach Revolution kein Verständnis ...*235

Aufschlussreich für die weitere Entwicklung des Antisemitismus in Friedberg und im Umland ist seine Feststellung zur politischen Einstellung der Lehrerschaft in Hessen. Der erwähnte Vorsitzende des *hessischen Lehrerverbandes*, der „deutsch-nationale" Ferdinand Werner, sollte zwölf Jahre später zum ersten nationalsozialistischen Statthalter des NS-Regimes in Hessen ernannt werden. Die Skepsis von Mainzer wird in einem weiteren Brief unterstrichen, worin er die Auffassung vertritt, *dass eine eigentliche Bekehrung, eine Beseitigung der Vorurteile, da, wo sie schon vorhanden sind, auch bei guter Vorbereitung im Allgemeinen auf solchen Versammlungen nicht gelingt. Wohl mag die Aussprache mit Leuten, die antisemitisch verseucht sind, ohne sich dessen bewusst zu sein, bei solchen Gelegenheiten in angenehmen Formen sich vollziehen, nach allem, was mir berichtet wird, scheint es aber nicht, als ob mehr als das erreicht wird.*236

Bereits 1921 wurde sich der Landesverband bewusst, wie wenig wirksam aufklärende Vorträge hinsichtlich der Abwehr des Antisemitismus waren. Dennoch setzte die Ortsgruppe in Friedberg-Bad Nauheim weiterhin ganz im Sinne von Heinrich Ehrmann auf Aufklärung über das Judentum in der Öffentlichkeit. Dass die Mikwe in Friedberg jedoch als Chance gesehen wurde, über die historische Rolle des Judentums im Mittelalter die Besucher von Bad Nauheim umfassender zu informieren, dürfte ganz in seinem Sinne gewesen sein.

Zwischen dem *Centralverein* in Berlin und dem Landesverband kam es aufgrund der Sonnenfeldtschen Initiative zu Kontroversen. Im Unterschied zum Landesverband war man dort bereit, beide Vorschläge, die Durchführung einer öffentlichen Aufklärungsveranstaltung zum schulischen Antisemitismus wie auch die *Postkarten Angelegenheit* weiter zu verfolgen.[237] Dies führte dazu, dass am 10. August 1921 die vom *Centralverein* mit 0,10 RM subventionierte *Anfertigung von Postkarten des alten Judenbades in Friedberg gut geheißen wird*.[238] mit der Begründung, *daß dieses alte Kulturdenkmal immerhin gewisse Aufmerksamkeit verdient und die Verbreitung der Postkarte auch ein wenig dazu führen kann, die Bodenständigkeit der dortigen Bevölkerung in das rechte Licht zu setzen und damit Vorurteile beseitigen zu helfen.*[239] Zugleich wird Dr. Mainzer beauftragt mit der *Abhaltung einer Aufklärungsversammlung in Bad Nauheim mit geladenen christlichen Gästen.*[240] Erwogen werden sollte, ob ein Professor des Theologieseminars oder der katholische Pfarrer in Friedberg die Leitung der Versammlung übernehmen könnte. Diesem Ansinnen gegenüber verhielt sich die Ortsgruppe Friedberg-Bad Nauheim zurückhaltend. Man war der Auffassung: *l.) ist Bad Nauheim viel zu klein, 2.) die gewünschten nicht-jüdischen Herren würden wahrscheinlich gar nicht kommen, 3.) würde mit Gewissheit ein Gegenvortrag dadurch ausgelöst werden, der viel ungünstiger wirken würde.*[241]

Der Vorschlag hinsichtlich der Postkarten vom Judenbad wurde seitens des Landesverband und der Ortsgruppe begrüßt. Der Vorstand der Ortsgruppe war hinsichtlich der Durchführung einer Veranstaltung gegen den Antisemitismus an Schulen der Auffassung *Quieta non movere*. Dieser Auffassung schloss sich der Landesverband in seinem Schreiben nach Berlin vom 9. September 1921 an. Diese Haltung führte aufgrund der Initiative Sonnenfeldts am 8. November zu einer grundsätzliche Anfrage seitens der Reichsleitung des *CV*, alle Gemeindemitglieder in Friedberg und Bad Nauheim zu befragen, ob sie das Anliegen zu einer aufklärenden öffentliche Veranstaltung als *Heilmittel* gegen den in Deutschland sich ausbreitenden Antisemitismus teile. In dem Antwortschreiben des Landesverbands wird deutlich, dass er eine solche Umfrage als ein Misstrauensvotum gegenüber der hiesigen Ortsgruppe ablehnte. Erneut wurde darauf verwiesen:

Es ist ein gewaltiger Unterschied, ob ich etwa in Freiburg, Heidelberg, Wiesbaden oder sonst wo, wo es neben zahlreichen Antisemiten auch eine Menge vorurteilsloser christlicher Intellectueller gibt, oder ob ich in den hessischen Städtchen, wo erfahrungsmäßig die in Betracht kommenden Kräfte von vornherein als Gegner anzusehen und obendrein mit einer entschlossenen Kohorte, nämlich Studenten des Friedberger Technikums umgeben sind, ein derartiger Vortrag veranstalte.[242] Mainzer wies weiterhin darauf hin, dass durchaus einzelne Juden in Hessen dem Zentrum des Antisemitismus in Gestalt des *deutsch-völkischen Schutzbundes* und dessen Agitation entgegentreten, aber er hielt es für wenig sinnvoll, selbst aktiv zu werden, da wohl kaum ein Nichtjude die Leitung einer solchen Aufklärungsveranstaltung übernehmen werde. Unterstützt wurde er durch ein Schreiben des Vorsitzenden der Ortsgruppe, Ferdinand Krämer, vom 27. November 1921. Daraufhin bot der Reichsverband mit Schreiben vom 23. Dezember 1921 als Referenten den Professor der Evangelischen Theologie an der Universität Jena, Dr. Staerk, an. Dieser Vorschlag wurde, wenn auch mit Vorbehalten seitens des Landesverbandes der Ortsgruppe Friedberg-Bad Nauheim weitergeleitet: *Jedoch habe ich Bedenken, ihn als Veranstaltung des Centralvereins halten zu lassen, weil dann Andersgläubige ihm von vornherein mit Misstrauen begegnen und möglicherweise die Hochschüler des dortigen Technikums und andere radaulustige Elemente die Versammlung stören würden.*[243] Aus den Unterlagen geht nicht hervor, ob es zu diesem Vortrag kam. Deutlich wird, dass seitens des Landesverbandes die Situation in Friedberg im Hinblick auf die antisemitischen Aktivitäten dort, vor allem ausgehend von den Studenten des Polytechnikums, realistischer als von der Reichsleitung eingeschätzt wurde. Inwieweit dies auch auf den Einfluss von Heinrich Ehrmann zurück geht, der die Situation am Polytechnikum als Lehrender kannte und der im Hinblick auf die dort studierenden Juden initiativ geworden war, indem er eine koschere Mensa initiierte, kann nur vermutet werden. Seiner Mentalität entsprach es eher, Konfrontationen zu vermeiden und auf die Einsicht der Betroffenen zu hoffen. Auf der Jahreshauptversammlung am 9. Februar 1923 wurde deutlich, dass die Ortsgruppe sich bemühte, mit größeren finanziellen Mitteln den *Centralverein* in Berlin zu unterstützen. Als Vorstand wurden gewählt: F. Krämer (1. Vorsitzender), Dr. Rosenthal (2. Vorsitzender), Moritz Ballin (Schriftführer), Siegfried Leopold (Schatzmeister) und als Beisitzer Dr. Oppenheimer, Emil Rothschild, Julius Kann und Louis Hirsch. Für Bad Nauheim kam Jonas Löb neu hinzu. Nachweislich standen Dr. Rosenthal F. Krämer und Siegfried Leopold in engerem Kontakt zu Heinrich Ehrmann. Die Mitglieder wurden aufgefordert, im privaten Bereich und in der Kindererziehung auf die Gefahren des Antisemitismus hinzuweisen.[244] Für den Schriftwechsel der Ortsgruppe sollte zukünftig Dr. Rosenthal zuständig sein.[245] Auf die im Januar 1924 erfolgte Bitte der Ortsgruppe, einen Redner zu entsenden, wurde Herr Schweriner entsandt, der am 14.2. in Hanau, am 16. 2. in Friedberg und am 17. 2. in Wetzlar vor außerordentlich gut besuchten Versammlungen sprach. In Friedberg waren 150 Personen anwesend, die sofort 600.-RM spendeten. Am 7. Dezember 1929 sprach abends um 8.30 Uhr anlässlich der Mitgliederversammlung in der Synagoge in Friedberg der Landesvorsitzende Dr. Martin Marx aus Frankfurt vor 60 Personen zum Thema: *Die Erfolge der Nationalsozialisten bei den Kommunalwahlen*. Anlässlich seines Vortrages hielt er in einer Aktennotiz fest: *Eine Diskussion über meinen Vortrag fand nicht statt. Dagegen kam in einer längeren Besprechung nach der Versammlung zum Ausdruck, dass die Ortsgruppe durch neue Zusammensetzung ihres Vorstandes, insbesondere die Wahl eines neuen Vorsitzenden, sich lebhafter wie bisher an unseren Arbeiten beteiligen wolle.*[246]

Abb. 43: Unteroffizier Siegfried Rosenthal (1894-1947) mit seiner Schwester Toni im Januar 1915, die ihn im Lazarett in Berlin besuchte. Foto: Dr. Alfred Rosenthal, Privatarchiv Hans-Helmut Hoos

Nach der Beobachtung von Marx war zu diesem Zeitpunkt *die Wirtschaftslage in Friedberg wie in anderen Mittelstädten, außerordentlich schlecht. Von 130 jüdischen Zensiten zahlen 50 überhaupt keine Gemeindesteuer, von den übrigbleibenden Zensiten zahlt die Hälfte ganz geringe Steuern.*[247]

Ein Jahr später wurde ein neuer Vorstand gewählt, dem als Vorsitzender angehörten: Dr. Ludwig Krämer, Hanauerstr. 5, Dr. Max Oppenheimer, Hanauerstr. 7, stellvertretender Vorsitzender, Alfred Seelig, Lehrer, Ludwigstr. 6, Schriftführer, Jakob Grünebaum, Kassierer, Haagstr. 45, sowie die Beisitzer Sally Ehrmann, Siegfried Rothschild und S. Rosenthal. Der Landesvorsitzende des *Centralvereins* Marx referierte *Über die*

politische Lage in Hessen und unsere internen Verhandlungen mit einzelnen Stellen.[248]
Ehrmann hatte sich zu diesem Zeitpunkt bereits weitgehend aus dem öffentlichen Leben zurückgezogen und lebte als Privatgelehrter in seinem Haus in der Judengasse 6. Das Scheitern des an Aufklärung über das deutsche Judentum orientierten Widerstandes gegen den sich ausbreitenden Nationalsozialismus in Friedberg zu erleben, blieb ihm erspart. Es waren seine Schüler und Freunde in der jüdischen Gemeinde Friedbergs sowie sein Kollege Alfred Seelig, die sicherlich von ihm inspiriert, sich an dem Bemühen der Ortsgruppe des *Centralvereins* beteiligten, mit Hilfe von aufklärenden Vorträgen dem nationalsozialistischen Antisemitismus zu begegnen. Vergeblich, wie sich alsbald zeigen sollte, denn zu diesem Zeitpunkt scheinen die Aktivitäten des *Centralvereins* aufgrund der wirtschaftlichen Situation in Friedberg nahezu zum Erliegen gekommen zu sein, trotz eines von über 100 Personen besuchten Vortrages in der Synagoge am 13. Februar 1933 zum Thema *Kommt das dritte Reich?*, Referent Dr. Hirschberger aus Berlin. Hiervon wird berichtet:
Im Anschluss an den Vortrag wird von Frankfurt aus die Werbung neuer Mitglieder in Angriff genommen, wobei aber zu berücksichtigen ist, dass etwa 30% der jüdischen Gemeindemitglieder Friedbergs völlig verarmt ist und deshalb für die Mitgliedschaft nicht in Frage kommt.[249] Hinsichtlich der Spendenbereitschaft des Warenhauses Geschwister Mayer (Inhaber Alexander Levy) kam es zu Unstimmigkeiten: In einer Aktennotiz des *Centralvereins* in Berlin ist davon die Rede, dass seitens des Tietzkonzerns eine Spende für das Warenhaus Mayer überwiesen worden sei, (Aktenvermerk vom 17. Februar 1933), und am 3. März 1933 wurde sich darüber beklagt, *daß das Warenhaus Geschwister Mayer (Inhaber Alexander Levy) wirtschaftlich außerordentlich günstig gestellt sei, aber sehr kleinlich gegenüber den Anforderungen des C.V. sich verhalte.*[250]
Unter dem Druck der judenfeindlichen NS-Politik erübrigten sich Aufklärungsveranstaltungen zum Thema Antisemitismus, anfangs das zentrale Anliegen der Ortsgruppe Friedberg. Zu Beginn der zwanziger Jahre hatte sich anlässlich der ersten antisemitischen Ausschreitungen noch aus der Ortsgruppe heraus Widerstand der Betroffenen artikuliert. Die wirtschaftliche und politische Situation zwang die Juden in Friedberg nach 1929, ihr Augenmerk auf die Existenzsicherung und das eigene Überleben zu richten. Die Skepsis des langjährigen Landesvorsitzenden Dr. Marx gegenüber aufklärerischen Vorträgen hatte sich aufgrund der politischen und wirtschaftlichen Entwicklung bewahr-

heitet. Getragen von den nationalistischen Kreisen am Polytechnikum, dem *deutschvölkischen Trutzbund* in Oberhessen, und einer Jugend, die für die Parolen der Nationalsozialisten offen war, setzte sich auch in Friedberg, zwei Jahre nach dem Tod Ehrmanns, der politische Antisemitismus durch.

5.4 Die letzten Berufsjahre und Lebensabend (1918-1931)

Wie verliefen nun für Heinrich Ehrmann seine letzten Berufsjahre und sein Lebensabend? 1920, vier Jahre vor seiner Ruhestandsversetzung, starb infolge einer Operation der zweite Lehrer der jüdischen Gemeinde, Heinrich Neumann. Mehr als zwei Jahrzehnte hatte er, nach dem Tod des vorherigen Kantors K. Buchsweiler[251] 1891, der nahezu vierzig Jahre dieses Amt innegehabt hatte, Heinrich Ehrmann als Lehrer, Kantor und Schochet entlastet. Bis zur Einstellung eines neuen Lehrers musste Heinrich Ehrmann dessen Aufgaben wahrnehmen. Heinrich Ehrmann musste miterleben, wie sich auch in Friedberg nach dem Ersten Weltkrieg die ersten antisemitischen Organisationen massiv mit Hetzschriften in der Öffentlichkeit zeigten.

Er wird dies mit großer Sorge, aber in der Hoffnung zur Kenntnis genommen haben, dass er durch Aufklärung, durch seine integre Persönlichkeit und die von ihm geplanten Informationsveranstaltungen zum Judentum dieser um sich greifenden antisemitischen Stimmung entgegenwirken konnte. Notizen zu solchen über das Judentum aufklärenden Vorträgen finden sich in großer Menge in seinem Notizbuch von 1924. Die Gemeinde stellte nach dem Tod des an-

Abb. 44: Hetzpamphlet des *Deutschen Schutz- und Trutzbundes* aus den 1920er Jahren. Stadtarchiv Friedberg: Nachlass Ferdinand Dreher

fangs der Zwanziger Jahre verstorbenen zweiten Lehrers Neumann einen neuen Lehrer, Alfred Selig, ein, der bis zu seiner Emigration 1939 in Friedberg wirkte. Als Heinrich Ehrmann Anfang Februar 1924 in den Ruhestand trat, bestand die jüdische Gemeinde in Friedberg aus 380 Mitgliedern (3,4% von insgesamt 11.094 Einwohnern). Die Gemeindevorsteher Ferdinand Krämer, Julius Kann, Julius Engel, Elias Hofmann, Siegfried Rosenthal, Theodor Seligmann und Isidor Stern waren größtenteils durch ihn im Geiste des gesetzestreuen Judentums aufgewachsen, hatten teilweise sogar Privatunterricht in Hebräisch und Thoralehre, Talmud, Mischna und Schriftauslegung erhalten. Durch Ehrmanns Initiative gab es ein blühendes Gemeindeleben, was sich zu diesem Zeitpunkt an der Zahl der jüdischen Vereine zeigte:

Abb. 45: Hetzpamphlet des Deutschen Schutz- und Trutzbundes aus den 1920er Jahren. Stadtarchiv Friedberg: Nachlass Ferdinand Dreher

Männer Kippe Gemiluth Chesed zur Unterstützung des Bestattungswesens (gegr. 1630): Vorsitzender Max Sonn,

Frauen Kippe Gemiluth Chesed zur Unterstützung Hilfsbedürftiger und des Bestattungswesens für Frauen (gegr. 1830):Vorsitzende Hedwig Seelig,

Israelitischer Frauenwohltätigkeitsverein e.V. (gegr. 1887) für Krankenfürsorge, Wöchnerinnenfürsorge, Brautausstattung: Vorsitzende Jenny Krämer,

Israelitischer Holzverein (gegr. 1775) für die Verteilung von Brennmaterial: Vorsitzender H. Ehrmann,

Israelitischer Hilfsverein zur Gewährung von zinslosen Krediten gegen die Stellung von Bürgen: Vorsitzender Julius Kann,

Verein für Wanderarme.[252] Vorsitzender M. Scheuer,

Gegenseitigkeitsverein Chewrah Kadischoh für Beerdigungszwecke, Übernahme von Beerdigungskosten und Gewährung kleinerer Darlehen für Unbemittelte: Vorsitzender S. Wolf,

Studentenunterstützungsverein (gegr. 1920): Vorsitzender Dr. M. Oppenheimer, zu dem auch eine „Mensa Judaica" in der Kaiserstraße gehörte,
Verein „Harmonie", ein Gesangverein der jüdischen Gemeinde: Vorsitzender Isidor Stahl.
Alle Vereine waren miteinander durch eine Arbeitsgemeinschaft mit dem Ziel, einen finanziellen Ausgleichsfonds zu schaffen, verbunden. Diese zentrale Ausgleichsstelle wurde von einem der vermögendsten Friedberger Juden, Siegfried Rothschild, geleitet. Die Gemeinde hatte dank Ehrmanns Engagement für das Vereinswesen die wirtschaftlichen Krisen der vergangenen 30 Jahre relativ unbeschadet überstanden. Ehrmann selbst sorgte- das zeigt seine gewissenhafte Buchführung über die Vereinseinnahmen- und Ausgaben in seinen Notizbüchern bis zu seinem Lebensende - dafür, dass das soziale Netz in der jüdischen Gemeinde funktionsfähig blieb.
Während seiner Lehrertätigkeit hatte es sich durchgesetzt, dass die Schuljugend regelmäßig dem Gottesdienst beiwohnte, die Religionsschule der Gemeinde mit öffentlichen Prüfungen und einem Festgottesdienst abschloss und die fleißigsten Schülerinnen und Schüler prämiert wurden. Der Schulsaal der

Abb. 46: Das von Heinrich Ehrmann initiierte Gemeindehaus der Jüdischen Gemeinde, Kaiserstraße 8, in einer Aufnahme vom 8. April 1939. Es war mit einem direkten Durchgang zur Synagoge und zu Ehrmanns Wohnhaus verbunden. Stadtarchiv Friedberg: Fotosammlung

Gemeinde war im Gemeindehaus, Kaiserstraße 8, groß und geräumig eingerichtet, auf dem jüdischen Friedhof waren ordentliche Wege angelegt und eine zweckmäßige und würdige Leichenhalle errichtet worden.

Heinrich Ehrmann konnte, sofern es sein bescheidenes Wesen erlaubte, als Alfred Seelig 1924 seine Nachfolge antrat, stolz auf sein vierzigjähriges Wirken in der Friedberger Gemeinde zurückblicken. Anlässlich seiner Ruhestandsversetzung widmete ihm die Redaktion des *Israeliten*, für die er von 1907-1917 gewirkt hatte, einen ausführlichen Artikel. Darin wurde von einem besonderen Festgottesdienst am Schabbat „ki tissa"[253] berichtet, *der zu einer spontanen Kundgebung der Verehrung des Jubilars wurde.*[254] Rückblickend wurde besonders sein Verdienst um die Wiederherstellung der orthodoxen Riten in der Gemeinde hervorgehoben: Ihm sei es zu verdanken, dass sich in der schon jahrzehntelang von der liberalen Gedankenwelt angekränkelten Gemeinde in Friedberg wieder das gesetzestreue Judentum durchgesetzt habe und sich seit seinem Wirken der Gemeindegottesdienst *streng an die Gebräuche der orthodoxen Frankfurter Gemeinde* angepasst habe. *Ebenso ist es seiner unzweideutigen, konzessionsfeindlichen Stellungnahme zu danken, daß in unserer Gemeinde sämtliche Institutionen des orthodoxen Gemeinwesens unversehrt erhalten geblieben sind.*[255] Seine Unterrichtserfolge wurden ausführlich gewürdigt (*zielbewusst im Sinne der Orthodoxie war sein Wirken in der Schule*), seine profunden Kenntnisse hinsichtlich der Thora und anderer jüdischer Schriften wurden ausdrücklich erwähnt. *Seinem Lehrsystem und seiner Lehrtätigkeit war aber nur deshalb Erfolg beschieden, weil er seine Schüler die Tora nicht nur lehrte, vielmehr weil er ihnen das Gottesgesetz auch in eigener Person ... vorlebte. Sein Wirken auf allen Gebieten des jüdischen Pflichtenlebens ist mustergültig und seine Opferbereitschaft beispiellos.* Ein größeres Lob war gemessen an Ehrmanns Selbstverständnis überhaupt nicht denkbar. Es wurde darauf hingewiesen, dass Ehrmann auch über die Grenzen der Gemeinde bei seinen nichtjüdischen Berufskollegen und auch *weit hinaus über die Grenzen unseres Städtchens bekannt und hoch geachtet ist.*[256]

Das letzte Notizbuch, das uns von H. Ehrmann vorliegt, ist das aus dem Jahre 1925. Auf dessen erster Seite findet sich im Unterschied zu allen vorherigen erstmals die Eintragung zum 1. Januar 1925 *Mit Gott angefangen von H. Ehrmann – Friedberg,* es endet 1928. Nach seiner Ruhestandsversetzung folgte Ehrmann, das zeigt dieses Notizbuch, seiner von Anfang an vorhandenen, wohl zutiefst aus seinem inneren Wesen kommenden Neigung. Von Anfang sei-

ner Tätigkeit an hatte er höchsten Respekt vor dem Amt des Rabbiners gehabt, wie die folgenden Tagesbucheintragungen bezeugen: *Das Rabbinat war ein unbesoldetes Ehrenamt, das nur den würdigsten übertragen wird. Es waren hervorragende Gelehrte...*[257]
Er studierte nun noch intensiver als zuvor mit rabbinischer Gründlichkeit die Thora, den Talmud und die wichtigsten Kommentare zu den Heiligen Schriften des Judentums. Seit seiner Ausbildung an der Präparandenanstalt und dem Israelitischen Institut für Lehrerbildung war diese Neigung in ihm eingepflanzt und nun endlich, in den letzten Lebensjahren, gönnte er es sich, dieser Neigung zu folgen, die sich bereits in seinen früheren Aufzeichnungen angedeutet hatte, als er 1893 und 1903 notiert hatte:.
(1) Hebr. Text (Original aus dem 5. Buch Mose: „(1) Und der Priester befahl und die betroffenen Steine wurden entfernt und wurden an einen unreinen Ort geworfen und dann wurden andere Steine geworfen und diese wurden anstelle der betroffenen Steine eingesetzt und ein anderer Zement wurde benutzt. Das Haus, seine Steine und seine Hölzer wurden beworfen. (und wenn das alles nichts nutzt, muss das ganze Haus neu gebaut werden.)
(2) Gelobt sei der Mann, der auf Gott vertraut und er ist wie ein Baum, der neben dem Wasser gepflanzt ist und seine Blätter sind frisch und er hat keine Sorge um die Dürre und seine Früchte werden immer saftig sein. Und wenn ihr sagt, was essen wir am 7. Tag, denn wir säen und wir sammeln nicht unser Getreide, und ich habe euch meinen Segen geboten und die Ernte im 6. Jahr wird euch Nahrung für drei Jahre einbringen.
Die Krone der Alten sind die Söhne und die Söhne der Söhne und der Stolz der Söhne sind ihre Väter. Und der Stolz des Herzens zeigt sich in der Wohltätigkeit.
Dennoch verliert er die Realität nicht aus den Augen. In seinem Notizbuch finden sich Ein- und Ausgabenlisten, durchsetzt von einer Chronik des Jahres 1925. Unter anderem notiert Ehrmann, dass die Zahl der Juden in Friedberg einschließlich der jüdischen Studenten am Polytechnikum 386 betrage. Um diese jüdischen Studenten kümmerte sich die jüdische Gemeinde besonders, indem sie unter anderem – teilweise privat von einer Frau Grünebaum in der Kaiserstraße 14 (?) betrieben – eine jüdische Mensa unterhielt. Die Eintragungen sind in diesem Notizbuch von 1925 durchnummeriert, sie sind geordnet nach (Tages-) Ereignissen und *Jüdischem*. Aus einigen Eintragungen wird deutlich, dass Ehrmann nach wie vor der Reformbewegung im religiösen Judentum sehr skeptisch gegenüberstand. Kritisch merkt er beispielsweise an: *Die jüdi-*

sche Reformgemeinde in Berlin hat keine Gebetbücher (Eintragung 278). Das Bemühen um Assimilation, das zeigen diese und ähnliche Eintragungen, beobachtete Ehrmann im Alter mit erheblichen Vorbehalten, gleichwohl konstatiert er: *Assimilation an die äußere Kultur ist kein Willensakt, sondern ein reiner Naturvorgang* (Eintragung 292). Aufmerksam verfolgt er die immer deutlicher werdenden antisemitischen Aktionen und entsprechende journalistische Beiträge in der Tagespresse. Auch die Entwicklung in Palästina und das Bemühen der Juden, dort wieder Fuß zu fassen, findet in einigen Notizen ihren Niederschlag. Diesen beiden aktuellen Entwicklungen hinsichtlich der Juden und ihrer Umgebung in den zwanziger Jahren begegnet Ehrmann mit vielen, teilweise holzschnittartig formulierten Auslegungen von Texten aus der Thora und dem Talmud, in denen er immer wieder auf die Wichtigkeit der Bewahrung jüdischer Identität durch Glaubensausübung, auf das Einhalten der Regeln und das Standhalten gegenüber dem Assimilationsdruck aus der Umwelt hinweist.

1926 widmete er einige Notizen seinem 70. Geburtstag, der mit großen Ehren in der jüdischen Gemeinde und in der Stadt Friedberg begangen wurde. Anlässlich seines 70. Geburtstages wird er in der Zeitschrift *Der Israelit* als *Mann von großem Thora- und profanen Wissen* gewürdigt, der *weit über seinen engen Wirkungskreis hinaus* bekannt ist.[258]

Wie unerschöpflich Ehrmanns Bemühen um eigene Wissenserweiterung und -vermittlung auch in seinem Ruhestand war, zeigt sich in seinen aus dem Jahr 1927 stammenden Notizen für eine umfangreiche Vortragsreihe über den Talmud, in denen er anhand von Zitaten und Regelbeispielen die jüdische Religion und Lebensweise seinen Zuhörern in der Gemeinde, möglicherweise auch interessierten Nichtjuden, verdeutlichen wollte. Zu der Vortragsreihe sind lediglich nicht stringent gegliederte Themen in dem Notizbuch festgehalten:

I   *Wenn du kommst in den Weinberg deines Höchsten (Gott)*
II   *Wenn jemand seine Tochter als Magd verkauft*
III   *Auge um Auge, Zahn um Zahn*
IV   *Wenn Männer streiten*
V   *Wenn Brüder beisammen wohnen (Ruth V)*
V   *Die götzendienerische Stadt*
VI   *Eifersucht IV*
VI   *Der ungehorsame Sohn*
VII   *Feuer am Sabbath (II)*
VIII *Wer wird beim Urteil zuerst gefragt*

IX Sabbath und Feiertag: Rabbiner am Sabbath
X   Das jüdische (Gesetz?).... Beschneidung
B. Mischnah
C. Gemarah: Sprache Schwierigkeit
C. Geschichte und Sage
D. Legenden

FRIEDBERG, Stadt in Oberhessen. Die älteste Nachricht über das mittelalterliche F. datiert aus dem J. 1217; die Gründung der jüd. Gemeinde kann nicht viel später erfolgt sein, denn bereits 1241 wirkte hier R. Jehuda bar Mose, Verfasser der Elegie über die Frankfurter Judenverfolgung vom J. 1241 (die 43. Kina in der Rödelheimer Ausgabe). Die Gemeinde erhielt Zuzug aus dem Rheinland; zwei im J. 1287 geschriebene Machsorim zeigen den Kölner Ritus, ein um 1190 verfaßtes Ms., das des Sefer Jichuse Tannaim wa-Amoraim, hatte einen aus Speyer stammenden Kalonymiden zum Autor, und der Erbauer des um 1260 entstandenen Friedberger Judenbads trug den Namen Isaak Koblenz. Laut dem ersten Schutzbrief, den sie 1275 von Rudolf von Habsburg erhielt, hatte die Gemeinde ihrem Schutzherrn, dem Burggrafen, jährlich 130 Mark legaler kölnischer Denare zu zahlen. Die J. 1336-49 waren eine Zeit von Judenverfolgungen. 1561 wurde der Rabbiner Elieser Liebmann vor der Synagoge von einem österreichischen Offizier erstochen; der Burggraf ließ den Mörder, trotz der Fürsprache vieler Fürsten, öffentlich hinrichten. Als die Stadt 1629 die „Judenschätzer" in den roten Turm werfen ließ, weil die jüd. Gemeinde sich weigerte, ihren Teil von der der Stadt auferlegten Brandschatzung zu tragen, trat wiederum der Burggraf für sie ein. Ihre Blüte erlebte die Gemeinde gegen Ende des 16. und in der ersten Hälfte des 17. Jhts.; damals wirkten in F. Chajim b. Bezalel (s. Bd. V, Sp. 167 f.), ferner R. Jakob Günsburg und R. Elijahu Loans (s. Bd. III, Sp. 831), und die dortige Jeschiba wurde aus allen Gegenden Deutschlands, selbst aus Frankfurt a. M., besucht. Der dem Rabbinat F. zugeteilte Bezirk reichte bis Westfalen; 1625 wurde jedoch, auf Veranlassung des Landgrafen Moritz, für den Bereich des Kurfürstentums Hessen in Kassel ein eigener Rabbiner bestellt. Mit dem Übergang der freien Reichsstadt F. an das Großherzogtum Hessen im J. 1806 und dem Erlöschen der jüd. Gerichtsbarkeit verlor das Rabbinat seine Bedeutung; es wurde, nach dem Tode des R. Feibisch Frankfurter (1841), mit dem in Gießen vereinigt. Die Gemeinde zählt heute (1930) 368 Juden (unter etwa 12 000 Einwohnern).
Germ. Jud. I, s. v.
E.   H. E.

Abb. 47: Lexikonartikel zu „Friedberg" von Heinrich Ehrmann in der *Encyclopaedia Judaica*, Bd. 6, 1930

Wenige Seiten später stellte Ehrmann Listen von jüdischen Familien in Friedberg zusammen, die die Vermutung nahelegen, dass er der (Familien-) Geschichte jüdischer Gemeindemitglieder seit dem Ende des 19. Jahrhunderts nachgegangen ist.[259]

Die letzten Seiten sind mit Notizen zu Banken, Investitionsinstituten und Aktien gefüllt, die auf persönliche Vermögensverhältnisse hindeuten. Mit Aufstellungen zu den Einnahmen- und Ausgabenlisten des jüdischen Holzvereins und einem Adressverzeichnis endet dieses Notizbuch. Als ehrenamtlicher Denkmalpfleger übernahm er noch einmal 1926 die Aufgabe, für die weitere Erhaltung des Judenbades mit zu sorgen.

Am 14. Dezember 1928 wurde Heinrich Ehrmann in dankbarer Würdigung ihrer längjährigen treuen Mitarbeit zum Ehrenmitglied des *Friedberger Geschichtsvereins* ernannt.[260]

1930 übertrug man ihm die Aufgabe, den Artikel ‚Friedberg' in dem bis auf 10 Bände gediehenen Sammelwerk der Encyklopaedia Judaica[261] zu verfassen, was eine hohe wissenschaftliche Auszeichnung bedeutete. Sein Enzyklopädieartikel stellte

für viele Jahrzehnte, auch nach dem Zweiten Weltkrieg, die Grundlage für alle wissenschaftlichen Arbeiten zur Geschichte der Friedberger Juden dar.[262]
Welchen tiefen Eindruck seine Persönlichkeit hinterlassen hat, wird deutlich aus den beiden uns überlieferten Zeitzeugenberichten des inzwischen neunzigjährigen Alfred (Avram) Rosenthal (* Sept. 1922 in Friedberg, heute Jerusalem):
Mein Vater Siegfried Rosenthal, 1894 in Friedberg geboren, war ein Schüler des Lehrers Heinrich Ehrmann gewesen. Auch nach dem Schulabschluss nahm er noch Privatunterricht bei seinem verehrten Lehrer. *Mein Vater nahm mich einmal oder mehrere Mal mit zu diesen Privatstunden (ob einmal oder öfter weiß ich nicht mehr). Lehrer Ehrmann und seine Familie wohnten in dem Haus Judengasse Ecke Judenplacken. Der Eingang zum Haus führte in einen schmalen Korridor. Das erste Zimmer rechts war ein Studierraum. Alle Wände des Zimmers waren von Bücherregalen verdeckt, unterbrochen durch zwei Fenster Richtung Judengasse und die Tür zum Korridor und eine weitere Tür an der den Fenstern gegenüberliegenden Wand.*
Die Einrichtung bestand aus einem großen, einfachen Tisch, auf dem ein Bücherstapel lag, und einer Anzahl Stühle. Über dem Tisch hing ein Leuchtkörper, ob er mit Gas, Elektrizität oder Öl funktionierte, weiß ich nicht. Einmal oder mehrere Mal kam Frau Ehrmann herein, eine sehr kleine Frau mit einem Kopftuch. Mein Vater lernte bei Lehrer Ehrmann Gemara. Der Talmud besteht aus zwei Teilen. Der erste Teil ist die Mischna, die 'mündliche Lehre' (wörtlich: Wiederholung), ein Kompendium aller Gesetze-, Gebote und Verbote des Judentums, im Charakter weniger im Inhalt) ähnlich dem britischen Common Law. Die Mischna wurde nach der Zerstörung des zweiten Tempels im Jahr 70 bis gegen 300 schriftlich festgehalten, um die Gesetze nicht in Vergessenheit geraten zu lassen. Die Gemara ist das Protokoll der Diskussionen und Entscheidungen über die sehr kurz gefasste Mischna. Natürlich habe ich nichts davon verstanden. Ich erinnere mich nur an den etwas modrigen Geruch, der wahrscheinlich von der Masse der Bücher ausging, und an die Stimmen der beiden miteinander Lernenden.[263]

Deborah Gross, geb. Cohn (*1923), eine Cousine von Alfred Rosenthal, konnte sich, obwohl damals nur fünf bzw. sechs Jahre alt, an Heinrich Ehrmann erinnern. Ihre Mutter Antonie („Toni") war die Schwester von Alfred Rosenthal. Sie weilte öfter mit ihrer Mutter in Friedberg, wo sie auch nach dem Tod ihres Vaters und ihrer Mutter von Berlin, ihrem Geburtsort, ab 1933 von ihrem On-

kel Siegfried Rosenthal aufgezogen wurde und später nach Palästina auswandern konnte. Sie berichtete von den Eindrücken, die sie als sechsjähriges Mädchen anlässlich einiger Besuche ihrer Mutter hatte.
Er war der hochgeschätzte Lehrer meiner Mutter, meines Onkels und wir waren niemals in Friedberg, dass wir ihn nicht besucht haben. Ich hatte lange, lange Jahre einen Ring, es tut mir leid, dass weggekommen ist... der kleine Ring von Lehrer Ehrmann mit einem roten Stein da drin. Vielleicht nicht ganz üblich, dass ein Rabbiner einem Kind einen Ring schenkt. Und ich erinnere mich an das fürchterliche Haus und an die Frau...[264] Ihre Mutter war von Heinrich Ehrmann in der Schillerschule unterrichtet worden und verehrte ihn sehr. Sie erinnerte sich auch an die Ehefrau Heinrich Ehrmanns: Diese war zu diesem Zeitpunkt eine alte, ganz gebeugte Frau, die immer eine Kopftuch mit einem Gummiband befestigt trug. Das Haus war sehr klein und die Studierstube rechts von der Eingangstür, voller Bücher, war ausgestattet mit einem Tisch und einigen Stühlen. Die Luft war muffig. Ehrmann hatte ihr einen kleinen silbernen Ring mit einem Rosenquarz geschenkt, den sie als eine große Kostbarkeit hütete. Er war zu diesem Zeitpunkt bereits ein alter Mann und sah schlecht, war aber sehr freundlich und zurückhaltend.

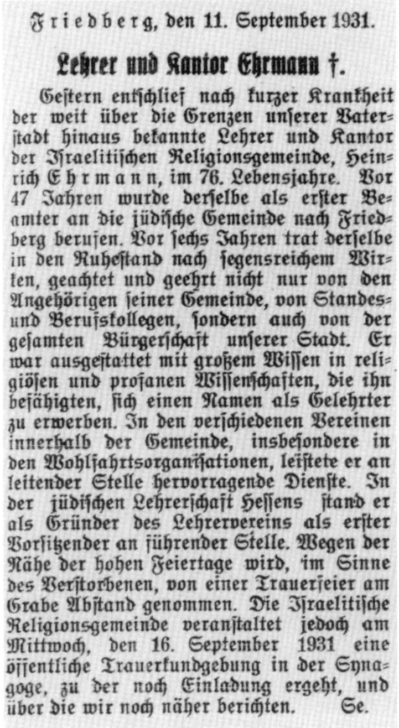

Friedberg, den 11. September 1931.

Lehrer und Kantor Ehrmann †.

Gestern entschlief nach kurzer Krankheit der weit über die Grenzen unserer Vaterstadt hinaus bekannte Lehrer und Kantor der Israelitischen Religionsgemeinde, Heinrich Ehrmann, im 76. Lebensjahre. Vor 47 Jahren wurde derselbe als erster Beamter an die jüdische Gemeinde nach Friedberg berufen. Vor sechs Jahren trat derselbe in den Ruhestand nach segensreichem Wirken, geachtet und geehrt nicht nur von den Angehörigen seiner Gemeinde, von Standes- und Berufskollegen, sondern auch von der gesamten Bürgerschaft unserer Stadt. Er war ausgestattet mit großem Wissen in religiösen und profanen Wissenschaften, die ihn befähigten, sich einen Namen als Gelehrter zu erwerben. In den verschiedenen Vereinen innerhalb der Gemeinde, insbesondere in den Wohlfahrtsorganisationen, leistete er an leitender Stelle hervorragende Dienste. In der jüdischen Lehrerschaft Hessens stand er als Gründer des Lehrervereins als erster Vorsitzender an führender Stelle. Wegen der Nähe der hohen Feiertage wird, im Sinne des Verstorbenen, von einer Trauerfeier am Grabe Abstand genommen. Die Israelitische Religionsgemeinde veranstaltet jedoch am Mittwoch, den 16. September 1931 eine öffentliche Trauerkundgebung in der Synagoge, zu der noch Einladung ergeht, und über die wir noch näher berichten. Se.

Abb. 48: Zeitungsartikel zum Tod von Heinrich Ehrmann. *Oberhessischer Anzeiger*, 11.9.1931

Seinen 75. Geburtstag konnte Heinrich Ehrmann ein halbes Jahr vor seinem Tod begehen, wenn auch schon überschattet von dem bevorstehenden Tod seiner treuen Lebensgefährtin Regina. Sie starb am 17. März 1931, genau an dem Tag ihrer goldenen Hochzeit. In einem Nachruf wird sie als *eine jener frommen Frauen bezeichnet, wie sie besonders in den Klein- und Mittelgemeinden immer seltener werden.*[265] Regina Ehrmann wird ausschließlich aufgrund ihres Engagements in der jüdischen Gemeinde gewürdigt: *Ihre Tätigkeit in der Frauenkippe (Frauenverein) war mustergültig. Geradezu beispielgebend aber war ihr Verhalten den Wanderarmen*

gegenüber, die nicht nur Spende und Speise bei ihr fanden, sondern auch wie Freunde aufgenommen wurden...[266] Wie sehr Regina mit ihrem Mann zusammen stand, wird u.a. auch daraus deutlich, dass sie es in ihren letzten Lebensjahren als *ihre größte Freude (bezeichnete), dem sabbatlichen Gemoro-Schiur* (Talmud-Lehrvortrag) *ihres Gatten zuzuhören und manches interessante und kluge Wort, das sie einwarf, ließ erkennen, dass das Leben dieser Frau sowohl vom Elternhaus in Burgpreppach, als auch in dem von ihr gegründeten Heim stets vom Geist der Tora umwoben war.*[267] Von dem Tod seiner Lebensgefährtin war Heinrich Ehrmann zutiefst betroffen. Sie hatte ihm in allen schwierigen Situationen zur Seite gestanden, gemeinsam hatten sie trotz zeitweise großen materiellen Mangels sechs Kinder aufgezogen und ihnen eine fundierte Ausbildung ermöglicht.

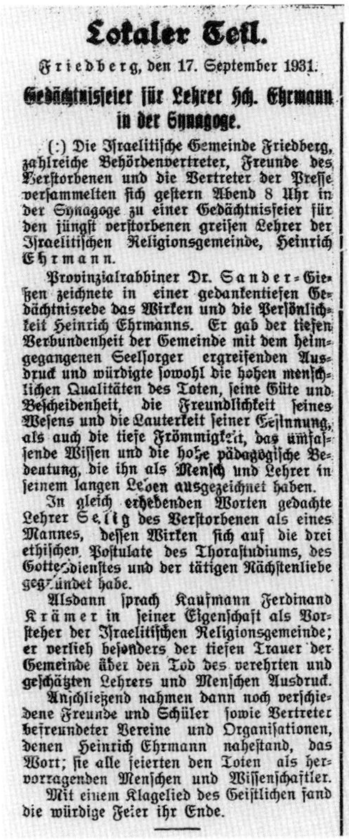

Lokaler Teil.

Friedberg, den 17. September 1931.

Gedächtnisfeier für Lehrer Hch. Ehrmann in der Synagoge.

(:) Die Israelitische Gemeinde Friedberg, zahlreiche Behördenvertreter, Freunde des Verstorbenen und die Vertreter der Presse versammelten sich gestern Abend 8 Uhr in der Synagoge zu einer Gedächtnisfeier für den jüngst verstorbenen greisen Lehrer der Israelitischen Religionsgemeinde, Heinrich Ehrmann.

Provinzialrabbiner Dr. Sander-Gießen zeichnete in einer gedankentiefen Gedächtnisrede das Wirken und die Persönlichkeit Heinrich Ehrmanns. Er gab der tiefen Verbundenheit der Gemeinde mit dem heimgegangenen Seelsorger ergreifenden Ausdruck und würdigte sowohl die hohen menschlichen Qualitäten des Toten, seine Güte und Bescheidenheit, die Freundlichkeit seines Wesens und die Lauterkeit seiner Gesinnung, als auch die tiefe Frömmigkeit, das umfassende Wissen und die hohe pädagogische Bedeutung, die ihn als Mensch und Lehrer in seinem langen Leben ausgezeichnet haben.

In gleich erhebenden Worten gedachte Lehrer Selig des Verstorbenen als eines Mannes, dessen Wirken sich auf die drei ethischen Postulate des Thorastudiums, des Gottesdienstes und der tätigen Nächstenliebe gegründet habe.

Alsdann sprach Kaufmann Ferdinand Krämer in seiner Eigenschaft als Vorsteher der Israelitischen Religionsgemeinde; er verlieh besonders der tiefen Trauer der Gemeinde über den Tod des verehrten und geschätzten Lehrers und Menschen Ausdruck.

Anschließend nahmen dann noch verschiedene Freunde und Schüler sowie Vertreter befreundeter Vereine und Organisationen, denen Heinrich Ehrmann nahestand, das Wort; sie alle feierten den Toten als hervorragenden Menschen und Wissenschaftler.

Mit einem Klagelied des Geistlichen fand die würdige Feier ihr Ende.

Abb. 49: Zeitungsartikel anlässlich der Trauerfeier für Heinrich Ehrmann. *Oberhessischer Anzeiger*, 17.9.1931

Heinrich Ehrmann starb am 10. September 1931 im 76. Lebensjahr im Friedberger Krankenhaus. Bei seiner Beisetzung sprach Siegfried Rosenthal Worte des Gedenkens, in denen er insbesondere auf sein außerordentliches Engagement für die jüdische Gemeinde in Friedberg einging. Neben der herausragenden Gelehrsamkeit seines ehemaligen Lehrers hob S. Rosenthal besonders die *Werke tätiger Menschenliebe* hervor, die er in vollendeter Art erfüllt hat: *Er, der für sich so sparsam lebte, weil er mit kargem Gehalt eine große Familie ernähren mußte, schenkte, bürgte und lieh in großzügiger Weise, wenn es galt Armen zu helfen oder Sinkende zu retten.*[268]

Ausführlich wurde in der Tageszeitung von der beeindruckenden Gedenkfeier am 16. September in der Synagoge unter großer Anteilnahme der Öffentlichkeit berichtet, an der zahlreiche Behördenvertreter, Freunde des Verstorbenen und die Vertreter der Presse teilnahmen.

Aus den zahlreichen Nachrufen, die nach seinem Tod veröffentlicht wurden, wird deutlich, dass er weit über die Stadt Friedberg hinaus im deutschen Judentum eine sehr angesehene Persönlichkeit gewesen war.

Aus seinen eigenen Aufzeichnungen stammt der folgende Text, der seine tiefgläubige Einstellung gegenüber seiner Lebensberufung zeigt und für ihn über seinen Tod hinaus sicherlich Gültigkeit besaß:

Ziehe aus Dein Trauerkleid. Stehe auf und werde Licht, Jerusalem, ziehe aus, du heilige Stadt, dein Trauerkleid, tue auf dein Haupt, tue auf dein Sternen ... und ziehe an das Kleid der Herrlichkeit. Gott hat sein Volk erweckt und frei gemacht, dass es die Tiefe Heimatsehnsucht lernte. Jerusalem, nach langer Leidenszeit kommt dir ein Tag, ein großer Tag der Ernte. Dann wird das Land, um das wir oft geweint haben, wie eine Braut in jungen Blüten stehen. Dann werden deine Kinder aus aller Welt nach Zion wandern und 1000 Jahre werden vor sich regen, im Tempel der Verheißung mitzubauen, und ringsum wird nichts als Licht und Segen, Glück und ewiger Frieden leben. Es zieht ein Klang von (Musikinstrumenten) durch die Luft, um unseren alten treuen Gott zu ehren und angenehm zum Himmel steigt der Duft des Opfers auf von unseren Brandaltären. Gott aber blickt aus seiner Herrlichkeit auf uns herab mit mildem Angesicht. Ziehe aus, Jerusalem, meine Treue, auf Jerusalem und es werde Licht. Es schadet nicht, in einem Entenkleid geboren zu werden, wenn man in einem Schwanenei gelegen hat.[269]

EPILOG

„Seine Seele sei eingebunden in den Bund des Lebens."

Als Ehrmann am 10. September 1931 nur ein halbes Jahr nach dem Tod seiner Frau Regina (†17. März 1931) im Bürgerhospital Friedberg starb, trauerte die jüdische Gemeinde um ihren bedeutendsten Lehrer der letzten Jahrhunderte. Ehrmann hatte wie kein Rabbiner oder Lehrer zuvor seiner Gemeinde über 40 Jahre gedient, hatte wesentlich dazu beigetragen, dass sie sich in der schwierigen Zeit des aufkommenden Antisemitismus auf ihre Tradition als „Kehillah Kedoschah" (Heilige Gemeinde) zurückbesonnen hatte. In der Stadt Friedberg war er eine anerkannte, hochgeachtete Persönlichkeit, in der die nichtjüdische Öffentlichkeit einen würdigen und allseits respektierten Vertreter ihrer jüdischen Bürger sah. Er selbst war bis zum Schluss ein bescheidener, auch von seiner Statur her unauffälliger Mensch geblieben, der aber in den

Synagogengottesdiensten die Herzen der Besucher im Innersten anrühren konnte und mit seinem Wissen und seinen Glaubenskenntnissen bei seinen Gemeindemitgliedern tiefe Spuren hinterlassen hat.

Er war in den vier Jahrzehnten seiner Tätigkeit weit über die Rolle eines Lehrers für israelitische Religionslehre hinausgewachsen. Noch nach 1945 war er für viele überlebende Friedberger Juden ein Vor- und Sinnbild des ehemals blühenden Gemeindelebens. Sein Bemühen um die eigene religiöse Tradition und Geschichte seiner Friedberger Judengemeinde wirkte weit über sein Leben hinaus. Durch sein Selbststudium, durch sein überregionales Engagement in der jüdischen Lehrerschaft Deutschlands, das deutlich wird durch die redaktionelle Betreuung der pädagogischen Beilage des *Israelit*, hatte er fast die Funktion eines Rabbiners erlangt; keiner der anderen Lehrer in der jüdischen Gemeinde in Friedberg hat je an seine Bedeutung heranreichen können.

Heinrich Ehrmann wurde entsprechend der jüdischen Tradition am 12. September 1931 unter großer Anteilnahme der Öffentlichkeit auf dem jüdischen Friedhof an der Ockstädter Straße beigesetzt.

Abb. 50: Foto des jüdischen Friedhofs an der Ockstädter Straße vor seiner Schändung in den 1930er Jahren. Stadtarchiv Friedberg: Fotosammlung

Die Gedenkfeier fand am darauffolgenden Mittwoch in der *hell beleuchteten und von einer andächtigen Gemeinde angefüllten Synagoge*[270] statt. An der Feier nahmen Vertreter der Stadt, der Geistlichkeit beider Konfessionen sowie auswärtige Delegationen der Lehrerschaft teil. Über diese Gedenkfeier berichtete die Zeitschrift *Der Israelit* am 24. September ausführlich unter der Überschrift *Trauerfeier für Lehrer Heinrich Ehrmann – das Gedenken an den Gerechten ist zum Segen*. Nach dem Abendgebet (Maariwgebet) sang der in Bad Nauheim amtierende Lehrer und Kantor Bethmann den Psalm 103, 15: *Der Mensch - wie Gras sind seine Tage*. Die Gedenkrede, in der Ehrmann als Lehrer, Gelehrter und Mensch gewürdigt wurde, hielt Provinzialrabbiner Dr. Sander aus Gießen. Sein Lehrerkollege Alfred Seelig würdigte in seiner Ansprache Ehrmanns Verdienste und sein Engagement für die Vereine und Wohlfahrtseinrichtungen in Friedberg. Für den Gemeindevorstand sprach dessen Vorsitzender Ferdinand Krämer: Er bezeichnete Ehrmann als den *geistigen und unermüdlichen Führer .... der Gemeinde*[271] Dr. Rosenthal, der Vater eines der beiden letzten noch lebenden Zeitzeugen Ehrmanns, brachte zum Ausdruck, *was ihm Ehrmann als Lehrer gewesen ist, wie er es durch seine Persönlichkeit und sein reiches Wissen verstanden hatte, ihn wie alle seine Schüler Glauben und Wissen als eine harmonische Einheit begreifen zu lassen*.[272] Für die Mensa Judaica dankte Siegfried Leopold dafür, dass der Verstorbene die Einrichtung der koscheren Mensa für die jüdischen Studenten am Polytechnikum ermöglicht hatte. Für den *Hessischen Lehrerlandesverein* würdigte Lehrer Kaufmann aus Schotten seine Verdienste um die allererste organisierte Interessenvertretung der jüdischen Lehrer in Hessen, und für den *Bund gesetzestreuer jüdischer Lehrer in Deutschland* überbrachte Lehrer Hirschberg aus Frankfurt Grüße und würdigte seine Verdienste als dessen langjähriges Vorstandsmitglied. Die Grüße der Nachbargemeinde wurden von dem Bad Nauheimer Juden Emil Rosenthal überbracht. Auch seitens der Redaktion der Zeitschrift *Der Israelit* wurde die langjährige Tätigkeit als Schriftleiter der pädagogischen Beilage als *Schabbat – im Sinne von Schira* (Gesang), *Beracha* (Segen) und *Tefila* (Gebet)[273] gelobt. Ehrmanns Leben wurde in seinem Nachruf wie folgt gewürdigt: *Seine Selbstlosigkeit war ohnesgleichen. Der edle Mensch opferte Kraft und Geld, wo es galt, jemandem zu helfen. Man könnte unzählige Beispiele erzählen, die zeigen, welch großer Mensch hier betrauert wird. Seine Seele sei eingebunden in den Bund des Lebens.*[274]

Seine Grabstätte und der Grabstein auf dem alten jüdischen Friedhof fielen der Zerstörung des Friedhofs während des 3. Reiches zum Opfer. Sie sind heute verschwunden.

Im Unterschied zu anderen Friedberger Juden erinnert kein Straßenname und keine Gedenkplatte, nicht einmal ein Bild oder ein entsprechender Text im Judenbad an Heinrich Ehrmanns außerordentliche Verdienste um die Rettung der Mikwe und die Erforschung und Bewahrung der jüdischen Geschichte Friedbergs, die er immer als einen untrennbaren Bestandteil der deutschen Kultur und Geschichte begriffen hat, sowie an sein erfolgreiches Bemühen um die Gleichberechtigung der jüdischen Lehrer in Hessen und in Deutschland.

Abb. 51: Der zerstörte jüdische Friedhof im Jahr 1945. Stadtarchiv Friedberg: Fotosammlung

Über die Nachkommen von Heinrich und Regina Ehrmann wissen wir wenig. Nur an ganz wenigen Stellen in seinen Notizbüchern geht Heinrich Ehrmann auf seine Familie ein.[275]
Der älteste Sohn Sarko Saki (*29.5.1882 in Burgpreppach) verzog am 20. April 1903 nach Berlin, wo er als Zahnarzt gearbeitet haben soll. Er wurde 1942 in einem der Vernichtungslager in Polen ermordet.[276] Über die Tochter Therese (* 27. 7.1886) liegen überhaupt keine Informationen vor. Der dritte Sohn Abraham (* 15. 11.1888 in Friedberg), meldete sich am 18. Oktober 1909 nach

Genf zum Studium der Philologie ab und kehrte später nach Friedberg zurück. Ehrmann erwähnt ihn ebenso wie seinen ein Jahr zuvor geborenen zweiten Sohn Moses (*2. 8.1887) im Zusammenhang mit den Einberufungen zum Militärdienst im Ersten Weltkrieg. Nach einem erneuten Aufenthalt in Friedberg meldete sich Abraham Ehrmann am 8. Januar 1923 nach Dieburg ab, wo er als Studienassessor tätig wurde. Er emigrierte nach 1933 nach England und ist dort nach dem Krieg verstorben. Von seinem Vater hatte er wohl die Neigung zu sprachwissenschaftlichen Studien geerbt, denn es existieren in einem Schulheft 38 in Sütterlinschrift geschriebenen Seiten, wahrscheinlich die wörtliche Wiedergabe eines Vortrages zum Thema *Jüdische Lehn- und Fremdwörter im Deutschen,*[277] den Abraham Ehrmann am 29. Dezember 1934 konzipiert hatte. Der zweitälteste Sohn Moses verließ Friedberg am 11. März 1910, um in Posen eine Ausbildung als Architekt zu machen. Er kehrte kurzfristig nach Friedberg zurück und meldete sich am 1. August 1916 als Architekt nach Dresden ab, emigrierte schließlich am 4. Dezember 1925 nach Palästina, wo er zunächst als „Bauführer" und, folgt man den Erinnerungen von A. Rosenthal, später als Architekt in Jerusalem gearbeitet hat. Über den drittältesten Sohn Lazarus (*21.6.1890) hingegen liegen bislang keine weiteren Informationen vor. Immanuel(Emanuel) (*27. 4. 1892), studierte ab 1910 (Abmeldung 1.4.1910) an dem israelitischen Lehrerseminar in Köln, kehrte kurzfristig nach Friedberg zurück und meldete sich dort am 6. Mai 1914 ab, um als Lehrer in Frankfurt a.M. zu arbeiten. Dort hat er offensichtlich noch ein weiteres Studium absolviert, denn am 27. April 1926 meldet er sich erneut aus Friedberg nach Regensburg ab, um dort als Zahnarzt tätig zu werden. Er ist nach der Erinnerung von A. Rosenthal ebenfalls nach Palästina ausgewandert und hat dort als Zahnarzt versucht, eine neue Existenz aufzubauen. Von der Tochter Sarah (*19. 4. 1894) wissen wir, dass sie am 13. Januar 1913 als Kindergärtnerin nach Bremen verzogen ist. Keinerlei Hinweise gibt es zur Tochter Johatha. Jedenfalls waren 1926 alle Kinder nicht mehr in Friedberg gemeldet. Sofern sie zuvor nicht verstorben waren, sind wohl alle bis auf den ältesten Sohn Saki dem Holocaust entkommen.[278] Ihr Vater Ehrmann musste nicht mehr die Folgen der Machtübernahme durch die Nationalsozialisten erleben, wohl aber verfolgte er bis zu seinem Lebensende mit Sorge das Aufkommen dieser politischen Bewegung, auch wenn der Schwerpunkt seiner Altersbetätigung auf die immer intensivere Erschließung und das Verstehen der religiösen Schriften seiner Religion gerichtet war. Ihm blieb erspart mitzuerleben, dass während der Ereignisse der Jahre 1933-1945 auch der Geschichtsverein in Friedberg ein

Teil des NS-Machtapparats wurde und Ehrmanns Verdienste um die Erforschung des jüdischen Teils der Stadtgeschichte und die Rettung der Mikwe durch den Denkmalschutz in Vergessenheit gerieten. Nach 1945 gab es infolge der Vernichtung der jüdischen Gemeinde in Friedberg und der Verstrickung fast aller Friedberger Bürger niemanden, der das Gedenken an Heinrich Ehrmanns hätte kultivieren können. Über 80 Jahre nach seinem Tod wäre es an der Zeit, diesem verdienten Bürger Friedbergs eine bleibende Erinnerung zu gewähren.[279]

Abb. 52: Avram (Alfred) Rosenthal, Jahrgang 1922, Jerusalem, letzter lebender Zeitzeuge des Lehrers Heinrich Ehrmann. Foto: Hans-Helmut Hoos, September 2012 vor der Gedenktafel der Augustinerschule

Anhang zum Exkurs 1: Ehrmann und der Erste Weltkrieg

Gedichtabschriften von H. Ehrmann in seinem Notizbuch 1914
Nur in einem einzigen Notizbuch, begonnen im Jahre 1914, finden sich auf zwei Seiten Abschriften von Gedichten und zwei Zitate, die direkt oder indirekt mit dem Ersten Weltkrieg zusammenhängen. Dies deutet bei dem ansonsten sehr nüchtern denkenden Heinrich Ehrmann auf eine emotionale Betroffenheit angesichts des Kriegsausbruches hin, die sonst nicht in seinen Notizen zu spüren ist. Im Einzelnen handelt es sich um die folgenden fünf Gedichte:
1. Karl Ernst Knodt, *Dein Reich komme!*
2. Karl Ernst Knodt, *Das große Pflügen*
3. Hugo Liebermann, *Österreichisches Reiterlied* (Ehrmann notiert zu dem Verfasser: *tödlich verwundet in den Karpathen ...Zionist in Wien*)
4. H. Zuckermann, *Soldatengrab*
5. Johannes Wilde, *Zweierlei Nachruf*

Karl Ernst Knodt, *Dein Reich komme!*
Soll, was jetzt die Schickung (der Kriegsgott) schmiedet,
Unsrem deutschen Volke frommen,
Muß nach Blut und Dampf und Donner,
Herr, *Dein Reich* uns näher kommen.

Das ist doch des Höchsten (Schicksals) Willen:
Daß du, deutsches Volk, sollst lernen,
Wieder von des Mammons Irrgang
Aufzuschaun nach den Sternen!

Sie! Dein Weg weist *höchste* Ziele.
Glaubt mir: an dem deutschen Wesen,
(Seinem Heimweh...)
Seinem Glauben, Liebe, Hoffen,
soll die ganze Welt genesen.

Laßt uns denn der Zeichen achten,
Die am hellen (heutgen) Himmel stehen;
Nie noch sahen wir den Höchsten
Also nah vorübergehen.

Schauend grüßen wir die Zukunft
Odem ... Uns'res neuen Reiches
Rad reißt fort zu Sonnenhöhen,
Wie die Welt nie sah ein Gleiches.

Karl Ernst Knodt (* 6. Juni 1856, †30. September 1917) war nach dem Studium der Theologie in Straßburg, Utrecht und Tübingen (1875-1878) 1880 bis 1904 Pfarrer in Gernsheim und Ober-Klingen. 1904 zog er nach Bensheim. Er hatte regen Kontakt zu Hermann Hesse, der ihn auch im Odenwald besuchte, zu Wilhelm Raabe und Agnes Miegel. Aufgrund seines lyrischen Werkes war er am Hof des Großherzogs von Hessen und bei Rhein beliebt und wurde von dort auch nach seinem endgültigen Ausscheiden aus dem Pfarrdienst 1910 unterstützt. Seine spätromantischen und an Naturlyrik orientierten Gedichte waren zu seiner Zeit sehr beliebt. Zu Beginn des Ersten Weltkriegs reihte er sich in die Dichter ein, die den Ausbruch des Krieges als eine Chance für einen grundlegenden Neubeginn begrüßten.
Die in Klammer gesetzten Worte sind Varianten in der Abschrift Ehrmanns gegenüber der mir vorliegenden Fassung des Gedichte aus: Karl Ernst Knodt, *Auswahl aus seinen Gedichten*, in: Geschichtsblätter Kreis Bergstraße, Sonderband 15, Bensheim 1992 S. 239, 247.
Über die Autoren der beiden folgenden Gedichte *Soldatengrab*, H. Zuckermann und *Zweierlei Nachruf*, Johannes Wilde, ist weiter nichts bekannt.

H. Zuckermann, *Soldatengrab*
Ein schlichtes Kreuz
zwischen zwei Ackerfalten
bald schneit's
Es löscht die letzten Dinge
von einem der zur Fahne schwer
hat seinen Schwur gehalten.
Der Regen wäscht die Namen ab
Verloren und vergessen
Soldatengrab, Soldatengrab,
Das keine Tränen nässen."

Johannes Wilde, *Zweierlei Nachruf*
Es stand ein Kreuz im welschen Land

Geschrieben drauf von deutscher Hand
Dem tapferen Feinde dort zu Ehr,
Er starb für seines Volkes Wehr.
Es stand ein Kreuz im Feindesland
Geschrieben drauf von welscher Hand
Noch...., den Haß erlöst
Im heilgen Tod ....

Am Ende dieser Notizbuchseite finden sich noch zwei aufschlussreiche Zitate, die Ehrmann aufgeschrieben hat und die mit seiner Auffassung zu tun haben dürften:
Jedes Volk hat seinen Tag in der Geschichte, doch der Tag der Deutschen ist die Ernte der ganzen Zeit. (Karl Alex. von Müller).
Der Historiker Karl Alexander von Müller, Sohn des bayrischen Kultusministers Ludwig August von Müller (1882-1962), war von seiner Herkunft her monarchistisch und nationalkonservativ geprägt. Er lehnte liberale politische Ideen ab, hatte in den zwanziger Jahren die Bekanntschaft mit Hitler gemacht, hegte später starke Sympathien zur *NSDAP*, trat 1933 der Partei bei und besaß seit den zwanziger Jahren die Ehrenmitgliedschaft im „Reichsinstitut für Geschichte des Neuen Deutschland". Zu seinen Schülern gehörten Walter Frank, Baldur von Schirach, Rudolf Heß und Hermann Göring. Im 3. Reich verstand er sich als Mittler zwischen der alten und der jungen, vom NS-Regime geprägten Historikergeneration und war eng mit Führungseliten der NS-Herrschaft verbunden. Das Zitat stammt wohl aus einem der frühen Werke bzw. aus Beiträgen in Historischen Zeitschriften, die Ehrmann gekannt haben muss.

Und häng den Kranz, den vollen Kranz
mir höher in die Sterne. (Gustav Falke)
Gustav Falke (1853-1916) pflegte als konservativ-bürgerlicher Autor und Lyriker einen nationalkonservativen, am Volksliedhaften orientierten Stil, Während des Ersten Weltkrieges zeigte er sich als kompromissloser Nationalist und stellte sein Dichten in den Dienst der deutschnationalen Ziele. Für sein Wirken im Dienst der Kriegspropaganda wurde ihm 1915 der preußische Rote Adlerorden verliehen.

1   Notizbuch 1884.
2   Paul Arnsberg, Die jüdischen Gemeinden in Hessen, Bd. 1, Frankfurt a.M. 1971, S. 202-203.
3   Die Familie Grödel zog später nach Bad Nauheim; ihre Söhne besuchten in Friedberg die Augustinerschule. Bernhard Grödel, später geadelt, war als bedeutender Holzgroßhändler in Südosteuropa bis in die zwanziger Jahre des 20. Jahrhunderts tätig, der Geheime Medizinalrat Prof. Dr. Isidor Maximilian Groedel (auch: Isidor Mayer Groedel; 1850—1921), war Leibarzt der letzten deutschen Kaiserin und dessen Sohn, Prof. Dr. Franz Groedel (1881 — 1951), gelangte als Herzspezialist zu Weltruhm.
4   Alfred Rosenthal, Erinnerungen (unveröffentlicht.) Die Kindheitserinnerungen des Friedberger Juden Alfred Rosenthal sollen mit seinem Einverständnis in einer der nächsten Folgen der Wetterauer Geschichtsblätter veröffentlicht werden.
5   Vgl. Hans-Helmut Hoos, Kehillah Kedoschah — Spurensuche. Geschichte der jüdischen Gemeinde in Friedberg. Auf den Spuren der Friedberger Juden von den Anfängen bis zur Gegenwart. Frankfurt a.M. 2009, S. 171-185. Die folgende Darstellung greift teilweise auf dieses Buch zurück, versucht aber darüber hinaus erstmals eine umfassende Darstellung des Lebens von Heinrich Ehrmann zu geben.
6   Vgl. Fritz H. Hermann, Der Verein für jüdische Altertümer in Friedberg in der Wetterau (1892-1905), in: Wetterauer Geschichtsblätter, Bd. 11, Friedberg 1962, S. 70 f. Darin berichtet Herrmann, dass es nur mit dem ältesten Sohn Abraham Ehrmann nach dem Zweiten Weltkrieg kurzfristig Kontakt gab.
7   Siegfried Rosenthal verfasste auch in der von H. Ehrmann lange Jahre geleiteten Pädagogischen Beilage zum *Israelit*, dem *Organ des Bundes gesetzestreuer jüdischer Lehrer Deutschlands*, einen umfangreichen Nachruf.
8   Dieses Notizbuch ist der Beleg dafür, dass sich Herrmann in seiner Datierung des Amtsantritts von Heinrich Ehrmann als Lehrer in der Friedberger jüdischen Gemeinde geirrt hat, nicht, wie von ihm angenommen 1891, sondern bereits sieben Jahre zuvor kam Ehrmann nach Friedberg, wie aus seinen Aufzeichnungen hervorgeht.
9   Die Auswertung der Notizbücher stellte besondere Anforderungen an den Leser: Die Handschrift von Ehrmann war zu entziffern, seine zusammenhanglosen Notizen mussten in die entsprechenden Kontexte (persönliche Lebensumstände, zeitgeschichtliche Ereignisse, religiöse Strömungen) eingeordnet werden, die Eintragungen in hebräischer Schrift ins Deutsche übertragen werden, Anspielungen auf politische und religiöse Verhältnisse waren, wenn möglich, zu entschlüsseln. Zu danken habe ich besonders Avram (Alfred) Rosenthal, Jerusalem (* 11.9.1922 in Friedberg), dem letzten lebenden Zeitzeugen, der als Kind H. Ehrmann noch kennengelernt hatte. Er hat im Frühjahr 2008 die meisten der in hebräischen Schriftzeichen eingetragenen Notizen ins Deutsche übertragen, mit Erläuterungen versehen und mir zur Verfügung gestellt. Er merkte hierzu an: *Der hebräische Text enthält biblische und talmudische Zitate, die wahrscheinlich als Notizen für künftige Predigten, Vorträge oder Artikel dienten. Die in hebräischer Schrift geschriebe-*

nen deutschsprachigen Notizen waren teilweise administrativer Natur. Ich habe den Eindruck, dass Heinrich Ehrmann noch aufgewachsen ist, als die deutschen Juden die hebräische Schrift noch für ihre deutschsprachigen Briefe benutzten.

10   Steven M. Lowenstein u.a, Deutsch - jüdische Geschichte in der Neuzeit, Bd. 3, 1871-1918, München 1997, S.125.
11   Vgl.: Friedrich Battenberg, Das Europäische Zeitalter der Juden, Bd. II, 1650 - 1945, Darmstadt 1990, S. 155 ff.
12   Samson Raphael Hirsch (1808 — 1888) gilt als der führende Vertreter des orthodoxen Judentums im 19. Jahrhundert. Nach dem Erstarken der Reformgemeinden bildeten sich unter Berufung auf ihn und Gleichgesonnene viele neo-orthodoxe Gemeinden in Deutschland. 1851 wurde er nach Frankfurt (Main) berufen. Dort übte er bis zu seinem Tod das Amt des Rabbiners in der Austrittsgemeinde, der neo-orthodoxen Gemeinde aus. Die später nach ihrem Gründer genannte Samson-Raphael-Hirsch-Schule (Realschule und Lyzeum) der israelitischen Religionsgemeinschaft bestand bis zum März 1939.
13   Briefentwurf von H. Ehrmann, geschrieben in deutscher Sprache, aber in hebräischen Buchstaben, übertragen von A. Rosenthal 2008, Notizbuch 1885.
14   Rolf Kißking und Sabine Ullmann (Hrsg.), Landjudentum im deutschen Südwesten während der frühen Neuzeit, Colloquia Augustana Bd. 10, Augsburg 1999, S. 14.
15   Baruch Z. Ophir/Falk Wiesemann, Die jüdischen Gemeinden in Bayern 1918-1945, München 1979, S.13.
16   Vgl. Ophir/Wiesemann, S. 14.
17   Ebd., S. 14.
18   http://www.reinhardklopf.de/Juden1x.htm S. 1 und 2.
19   Notizbuch 1914 S. 102: Eine genaue Auflistung aller Angehörigen der Großmutter würde den Rahmen dieser Arbeit überschreiten.
20   Notizbuch 1914, S. 103. Leider nennt Ehrmann nicht das Todesjahr seines Vaters; seine Eintragung hierzu endet mit 18...
21   Die Adressenlisten, die sich beispielsweise in seinem Notizbuch von 1914 befinden, weisen neben den Anschriften, wichtige Kontakte (z.B. Dr. Goldschmidt in Offenbach, Verlag Nathan Bamberger in Frankfurt/M.) auch Adressen in Berlin, San Francisco und London auf.
22   Vgl. Notizbucheintragung 1884: Aufstellung der Einnahmen und Ausgaben für das Jahr. Bei einem Jahreseinkommen von 1600 Mark hat Ehrmann 400 Mark an seinen Vater überwiesen.
23   „Cheder", das hebräische Wort für Zimmer, war die religiös geprägte Schule bzw. der Unterrichtsraum einer jüdischen Gemeinde, in dem die Jungen im Alter von etwa drei Jahren von einem jüdischen Lehrer in der hebräischen Sprache und anschließend den ersten Büchern Mose und den wichtigsten religiösen Schriften und Traditionen des Judentums (Talmud, Mischna, Gemara) unterrichtet wurden.

24 Mordechai Eliav, Jüdische Erziehung in Deutschland im Zeitalter der Aufklärung und Emanzipation.Jüdische Bildungsgeschichte in Deutschland, Bd. 2, München Berlin 2001, S.15 ff., S. 179 f.
25 Ebd., S. 253.
26 Götz Aly, Warum die Deutschen? Warum die Juden? Gleichheit, Neid und Rassenhass 1800-1933, Frankfurt a.M. 2011, S. 37.
27 Ebd., S. 37.
28 Vgl.: http://www.alemannia-judaica.demainstockheim_synagoge htm: A. Hirsch hatte in Haßfurt bei Rabbi J. Schüler und dann in Würzburg studiert und während seiner eigenen Ausbildung und Unterrichtstätigkeit mehrere tüchtige Lehrkräfte kennengelernt, die begabte jüdische Schüler aus der Region unterrichtet hatten und die er für den Lehrerberuf gewinnen konnte.
29 *Der Israelit* vom 7.November 1866, zit. nach: http://www.alemannia-judaica.de mainstockheim_synagoge htm: S. 20.
30 Diese Zeitung war als Gegenstück zur reformorientierten, liberalen *Allgemeinen Zeitung des Judenthums* (später *CV-Zeitung*) von dem Mainzer Rabbiner und Schriftsteller Marcus Lehmann (1831—1890) gegründet worden. Sie wurde zum bedeutendsten publizistischen Organ des deutschen orthodoxen Judentums. 1870 fusionierte die Zeitschrift mit der Zeitschrift *Jeschurun* (Alte Folge, gegründet 1854). Ab 1871 erschien *Der Israelit* auch in einer hebräischen, 1873—1879 zusätzlich in einer jiddischen Parallelausgabe. Nach dem Tod des Begründers übernahm sein Sohn Oscar Lehmann (1858—1928) die Herausgeberschaft. Er verlegte den Erscheinungsort 1906 von Mainz nach Frankfurt am Main. Heinrich Ehrmann wird in den Jahren 1907-1917 selbst für die pädagogische Beilage dieser Zeitung redaktionell tätig werden.
31 *Der Isrealit* vom 20. September 1869, zit. nach: http://www.alemannia-judaica.de mainstockheim_synagoge.htm, S. 7.
32 Vgl., Seligmann Bär Bamberger, Offene Antwort des Distriktrabbiners Seligmann Bär Bamberger zu Würzburg auf den an ihn gerichteten offenen Brief Sr. Ehrwürden des Herrn S.R. Hirsch, Rabbiner der Israelitischen Religionsgesellschaft zu Frankfurt a.M., Würzburg, Frankfurt 1877 und, Die offene Antwort Sr. Ehrwürden des Herrn Distrikt-Rabbiners S.B. Bamberger zu Würzburg auf seinen an denselben gerichteten offenen Brief, gewürdigt von Salomon Raphael Hisch Frankfurt a.M. J.Kaufmann 1877 61p. :Leo Baeck Institute New York, Bibliothek und Archiv. Katalog, Band 1, von Max Kreutzberger, S. 119.
33 Bayr. Staatsarchiv Würzburg (STAWü), Akt. Nr. 3799 Israelit. Schulpräparandenschule Mainstockheim und Burgpreppach und *Der Israelit* vom 13.September 1871, zit. nach: http://www. alemannia-judaica.demainstockheim_synagoge htm. S. 8.
34 Bayr. Staatsarchiv Würzburg (STAWü), Akt. Nr. 3799 Israelit. Schulpräparandenschule Mainstockheim und Burgpreppach.
35 *Der Israelit* vom 13. September 1871, zit. nach: http://www.alemannia-judaica.de mainstockheim_synagoge htm. S. 20.

36 *Der Israelit* vom 13. September 1871, zit. nach: http://www.alemannia-judaica.de mainstockheim_synagoge htm. S. 20.
37 Vgl., Mordechai Eliav, S. 251.
38 Ebd., S. 430 ff.
39 Ebd., S. 431.
40 http:// www.alemannia.judaica.de wuerzburg_ilba.htm S. 6.
41 Ebd.
42 Am 16. September 1862 erschien in der (liberal orientierten) *Allgemeinen Zeitung des Judentums* ein Artikel, in dem es hieß: *So hat die so genannte Orthodoxie in Würzburg es durchgesetzt, dass ein jüdisches Seminar für Lehrer für das Judentums errichtet werden soll. Welcher Gewinn unter solcher Leitung für das Judentum daraus entspringt, lasst sich denken.* Zit. nach: http:// www. alemannia.judaica,de wuerzburg_ilba. htm S. 4.
43 *Der Israelit* vom 23. November 1864, *für die Kosten sollen die Bemittelten nur die Selbstkosten für die Anstalt ersetzen, Unbemittelte erhalten auch die Kost frei..* zit. nach: http:// www.alemannia.judaica,de wuerzburg_ilba.htm S. 9.
44 Ebd. S. 10.
45 Ebd. S. 10.
46 Namensverzeichnis der Schüler, welche seit Bestehen der Anstalt dieselbe besucht haben, in: Max Ottensoser und Alex Rohberg, ILBA Israelitische Lehrerbildungsanstalt 1864-1938 by the Allumni 1930-1938, Michigan 1982, S. 224. Aufgeführt werden dort die Schüler im Jahre ihres Abschlusses und ihres Studiums.
47 Die Synagoge, die jüdische Volksschule und die Lehrerwohnung wurden im Novemberpogrom 1938 von Bamberger *SA*-Leuten unter Beteiligung fanatischer Nationalsozialisten aus dem Ort niedergebrannt. Bereits 1934(!) hatte es infolge einer Ritualmordbeschuldigung — der jüdische Lehrer wurde von sechs jungen Männern aus Burgpreppach beschuldigt, ein christliches Kind geschlachtet zu haben, und der Gemeindevorsitzende Julius Neuberger, das Blut des Kindes zum Backen der Mazzot benutzt zu haben — erhebliche Repressionen gegen die dort lebenden Juden gegeben.
48 *Der Israelit* vom 5. Oktober 1864, zit. nach: http://www.alemannia-judaica.de/burgpreppach_texte.htm.
49 Bayr. Staatsarchiv Würzburg (STAWü), Akt. Nr. 3799, Israelit. Schulpräparandenschule Mainstockheim und Burgpreppach.
50 Ebd.
51 In dem Schreiben heißt es: *hiernach des weiteren (die Schließung der Anstalt) zu verfügen und strafrechtliche Einschreitung sowie Schließung auf Grund des Art. 59 der Polizeiverordnung herbeizuführen, sofern versucht werden soll, dieselbe noch weiter fortzu(führen)...* Bayr. Staatsarchiv Würzburg (STAWü), Akt. Nr. 3799, Israelit. Schulpräparandenschule Mainstockheim und Burgpreppach.
52 Siebenseitiges Schreiben von A. Hirsch an die Regierung in Würzburg vom 10. September 1877, in: Bayr. Staatsarchiv Würzburg (STAWü), Akt. Nr. 3799, Israelit. Schulpräparandenschule Mainstockheim und Burgpreppach.

53 Schreiben der Regierung in Würzburg an Abraham Hirsch vom 15. Oktober 1877. Bayr. Staatsarchiv Würzburg (STAWü), Akt. Nr. 3799, Israelit. Präparandenschule Mainstockheim und Burgpreppach.
54 Ebd.
55 Ebd.
56 Ebd.
57 Schreiben von A. Hirsch an die Regierung in Würzburg vom 29.5.1878 anlässlich der Vorlage der Stundenpläne und Lerninhalte der Präparandenschule in Burgpreppach. Bayr. Staatsarchiv Würzburg (STAWü), Akt. Nr. 3799, Israelit. Schulpräparandenschule Mainstockheim und Burgpreppach.
58 Wolf Neumann war über 25 Jahre lang von an der Präparandenschule tätig. Anlässlich seines 25 jährigen Dienstjubiläums 1901 wurde deutlich, dass er neben H. Ehrmann die tragende Säule der Schule war und fast alle *Schüler während der Zeit des Aufenthaltes und er Präparandenschule auch ins einem Haus gewohnt ... haben.* (http://www.alemannia-judaica.de/burgpreppach_jahresberichte.de S. 7.
59 Eine Analyse der Handschrift der Schreiben von A. Hirsch und derjenigen von H. Ehrmann scheinen dies zu bestätigen.
60 Bericht des kgl. Seminarinspektors zur Schule in Burgpreppach vom 4. Juli 1878. Bayr. Staatsarchiv Würzburg (STAWü), Akt. Nr. 3799, Israelit. Schulpräparandenschule Mainstockheim und Burgpreppach.
61 Bericht vom 3.3.1880 *Die Reinlichkeit u. Lüftung in den beiden Schulsälen läßt zu wünschen übrig. (blau unterstrichen!) Ordnungs- und Reinlichkeitspflege. Diese läßt nahezu alles zu wünschen übrig, insbesondere in den Schlafzimmern der Zöglinge herrschen hochgradige Unordnung und Unreinlichkeit; Lüftung schein in keinem der Anstaltsräume vorgenommen zu werden. die Aborte stehen unter aller Kritik.* Bericht vom 16.7.1880.
62 Schreiben der Regierung von Unterfranken an A. Hirsch vom 2. September 1880. Bayr. Staatsarchiv Würzburg (STAWü), Akt. Nr. 3799, Israelit. Schulpräparandenschule Mainstockheim und Burgpreppach.
63 Ein Nachfahre hat einhundert Jahre später in seiner Darstellung der Israelitischen Lehrerausbildungsanstalt, die von 1864 -1938 bestand, ein bleibendes Denkmal gesetzt: vgl. Max Ottensoser und Alex Rohberg, ILBAN Israelitische Lehrerausbildungsanstalt 1864-1938, Michigan 1982.
64 Scheiben von A. Hirsch an die Regierung... vom 23. September 1880.
65 Schreiben von A. Hirsch an die kgl. Regierung in Unterfranken und Aschaffenburg vom 28. Februar 1880. Bayr. Staatsarchiv Würzburg (STAWü), Akt. Nr. 3799, Israelit. Schulpräparandenschule Mainstockheim und Burgpreppach.
66. Schreiben von A. Hirsch an die Regierung in kgl. Regierung in Unterfranken und Aschaffenburg vom 7. 3. 1881. Bayr. Staatsarchiv Würzburg (STAWü), Akt. Nr. 3799, Israelit. Schulpräparandenschule Mainstockheim und Burgpreppach.
67 Schreiben der Regierung von Unterfranken und Aschaffenburg bzw. des Amtes Königshofen an A. Hirsch vom 15. März bzw. 16. April 1881. Bayr. Staatsarchiv Würzburg (STAWü), Akt. Nr. 3799, Israelit. Schulpräparandenschule Mainstockheim und Burgpreppach.

68 Die Behörden verlangten die Aborte in einem gesonderten Teil des Schulgebäudes unterzubringen, während Hirsch aufgrund von Platzgründen auf seinem Plan bestand (Schriftwechsel vom 14. Juni und 30.7.1881).
69 Bericht über die Inspektion der Schule vom 3.März 1880. Abschnitt b) Unterricht.
70 Schreiben A. Hirsch an Kgl. Reg. von Unterfranken und Aschaffenburg, Kammer des Inneren vom 22. Juli 1884. Bayr. Staatsarchiv Würzburg (STAWü), Akt. Nr. 3799, Israelit. Schulpräparandenschule Mainstockheim und Burgpreppach.
71 *Der Israelit* vom 23.Januar 1878, zit nach. http./www.alemennia-judaica.de/burgpreppach_jahresberichte.htm.
72 In dem Jahresbericht vom Oktober 1879 wird auf den Erfolg hingewiesen: Drei Absolventen der Schule hatten ihre Jahresprüfung am Lehrerbildungsseminar Würzburg (ILBA) mit der Note 1 und weitere fünf mit der Note 2 bestanden. http://www.alemannia-judaica.de/burgpreppach_texte.htm, S.17.
73 Ebd.
74 Ebd.
75 Vgl. Fußnote 63.
76 a.a.O. S. 20 Ein Jahr später heißt es zu dem Bemühen der Präparandenanstalt: *Die ungeprüften, nicht seminaristisch gebildeten Lehrer dagegen werden hoffentlich bald durch tüchtige, gut ausgebildete Lehrkräfte ersetzt werden.* (a.a.O. S: 22).
77 Mit letzter Sicherheit konnte dies nicht nachgewiesen werden. Für diese Annahme spricht, dass kein jüdischer Lehrer zu dieser Zeit im Königreich Bayern an einer staatlichen Schule eingestellt war, an der jüdischen Schule in Burgpreppach kein Lehrer diesen Namens verzeichnet ist, und in den Aufzeichnungen von Ehrmann zu den familiären Wurzeln seiner Vorfahren interessanterweise keine genealogischen Hinweise auf die Familie seiner Frau auftauchen. Die beiden noch lebenden Zeitzeugen, Avram (Alfred) Rosenthal, Jerusalem und Deborah Gross geb. Cohn hingegen bezweifeln, dass der orthodox geprägte Heinrich Ehrmann eine Nichtjüdin geheiratet haben könnte.
78 http://www.Burgpreppach.de/index.Php?option=com_content&view= S.1.
79 Vgl. die Ausführungen zur Familie Heinrich Ehrmanns in Kapitel 1.
80 Arnsberg (Fußnote 2) gibt neun Kinder an. Laut Matrikel waren jedoch nur sechs Kinder zu ermitteln.
81 Über diese Tochter ist nur das Geburtsdatum bekannt, das der Anmeldung der Familie in Friedberg zu entnehmen ist. Geht man davon aus, dass das zweitgeborene Kind Selig in Burgpreppach verstorben war, ist die Angabe Arnsbergs, Ehrmann habe neun Kinder gehabt, korrekt, denn in Friedberg wurden noch sechs weitere Kinder geboren.
82 Vgl. Ernst Emil Hirsch, Vergiss nicht wo du herkommst, Königsfeld 1976. Hans-Helmut Hoos (bearb.), Scherben der Erinnerung. Memoiren des Wetterauer Juden Henry Buxbaum. Mit einem Nachwort von Richard Buxbaum, Friedberg 1994. (zugl. auch, in: Wetterauer Geschichtsblätter, Bd. 43/I, Friedberg 1994). Avram(Alfred) Rosenthal, Lebenserinnerung, Jerusalem 2008 (un-

veröffentl.) Briefwechsel mit Friedberger. Juden Privatarchiv Hans-Helmut Hoos (unveröffentl.)

83 http://www.alemannia-judaica.de/burgpreppach_jahresberichte.htm. S. 6.

84 Unterricht in rabbinischen Schriften. Zum Begriff: Schiur: Shiur (Hebrew: שעור, pronounced "shee-ur", pl. shiurim, שעורים) is a lesson on any Torah topic, such as Gemara, Mishnah halakha, Tanakh etc.

85 Diese und alle anderen Angaben zum Personenstand Heinrich Ehrmanns und seiner Familie verdanke ich den Recherchen von Frau Glinka-Rack, Stadtarchiv Friedberg.

86 So publizierte die *Pädagogische Beilage* des *Israelit*, die H. Ehrmann zu diesem Zeitpunkt redigierte, einen sehr wohlwollenden Bericht über den Rechenschaftsbericht der Talmud-Tora-Schule in Burgpreppach, in welchem *wir vor allem darauf hinweisen (wollen), welche hohe soziale Aufgabe unsere Präparandenanstalt erfüllt .Auf die vorzüglichsten Leistungen der Schule in den päodagogischen Fächern wurde schon bei früheren Gelegenheiten hingewiesen* (*Der Israelit*, Heft 9, vom 28. Februar 1907, S. 8, zit. nach: http:www.compactmemory.de/liberay/seiten.aspx?context= pages &). Auch in den Jahren seiner redaktionellen Tätigkeit in der *Pädagogischen Beilage* tauchen immer wieder Berichte, Hinweise und Notizen zur Schule in Burgpreppach auf, was auf die lebenslange enge Verbundenheit von Ehrmann zu seiner ersten Wirkungsstätte hindeutet.

87 *Der Israelit* vom 23. April 1884.

88 Anmelderegister der Stadt Friedberg aus den Jahren 1875-1902. Ich danke Frau Glinka-Rack für die entsprechenden Recherchen.

89 Vgl. Christian Waas, Die Chroniken von Friedberg in der Wetterau, Bd. III, Friedberg 1964, S.138 ff.

90 Eine detaillierte Auswertung der von Ehrmann in seinen Notizbüchern aufgeschriebenen Schülerlisten unter demographischen Aspekten ist eine reizvolle, aber nicht in dieser Arbeit zu leistende Aufgabe.

91 *Allgemeine Zeitung des Judentums* vom 5.September 1882. zit nach: htttp:// www.alemannia-judaica.de/friedberg_synagoge.htm. S. 16 f.

92 Briefentwurf von H. Ehrmann, geschrieben in deutscher Sprache aber in hebräischen Buchstaben, übertragen von A. Rosenthal 2008.

93 Dieses wie die beiden vorausgehenden Zitate und die übernommenen Formulierungen stammen aus dem Notizbuch 1884.

94 Programm der Grossherzoglichen Realschule des mit derselben verbundenen Progymnasiums und der Vorschule zu Friedberg, Friedberg 1885, S. 12.

95 Vgl. auch Programm der Grossherzoglichen Realschule des mit derselben verbundenen Progymnasiums und der Vorschule zu Friedberg, Friedberg 1884, S.11: *Mit dem Ende des Schuljahres verläßt uns der israelitische Religionslehrer, Herr Heß, der während vieler Jahre seinen Dienst gewissenhaft und mit gutem Erfolg versehen hatte. Wir werden ihm ein gutes Andenken bewahren.*

96 Notizbuch 1884, Einträge wie *Rothschild Tadel wegen Sprechens, Meyer Tadel wegen Unfleiß, Rosenthal Aaron Tadel wegen Unaufmerksamkeit* u.v.a.

97 Unter den dort erwähnten Autoren tauchen u.a. auf: Ludwig Noiré (1829 – 1889 *Code noir*: Juden dürfen nicht in französischen Kolonien wohnen), Carl Spindler(* 16. Oktober 1796 in Breslau; † 12. Juli 1855 in Bad Freiersbach. Verf. Eines dreibändigen Romans *Der Jude*, 1827), Ferdinand Gregorovinus (Beschreibung des Ghettos in Rom: * 19. Januar 1821 in Neidenburg (Ostpreußen); † 1. Mai 1891 in München), Lorenz v. Stein (Rechts- und Staatswissenschaftler * 18. November 1815 in Borby bei Eckernförde als *Wasmer Jakob Lorentz*, † 23. September1890 in Hadersdorf-Weidlingau), Adolf von Bastian (* 26. Juni 1826 in Bremen; † 2. Februar 1905), Adolf Schaik, Büchner, Carl Vogt (5. Juli 1817 in Gießen. † 5. Mai 1895 in Genf. deutsch-schweizerischer Naturwissenschaftler und Politiker ...) u.v.a.m.
98 Vgl. Aufstellung am Ende des Notizbuches aus dem Jahre 1884.
99 *Jeschurun*, (Alte Folge), Heft 4, (Januar 1884) zit. nach: http:www.compactmemory.de/liberay/seiten.aspx?context= pages &)
100 *Der Israelit* vom 24. Januar 1884. zit. nach: http//www. alemannia-judaica.de/friedberg_synagoge.htm. S. 28 f.
101 Vgl. Hans-Helmut Hoos, Fußnote 5 S.157 ff.,162 ff.
102 Vgl. Steven Lowenstein, Paul Medes-Flohr u. Monika Richarz Deutsch, Jüdische Geschichte in der Neuzeit, Bd. 3 1871 -1918, S. 102.
103 Notizbuch 1893.
104 Die Gottesdienstzeiten wurden in der Tageszeitung veröffentlicht, z.B. für den Sabbath am 9. Febr. 1895: Sabbathfeier Vorabend: 5 Uhr 15 Samstagmorgen 8 Uhr 30 Min., Samstag Nachmittag 3 Uhr 15 Sabbathausgang 6 Uhr 15.
105 Henry Buxbaum, Lebenserinnerungen eines Wetterauer Juden, bearbeitet von Hans-Helmut Hoos, Wetterauer Geschichtsblätter, Bd. 43/I, Friedberg 1994, S. 90-92.
106 *Allgemeine Zeitung des Judentums* vom 7. März 1884. zit. nach: : http:// www.. alemannia-judaica.de/friedberg_synagoge.htm. S. 37 f.
107 Ebd. Diese Passage findet sich nicht in der gedruckten Fassung der Trauersprache.
108 Heinrich Ehrmann, Gedächtnis-Rede gehalten am Grabe des verewigten Moritz Löw am 24. Februar 1890, Friedberg 1890 (Stadtarchiv Friedberg, Sondersammlung Wetterau, DF 105 189). Das vorliegende Druckexemplar weist Korrekturbemerkungen auf, die entweder von Ehrmann persönlich oder von dem Herausgeber des Wiederabdrucks, F. H. Herrmann stammen.
109 Ebd., S.4.
110 Ebd., S.5 ff.
111 Ebd., S. 6.
112 Ebd., S. 7.
113 Ebd., Vorwort.
114 Vgl. hierzu: Ernst Eduard Hirschs Beschreibung seiner Jugend in Friedberg, in : E.E. Hirsch, *Vergiß nicht, wo du herkommst,* gedrucktes Manuskript, 1976.

115 Notizbuch 1893: Erwähnt sind Juden z.B. in Ober Sulzbach, Frankfurt, Mainz, aber auch Kontakte nach London, Hamburg, Berlin usw..
116 Notizbuch 1898: Textstelle in hebr. Schrift, übersetzt durch A. Rosenthal. An anderer Stelle heisst es: *Es ist sicher, dass ich Erfolg im Studium haben werde — laut Deinem Brief. Tag auf Tag vergeht, Chanukka steht vor der Tür und es ist noch kein Schnee in Deutschland gefallen und ist auch noch kein Eis sichtbar. Ich verbrachte meine ganze Zeit mit dem Studium. Ich bin zuversichtlich, daß ich erfolgreich sein werde. Ich verspreche, den Moralpredigten meiner Lehrer und Eltern zu folgen. Dein treuer Sohn.*
117 In diesem Zusammenhang führt er u.a. auf: Juda von Günzburg (Oheim von Chaim ben Bezazel, Oberrabbiner in Worms), Eleasar gen. Lippmann, ermordet 1542 vor der Synagoge in Friedberg, Josephos), R. Kirchheim.
118 Notizbuch 1893, S. 10 ff.
119 In diesem Zusammenhang erwähnt er einen im *Rheinischen Kurier*, 1875, Nr.60 erschienenen Artikel.
120 Die vorliegenden Notizen weisen in ihrer Detailliertheit darauf hin, dass es sich hierbei um die Ausarbeitung eines Vortrages oder einer Beitrages für eine Zeitung handelt.
121 Die Notizen sind im Unterschied zu fast allen anderen in gestochen deutlicher Schrift mit Tinte angefertigt und deuten auf die intensive Beschäftigung Ehrmanns mit dieser Thematik hin.
122 Einige dieser Vortragsthemen seien hier aufgeführt: ... 2. Jüdische Handwerkerorg(anisation) 3. Jüdische Kolonie in Palästina 4. Jüdisches Armenwesen 5. Jüdische Wohlfahrtseinrichtungen 6. Organisation der Juden in Hessen ...10 Juden im Handel 11 Jüdische Presse 12. Die Juden in der Literatur 13. Die Juden in der Kunst 14... in der Wissenschaft 15. Jüdisch-deutsche Sprache 16..... 19. Intimes aus der Judengasse 20. Geschichte des Krankenvereins 21... 22... Legate 23. Memorbuch 24. Machsor (Mondzyklus: Der jüdische Kalender basiert auf dem aus Babylon stammenden Mondkalender. d.Verf.)...33. Die Kabbala... 44 Montefiore (* 24. Okt. 1784 in Livorno, Italien; † 28. Juli 1885 in Ramsgate, Kent war ein britischer Unternehmer und sephardisch-jüdischer Philanthrop, der als ein Vordenker des Zionismus gilt) 46. Jüdische Handwerker in talmudischer Zeit ... 47. Die Chassidin in Rußland 48. Jüdische Namen 56. Jewish Border in London. ... 58 Antisemitismus ... Der Hohe Rabbi Löw im Altertum.
123 Notizbuch 1893.
124 Monica Kingreen, Das Judenbad in Friedberg. Eine Mikwe, die in der Welt ihresgleichen sucht, in: Wetterauer Geschichtsblätter, Bd. 56, Friedberg 2006, S. 26.
125 Schulklopper: So wurde der Synagogendiener in einer jüdischen Gemeinde genannt.
126 Vgl. Kingreen, S. 28 ff.
127 Vgl. Waas, Die Chroniken von Friedberg, III. Band, S.152 und 156.
128 Bernhard Brilling, Der Archivar, Jg. 13, 1960, Spalte 271 ff zit. nach. Fritz H. Hermann, Der Verein für jüdische Altertümer in Friedberg in der Wetterau (1892-1905), in: Wetterauer Geschichtsblätter, Bd. 11, Friedberg 1962, S. 70 f.
129 *Oberhessischer Anzeiger* vom 26. Mai 1892.

130 alle Zitate aus: *Oberhessischer Anzeiger* vom 16 September 1892.
131 Vgl. Fußnote 130.
132 *Allgemeine Zeitung des Judentums* vom 31. März 1893, S. 3.
133 Satzung des *Vereins für jüdische Altertümer* (undatiert), vgl. Herrmann, Verein, 1962, S. 68f.
134 Ebd. S. 69.
135 Aus Anlass des 750jährigen Jubiläums der Mikwe 2010 wurde dieses Datum relativiert. In einer Vortragsreihe im Rahmen der „Sommeruniversität" der Evangelischen Kirchengemeinde Friedberg und einem Symposion wurden zur Entstehung, Baugeschichte und rituellen Bedeutung dieser Monumentalmikwe eine Reihe bislang unbekannter Details referiert. Hierzu soll eine entsprechende Sammelpublikation in nächster Zeit erscheinen. In diesem Zusammenhang hielt der Verfasser dieses Beitrages einen bislang noch nicht veröffentlichen Vortrag mit dem Titel *Garanten des Wohlstandes -Zur Geschichte der Friedberger Juden im Mittelalter* zu den wirtschaftlichen, religiösen und gesellschaftlichen Hintergründen, die zu der Errichtung der Mikwe Mitte des 13. Jahrhunderts und zu ihrer Wiederentdeckung als baugeschichtliches Monument durch H. Ehrmann am Endes 19. Jahrhunderts geführt hatten.
136 Diesen Eindruck legt der Aufsatz von Fritz H. Herrmann, Der Verein für jüdische Geschichte und Altertümer in Friedberg in der Wetterau 1892-1905, in: *Wetterauer Geschichtsblätter*, Bd. 11, Friedberg 1962, S. 67-80, nahe.
137 Ebd., S. 76.
138 F. H. Herrmann gibt als Vortragenden einen Lehrer Erdmann an. In den Notizen von Heinrich Ehrmann finden sich keine eindeutigen Hinweise darauf, dass er sich mit dieser Thematik intensiv beschäftigt hat.
139 Abgedruckt ist dieser Bericht in: Quartalsblätter des Historischen Vereins für das Grossherzogtum Hessen, Neue Folge 2., Vierteljahresheft, Jahrgang 1898, II. Band, Nr. 10, S.367 f.
140 Ebd.
141 Die von ihm ausgewerteten Quellen sind infolge der Ereignisse der NS-Zeit nach 1938 verschwunden und stehen bis auf wenige Ausnahmen heute nicht mehr zur Verfügung. Vgl. Hoos „Kehillah Kedoschah" 2009 S. 20 ff.
142 Vgl. Bernhard Brilling Aus dem Archiv der jüdischen Gemeinde Friedberg Das Protokollbuch der Gemeinde, in: Wetterauer Geschichtsblätter, Bd. 14, Friedberg 1965, S.97-102, Hoos 2009 S. 173f.
143 Wie an anderer Stelle erwähnt, ist das Memorbuch im Unterschied zu den inzwischen als Quellen zur Verfügung stehenden Pinkas und Statutenbuch der Friedberger jüdischen Gemeinde erhalten, befindet sich aber in Privatbesitz und ist der Forschung nicht zugänglich.
144 Heinrich Ehrmann, Aus dem Statutenbuch (von 1684) der jüdischen Gemeinde, in: Friedberger Geschichtsblätter, Heft 1, Friedberg 1909, S. 82-93.
145 Heinrich Ehrmann, Das Judenbad zu Friedberg, in : *Jüdische Wochenzeitung für Kassel, Hessen und Waldeck*, Nr. 6, 11. Februar 1927.
146 Notizbuch 1901, S. 88.

147 Notizbuch 1898.
148 http://www.compactmemory.de/library/index.aspx
149 Vgl. Harald Lordick und Beata Mache „...nahm in Hauptsachen so entschieden das Wort". Ludwig Philippson — Rabbiner und Publizist (1811-1889), in: Kalonymos, 14. Jg., 2011, Heft 4.
150 Vgl. *Der Israelit*, 48 Jg., Nr. 5, 31.1.1908, S. 1, zit. nach nach http://compactmemory.
151 L. Ansperger (Würzburg), Aus der Geschichte einer jüdischen Schule, in: *Der Israelit*, Heft 5, 31.5.1907, S. 12 zit.:nach http://compactmemory.
152 In diesem Zusammenhang wurden exemplarisch die Beilagen der Jahrgänge 1907, 1908, 1909, 1911, 1915 ausgewertet, da deren Zugänglichkeit durch das Internet gewährleistet war.
153 Für die vielen Erwähnungen dieser Lehranstalt nur ein Beispiel: In einem am 28.2.1907 veröffentlichten, ausführlichen Bericht über die Präparandenanstalt „Talmud-Thora" in Burgpreppach heißt es am Schluss: *Dabei herrscht in der Präparandenschule ein hervorragender Geist: Fleiß und zielbewußtes Streben erfüllen Lehrer und Schüler und Erziehungsnieten gehören hier zu den S e l t e n h e i t e n , denn auch der Lässigkeiten Neigende wird mitgerissen. Möge der Talmud-Thora-Schule sich auch fernerhin das Wohlwollen weiter Kreise bewahren und zu den bisherigen Gönnern neue hinzukommen. Der Israelit*, 28.2.1907, S. 11.
154 Jakob Stoll (Seminar-Oberlehrer, Würzburg) *Der naturkundlicher Unterricht in seinem Verhältnis zur ästhetischen, ethischen und religiösen Bildung des Kindes*, in: *Erziehung und Lehre,* Pädagogische Beilage zu *Der Israelit*, Heft 1, 3.1.1907 zit. nach http://compactmemory.
155 *Der Israelit*, Heft 3, 17.1.1907 *Wo bleibt der Talmud? Eine Erwiderung und - eine Anregung,* zit nach:. http://compactmemory.
156 *Der Israelit*, Heft 9, 28.2.1907, S. 11 zit: s.o.
157 www.hadis.hessen.de/scripts/HADIS.DLL S. 1.
158 Bislang konnten keine Unterlagen zu diesem Berufsverband ausfindig gemacht werden. Nur aus den Berichten über die Jahresversammlungen dieser Interessenvertreter lassen sich einige Rückschlüsse auf Ehrmanns Rolle in diesem Verband ziehen.
159 *Der Israelit*, Heft 13, S.11 Beilage *Erziehung und Lehre.* zit nach :http://compactmemory.
160 *Infolge des noch immer den Landständen vorliegenden bekannten Gesetzentwurfs, welcher jedoch infolge des Zwiespaltes der beiden religiösen Richtungen k e i n e A u s s i c h t auf Annahme habe, konnten in diesem Jahre keine positiven Schritte ergriffen werden,* so der Zeitungsartikel über Ehrmanns Rechenschaftsbericht auf der Generalversammlung. *Der Israelit*, Nr. 13, 26.3.1908 S. 11.
161 Ebd.
162 *Der Israelit*, Heft 15, S.11, Beilage *Erziehung und Unterricht*, zit. nach http://compactmemory. Zugleich wird bedauert, dass nicht alle jüdischen Religionslehrer von der geplanten Neuregelung betroffen seien.

163 *Der Israelit*, Heft 3, 21.1.1909, S.12 Beilage *Erziehung und Lehre* zit nach: http://compactmemory.
164 *Der Israelit*, Heft 43 ff., 1907. zit. nach: http://compactmemory
165 Ebd.
166 *Der Israelit*, Heft 29, 16.7.1908, S. 29 und Heft 33, 13.8.1908, S. 12, Heft 37, 10.9.1908, S. 13, Heft 39, 24.9.1908, S. 21, Heft 49, 10.12.1908, S. 12 Beilage *Erziehung und Lehre* zit. nach: http://compactmemory.
167 *Der Israelit*, Heft 20, 14.5.1908, S.13. Bericht über die Jahresversammlung der Unabhängigen israelischen Lehrer im Großherzogtum Hessen 1907, Beilage *Erziehung und Lehre* zit nach: http://compactmemory.
168 *Der Israelit*, Heft 19, S. 1 und http://compactmemory.
169 Erstmals: in: *Erziehung und Lehre* Pädagogische Beilage zum *Israelit*', Heft 3, 17.1.1907, S. 11.
170 Vgl. *Der Israelit*, Heft 47, 26.11.1908, Heft 49, 10.12.1908, S. 11 und im Folgenden öfter im Jahrgang 1909 zit nach: http://compactmemory.
171 Vgl.:*Der Israelit,* Heft 7, 18.2.1909, S. 11, S.13 Beilage *Erziehung und Lehre* zit nach:http://compactmemory.
172 *Der Israelit,* Heft 13, S.11 Beilage *Erziehung und Lehre,* zit. nach: http://compactmemory. Ähnliches hatte Ehrmann in seinen Notizbüchern seit 1884 immer wieder aufgeschrieben.
173 Ebd.
174 Vgl. hierzu einen entsprechenden Bericht über die 2.Generalversammlung des *Bundes gesetzestreuer jüd. Lehrer Deutschlands* am 27.Jan. 1907, in: *Der Israelit,* 1907.
175 Vgl.: *Der Israelit,* Heft 47, 21.11.1907, S. 10, zit nach:http://compactmemory.
176 *Der Israelit,* Heft 27, 2.7.1908, S. 14, zit. nach: http://compactmemory.
177 *Der Israelit,* 1907, Nr. 22, 30.5.1907, S. 12, Beilage *Erziehung und Lehre,* zit. nach http://compactmemory. Karl Backes war der Sohn von Georg Karl Backes, Volksschullehrer (*22.6.1805 in Steinfurt in der Wetterau). 1897 veröffentlichte Karl Backes unter dem Pseudonym Ernst Frei *Erinnerungen aus der Jugendzeit eines Volksschullehrers zu Anfang dieses Jahrhunderts.* Er selbst engagierte sich über viele Jahre mit Erfolg in der Interessenvertretung der Hessischen Lehrer. Am 12.11.1909 verstarb Rektor Karl Backes. Vgl. Heinrich Schmeel, „Backes, Georg Karl", in: Hessische Biographien, Bd. 1, Darmstadt 1918, S. 44.
178 Hessisches Lehrerbuch, Teil 4, Darmstadt 1951, (Hassia sacra, Bd. XII): Ich danke Frau Glinka-Rack, Stadtarchiv Friedberg, für diese Recherche.
179 *Der Israelit,* 1907, Nr. 22, 30.5.1907, S. 12, Beilage *Erziehung und Lehre,* zit. nach: http://compactmemory.
180 Ebd.
181 Ebd. Heft 39 S. 13.
182 Ebd.
183 a.a.O. S. 14 Zum Begriff: Schiur: **Shiur** (Hebrew: שיעור, pronounced "*shee-ur*", pl. **shiurim**, שעורים) is a lesson on any Torah topic, such as Gemara, Mishnah, halakha, Tanakh, etc.

184 a.a.O.
185 *Der Israelit,* Heft 51, 24.12.1908, S. 9.
186 *Der Israelit,* Heft 23, 8.6.1911, S.11.
187 *Der Israelit,* Heft 48, 30.11.1911, S. 11.
188 *Der Israelit,* Heft 26, 17.10.1909, S. 12.
189 Vgl. hierzu die folgenden Ausführungen in der Beilage *Erziehung und Lehre. Unsachliche Polemik* (wahrscheinlich von H. Ehrmann aufgrund eigener Erfahrungen verfasst): *Der definitiv angestellte Lehrer muß mindestens Sitz und Stimme in der Verwaltung besitzen , und wir sind überzeugt, daß er auch in Verwaltungsangelegenheiten mindestens ebensoviel Einsicht an den Tag legt, wie seine Amtskollegen, Gevatter Viehhändler und Krämer,* in: *Der Israelit,* Heft 41, 12.12.1909, S. 13.
190 Eintragung in Heinrich Ehrmanns Notizbuch 1898.
191 Heinrich Ehrmann *Ein wunderlicher Einheitsapostel,* in: *Der Israelit,* Heft 9, 4.3.1909, S. 10 f. Zum Begriff des Misrachi:**Misrachi** (miza i, hebr. המזרחי *Ha-Mizrahi,* Akronym für *Merkaz Ruhan*i, d.h. „Religiöses Zentrum", oder Misrach „Osten") ist eine am 5. März 1902[1] in Wilna von Rabbi Isaac Jacob Reines (1839–1915) gegründete orthodox-zionistische Bewegung. (http://de.wikipedia.org/wiki/Misrachi) Im Februar 1902 gründete sich diese Gruppierung als eine orthodoxe Gruppe innerhalb der zionistischen Weltbewegung. Vgl. auch: Friedrich Battenberg, Das europäische Zeitalter der Juden, Bd. 2, Darmstadt 1990 S. 223, 225.
192 Ebd.
193 *Der Israelit,* Heft 12, 30.3.1911, S. 12 f.. In einem Bericht über die Generalversammlung des *Bundes gesetzestreuer jüdischer Lehrer* aus dem Jahre 1911 verweist er ausdrücklich auf seine *33 Jahre, die wir bisher im Lehrerleben stehen. Der Israelit,* 8.6.1911, S. 12.
194 Ebd.
195 Ebd.
196 Ebd.
197 Ebd.
198 Ebd.
199 So, in: *Der Israelit,* Heft 23, 6.7.1911, S. 13 und Heft 27, 6.8.1911, S. 12.
200 *Der Israelit,* 8.6.1911, S. 11.
201 Hoos 2009, S. 180.
202 *Der Israelit,* Heft 2, 1915 S. 11.
203 Ebd.
204 *Der Israelit,* Heft 6, 4.2.1915, S. 10.
205 Das Notizbuch von 1914 ist wie auch die vorhergehenden strukturiert: *Jüdisches,* S.66 ff., *Pädagogik* S. 65 f., 84 f., *Predigt,* S. 67 f., *Gelesen,* S. 60 u.a., *Volkskunde,* S. 55 f.. Das Kriegsgeschehen und die Nachrichten aus der Gemeinde (Geburten, Todesfälle) sind verstreut, ebenso die für diesen Abschnitt aufschlussreichen Notizen zum Ersten Weltkrieg und der wirtschaftlichen Situation. Besonders aufschlussreich ist der Stammbaum mütterlicherseits und väterlicherseits, der bis

zum Beginn des 19. Jh. zurückreicht und die weitverzweigten Familienbande, die bis in die USA reichen, enthält. Viele Seiten sind gefüllt mit Notizen zu Vereinseinnahmen, aber auch offensichtlich Aufstellungen über verliehenes Geld.

206 Notizbuch 1914, S. 14, 28.
207 Zum *Central-Verein Deutscher Staatsbürger jüdischen Glaubens* und zu dessen Ortsgruppe Friedberg-Bad Nauheim, die ab 1914 nachweisbar ist, sowie dem Zusammenhang mit Ehrmanns eher indirektem Engagement gegen den Antisemitismus vgl. Exkurs 2.
208 Friedrich Battenberg, Das Europäische Zeitalter der Juden, Bd. II, von 1650-1945 S. 245.
209 zit. nach M. Lowenstein, Paul Mendes-Flor, Peter Pulzer und Monika Richarz, Deutsch-jüdische Geschichte in der Neuzeit, 1871-1918, S. 361.
210 Friedrich Naumann (1860-1919) gehörte, obwohl ursprünglich Monarchist, zu den Befürwortern eines sozialen Liberalismus. Er stand den überzogenen Kriegszielen der kaiserlichen Heeresleitung (OHL = Oberste Heeresleitung unter Hindenburg und Ludendorff) skeptisch gegenüber und gehörte später dem Ausschuss zur Vorberatung eines Verfassungsentwurfes für die Weimarer Republik an. Er war bis zu seinem Tod der erste Vorsitzende des neugegründeten *Deutschen Demokratischen Partei*.
211 Notizbuch S. 92.
212 Battenberg, S. 246.
213 Lowenstein u.a. a.a.O., S. 368.
214 Notizbuch 1914 S. 92.
215 Das englische Passagierschiff „Lusitania", am 29.7. 1907 als drittgrößter Passagierdampfer im Dienst der Reederei Cunard, wurde am 7. Mai 1915 von dem deutschen U-Boot U 20 versenkt. Dabei kamen 1200 Passagiere ums Leben, darunter 128 US-Amerikaner. Infolge dieses Zwischenfalls wurde in Rücksicht auf die Neutralität der USA der uneingeschränkte U-Boot-Krieg durch die Deutsche Seekriegsleitung bis zum Kriegseintritt der USA 1917 eingeschränkt. („Lusitaniaaffäre").
216 Notizbuch 1914 S. 42.
217 Vgl. Den Gedenkstein im Judenbad zu Friedberg, für dessen Errichtung in der Synagoge sich H. Ehrmann eingesetzt haben dürfte. *Friedberger Zeitung* und *Oberhessischer Anzeiger* vom 6. Februar 1932.
218 In der zugrundeliegenden Aufstellung über die Gefallenen sind zu Max Simon und Baruch Weismann keine Daten enthalten.
219 Vgl. http://www.alemannia-judaica/friedberg_synagoge.htm S.4 f. Die dort angegebenen Namen und Daten stimmen nicht mit denen auf dem im Judenbad später aufgestellten Gedenkstein und der von dem Bürgermeister und Vorsitzenden des Kriegerehrungs-Ausschusses Dr. Seyd überein. Außerdem sind folgende in Friedberg geborene Juden gefallen: Vizefeldwebel Heinrich Fürth (geb. 12.3.1893 in Friedberg, vor 1914 in Leipzig wohnhaft, gef. 2.6.1916), Vizewachtmeister Wilhelm Fürth (geb. 29.7.1889 in Friedberg, vor 1914 in Leipzig wohnhaft, gef. 21.6.1916), Sally Mainz (geb. 27.1.1880 in Friedberg, vor 1914 in Bad Orb wohnhaft, gef. 25.9.1915?), Friedrich Schott (geb. 7.11.1888 in Fried-

berg, vor 1914 in Burggräfenrode wohnhaft, gef. 9.4.1918).
220 Am 1. November wurde staatlicherseits eine statistische Erhebung zum Anteil der Juden an allen Soldaten des deutschen Heeres angeordnet. Durch sie sollte u.a. die Zahl der kriegstauglichen, an der Front dienenden, verlegten, unabkömmlich gemeldeten, zurückgestellten und gefallenen jüdischen Wehrpflichtigen ermittelt werden. Sie ging auf einen Erlass des preußischen Kriegsministers Adolf Wild von Hohenborn vom 11. Oktober 1916 zurück. Mit dieser „Judenzählung" sollte der im deutschen Offizierskorps verbreitete Antisemitismus und die von antisemitischen Verbänden, Parteien und Medien damals verstärkte Propaganda, die Juden seien „Drückeberger", die sich dem Waffendienst an der Front mit allen möglichen Ausreden entzögen und davon unverhältmäßig oft befreit würden, statistisch erhärtet werden. Die Ergebnisse der Umfrage wurden bis zum Kriegsende nicht veröffentlicht. Das verstärkte die Ressentiments gegen jüdische Kriegsteilnehmer erheblich. Die dieser statistischen Untersuchung zugrundeliegende Hypothese, basierend auf einem antisemitischen Vorurteil, blieb nicht ohne Folgen auf die Einstellung der Juden in Deutschland. 1922 stellte sich nach einer genauen Untersuchung heraus, das mit 17,3% anteilig ebenso viele deutsche Juden wie Nichtjuden zum Kriegsdienst eingezogen waren, obwohl aus Alters- und Berufsgründen nur 15,6% der Juden wehrpflichtig gewesen waren. 77 Prozent von ihnen hatten an Fronteinsätzen teilgenommen. Die Zahl der Gefallenen entsprach dieser prozentualen Beteiligung der deutschen Juden an dem Kriegsgeschehen. Vgl. Jacob Segall, Die deutschen Juden als Soldaten im Kriege 1914-1918, Berlin 1922, S. 11 ff. Eine Vergleichstabelle ist abgebildet bei Jacob Rosenthal, „Die Ehre der jüdischen Soldaten". Die Judenzählung im Ersten Weltkrieg und ihre Folgen, Frankfurt a.M. 2007, S. 119.
221 Notizbuch 1914, S. 35.
222 Notizbuch 1914 S. 39 ff..
223 Die in dem folgenden Exkurs erstmals in diesem Rahmen ausgewerteten Archivalien stammen aus The Wiener Library for the Study of the Holocaust and Genocide in London und dem Wiener Library Institute of Contemporary History, London. Die Korrespondenz des *Centralvereins* wurde erst vor wenigen Jahren in Moskau wiederentdeckt. Den Hinweis auf diese Archivalien verdanke ich Monica Kingreen. Der Bestand zu Friedberg, den mir der Direktor Howard Folkeson in Kopie zur Verfügung gestellt hat, findet sich unter „Korrespondenz mit dem CV-Landesverband Hessen-Nassau und Hessen" Friedberg 55. Im Folgenden werden nur die jeweiligen Briefe, aus denen die Zitate stammen, angegeben. Sie finden sich in dem Bestand unter der angegeben Nummer.
224 Brief vom 14 .1.1914 an den *Centralverein.*
225 Anschreiben an F. Krämer vom 5. und 16. Febr. 1914.
226 Schreiben vom 28. Januar 1920.
227 Schreiben F. Krämer vom 20. Februar 1920.
228 Schreiben vom 9. April 1920.
229 Schreiben vom 14. April 1920.
230 Schreiben vom 18. April 1920 an Dr. H. Stahl Bad Nauheim.

231 Schreiben vom 1. Dezember 1920.
232 Schreiben vom 23. Mai 1921.
233 Schreiben des Landesverbandes vom 3. Juni 1921 S. 1.
234 Ebd., S. 2.
235 Ebd.
236 Brief vom 18. Juni 1921 an den *Centralverein* in Berlin.
237 Aktennotiz vom 25. Juli 1921.
238 Schreiben vom 10. August 1921.
239 Schreiben des Landesverbandes an Sanitätsrat Dr. Hirsch vom 30 August 1921, S. 1.
240 Schreiben des *Centralvereins* Berlin vom 19. August 1921 an Dr. med. Max Mainzer.
241 Schreiben von Hirsch an den Landesverbandsvorsitzenden Dr. Mainzer vom 4. (1) 9.1921.
242 Brief von Mainzer an den *Centralverein* in Berlin vom 18. November 1921.
243 Brief des Landesverbands an Ferd. Krämer vom 27. Dezember 1921.
244 Abschrift aus dem Versammlungsprotokoll des *Centralverein deutscher Staatsbürger jüdischen Glaubens, Ortsgruppe Friedberg-Bad Nauheim* vom 9.2.1923.
245 Mitteilung des Landesverbands an den *Centralverein* in Berlin vom 14. Febr. 1923.
246 Aktennotiz vom 9. Dezember 1929.
247 Ebd.
248 Aktennotiz Friedberg Hessen vom 31. März 1930.
249 Aktennotiz Friedberg vom 17. Februar 1932.
250 Schreiben des *Centralvereins* an Max Grünebaum vom 4. März 1933.
251 Zur Familie Buchsweiler: vgl. Hoos, 2009 S. 151 ff.
252 Es handelt sich um eine Einrichtung, die sich um durchreisende, teilweise auch Obdachlose Juden zu kümmern hatte.
253 Im Jahre 1924 war der Sabbath ki-tissa am 23. Februar 1924 (Auskunft Dr. A. Rosenthal).
254 *Der Israelit* vom 27. März 1924 zit. nach: httt:// www.. alemannia-judaica.de/ friedberg_synagoge.htm. S.18f.
255 Ebd.
256 Ebd.
257 Tagebucheintragung aus dem Jahr 1893.
258 *Der Israelit* vom 4. März 1926, zit. nach: httt:// www.alemannia-judaica.de/ friedberg_synagoge.htm. S. 20.
259 Es würde in diesem Zusammenhang zu weit führen, diese Listen hier wiederzugeben. Im Wesentlichen handelt es sich um die aus Friedberg stammenden Familien Griedel, Hanau, sowie Meng (Menk), Offenbach, von denen die Familien Griedel, Hanau und Offenbach in der Gemeinde im 18. und 19. Jahrhundert Führungsrolle innehatten.
260 *Oberhess. Anzeiger* Nr. 297, 17. Dezember 1928, Beilage.

261 Es handelt sich um Band 6 dieses Werkes, Berlin 1930, Spalte 1173/74.
262 „Friedberg" in: Encyklopaedia Judaica. Das Judentum in Geschichte und Gegenwart. 6. Band, Berlin 1930, S.1173 f: Der Artikel enthält als Autorenangabe die Initialien von **Heinrich Ehrmann**.
263 Brief von A. Rosenthal an den Verfasser, Jerusalem 15. Januar 2012.
264 Mitschrift eines von Deborah Gros Tirat Tsvi, Bet Sh'an, Israel, korrigierten und autorisierten Interviews aus dem Jahre 1991 sowie Telefongespräch vom 27. Juni 2012. Die Bezeichnung „Rabbiner" für Ehrmann zeigt die tiefe Verehrung, die er zu diesem Zeitpunkt als Lehrer in der Gemeinde genoss. (Privatarchiv Hoos).
265 *Der Israelit* vom 1. April 1931, zit. nach: htttp:// www.alemannia-judaica.de/friedberg_synagoge.htm. S. 41. Irrtümlicherweise wird das Datum bei der Hebräischen Umrechnung falsch angegeben, wenn es dort heißt: 1. Adar = 27. Februar 1933!) In dem Nachruf wird nicht darauf eingegangen, dass sie vor ihrer Hochzeit vom Christentum zum Judentum übergetreten war, was nicht gegen die begründete Vermutung spricht, dass sie aus einer christlichen Familie stammte, sich aber vorbehaltlos ihrem Ehemann folgend, dem Judentum angeschlossen und in der jüdischen Gemeinde engagiert hatte.
266 Ebd.
267 Ebd.
268 *Der Israelit,* 15. Okt. 1931. Siegfried Rosenthal „Die Harmonie der Persönlichkeit. Worte der Erinnerungen an meinen Lehrer Herrn H. Ehrmann". Auch diesen Text verdanke ich S. Leopold.
269 Notizbuch 1926 (S. 58 f.).
270 *Trauerfeier für Lehrer Heinrich Ehrmann – das Gedenken an den Gerechten ist zum Segen. Der Israelit,* 24. September 1931. htttp://www.alemannia-judaica.de/burgpreppach-jahresbericht.htm S. 5.
271 Ebd.
272 Ebd.
273 Ebd., S. 6.
274 Ebd.
275 Dipl. Bibl. Walburga Glinka-Rack danke ich für die Ermittlung der vorliegenden Daten aus den An- und Abmelderegistern der Stadt Friedberg aus den Jahren 1875-1902 und 1902-1925.
276 Gedenkbuch Bd. I, S. 646. Bundesarchiv, 2. Aufl., Koblenz 2006.
277 Abraham Ehrmann, Diarium II, Gesch.d. engl .. A Ehrmann phil. Central Archiv of the History of the Jewish People, Inv. 6638, erhalten von A. Rosenthal.
278 Vgl.: http://www.alemannia-judaica.de/burgpreppach_snyagoge.htm. S. 4. Dort wird Sarko Ehrmann aus Burgpreppach (*1882) als Opfer des Holocaust aufgeführt. Geburtsjahr und Name stimmen mit Ehrmanns ältesten Sohn Sarko (auch Saki) überein.
279 Zu denken wäre an die Benennung einer Straße und die Aufstellung einer Gedenktafel im Judenbad.

Ein *Schüler der Kunst* und der literarische Markt
Siegfried Schmid aus Friedberg (1774 – 1859)

Ludwig Fertig

I Glänzende Aussicht

Am 24. Juli 1797 erhielt Schiller von einem gewissen Siegfried Schmid einen Brief, der mit der Frage begann: *Darf der Schüler der Kunst die Bitte um Zutritt in die Gesellschaft der Meister wagen?* In dem Schreiben aus der Reichsstadt Friedberg, das in der einschlägigen Literatur über Schmid nicht zu Kenntnis genommen bzw. nicht adäquat verwertet wurde, obwohl es seit 1925 gedruckt vorliegt,[1] bittet dieser *Schüler der Kunst* darum, die beigefügten *ersten jugendlichen Versuche in der Dichtkunst* zu prüfen und möglicherweise einige Proben im *Musenalmanach* zu drucken.[2] Tatsächlich nahm Schiller vier Beiträge in seinen bei Cotta in Tübingen verlegten *Musen-Almanach für das Jahr 1798* auf,[3] was bei den – gewiss nicht zahlreichen – Lesern in und um Friedberg zum Urteil beitragen konnte, ihr *Siegfried Schmidt* – so die Schreibweise im Almanach – sei ein hoffnungsvoller kommender Dichter. *Sängers Einsamkeit* zwischen Schillers *Ring des Polykrates* und Goethes *Zauberlehrling* – welch ein Ereignis!

Unmittelbar nach Schmids Bitte um Aufnahme in den Almanach hatte Schiller an Goethe geschrieben, es habe sich *ein neuer Poet gemeldet, der endlich einmal etwas besseres verspricht,* und recht vorschnell ein Urteil gewagt: *Er sitzt zu Friedberg bei Frankfurt, heißt Schmidt, und wie ich aus seinem ganzen Habitus schließe, muß er recht in der wilden Einsamkeit und vielleicht in einer niedern Kondition leben. Aus einigen Proben, die ich beilege, werden Sie sehen, daß an dem Menschen etwas ist, und daß aus einer rauhen, harten Sprache echte, tiefe Empfindung und ein gewisser Schwung des Geistes herausblickt. Wenn dieser Halbwilde seine Sprache und den Vers recht in der Gewalt haben und sich eine äußre Anmut zu einem innern Gehalte verschafft haben wird, so hoffe ich, für die künftigen Almanache eine Acquisition an ihm zu machen.*[4] Goethe gab umgehend ein nicht ganz eindeutiges Plazet: *Der neue Dichter ist recht brav, und es wäre mir angenehm, ihn kennen zu lernen, Sie verbessern vielleicht hie und da noch eine Kleinigkeit, nur um der Klarheit willen, seine Einsamkeit und Enge sieht man ihm freilich an.*[5] Nun erst signalisierte Schiller sein Wohlwollen gegenüber dem *Schüler der Kunst* und schrieb nach Friedberg, den Umstand andeutend, dass zu viele Leute mit minderen Produkten auf den literarischen Markt drängten: *Unter den vielen Gedichten, die der Fleiß der deutschen Musen täglich zeugt und für die Almanache einschickt, ist die Erscheinung eines Mannes von ächtem Beruf und Talent eine eben so seltene als erfreuende Erscheinung. Das waren mir Ihre Gedichte, Werthester; ich erkenne darin das Gepräge wahrer Empfindung und die Grazie eines schönen Gefühls.*[6]

Schiller konnte seinen ersten Eindruck, dass der neue Almanach-Autor *recht in der wilden Einsamkeit und vielleicht in einer niedern Kondition* lebte, nach dem Empfang eines weiteren Briefes, vom 13. August – ebenfalls von der Forschung nicht zur Kenntnis genommen – [7] überprüfen. Schmid schilderte darin seinen Werdegang und sparte nicht mit Kritik an den Friedberger Zuständen sowie mit geringschätzigen Urteilen über die beschränkte Vaterwelt: *Mit dem guten Willen meines Vaters seinen beyden Söhnen (ein jüngerer Bruder ist in einer auswärtigen Handlung) die nach seinen Einsichten beste Erziehung zu geben, stand die hier gänzlich fehlende Gelegenheit dazu, im Widerspruch. Er ist Kaufmann (man weiß, wie unbedeutend gewöhnlich die Geschäfte eines solchen, in kleinen Städten sind) hat ein sehr mittelmäßiges Vermögen, und steht in dem öffentlichen Amte eines Mitglieds des hiesigen Schöffen-Raths.*[8] Im Gegensatz zu dieser doch recht distanzierenden Kennzeichnung ist freilich hervorzuheben, dass der Kolonialwarenkaufmann Wilhelm Ludwig Schmid ein überaus angesehener Friedberger Bürger und von 1783 bis 1798 viermal Erster Bürgermeister war.[9] Nebenbei bemerkt: Zu dem Umstand, dass sein Vermögen mittelmäßig blieb, hatte auch sein Sohn Siegfried beigetragen, der über Jahre vom väterlichen Geldbeutel lebte und sich nie mit der bürgerlichen Erwerbswelt anfreunden konnte. Dieser fuhr in seinem in Briefform verfassten Lebenslauf fort: *Meine öffentliche Bildung in der hiesigen sogenannten lateinischen Schule, wurde durch zwey völlig unwissende Unterlehrer und einen 80jährigen Pedanten, der Rektor war, und das einzige Verdienst hatte, ein ziemlich gutes Exerzitium aus dem Deutschen ins Lateinische zu übersetzen, bis*

Ein *Schüler der Kunst* und der literarische Markt – Siegfried Schmid aus Friedberg

zu meinem Weggang nach der Universität, geleitet.[10] Dieser *Pedant* Ludwig Ernst Langsdorff, der den Sohn des „Schöff" Schmid von 1784 bis 1792 unterrichtete, hatte über Jahrzehnte mit beachtlicher Wirkung den Niedergang des Friedberger Schulwesens befördert;[11] Siegfried Schmids Kritik war keineswegs übertrieben.

Gegenüber Schiller deutete er in dem Brief vom 13. August sein Leiden an der Enge des gutbürgerlichen Milieus an: *Die häusliche Erziehung war ein ununterbrochener sklavischer Zwang zur Beobachtung jeder kleinsten Regel des Wohlstandes.* Aber er hielt doch auch fest, dass Vater Schmid sehr wohl kunstsinnig war: *So reimte er auch bey allen traurigen und frölichen Familienveranlassungen; ich that dasselbe, las frühe unsere Dichter, worunter Klopstok mein Liebling war [...]* Er hätte noch erwähnen können, dass „Schöff" Schmid, der treue Reichsstädter, öffentlich mit beeindruckenden Festdichtungen bei den Kaiserfeiern 1790 und 1792 hervorgetreten war.[12]

Wichtig für das Verständnis des Folgenden ist Siegfried Schmids Bemerkung über die Berufswahl bzw. über die Hindernisse einer Wahl: *In meinem 17ten Jahre sollte ich nach Giesen gehn, und war, durch religiöse Schwärmerei meines Vaters, prädestinirt, Theologie zu studiren. Ohnerachtet ich selbst als Kind von 12 Jahren in seeligen religiösen Schwärmereien, mit meinem Vater eine Art von pietistischen Versammlungen bey einem hiesigen Prediger besuchte, so hatte ich doch stets eine Abneigung gegen die Theologie, daß ich sogar (das viel war) dies meinem Vater einmal erklärte. Er wurde sehr aufgebracht, und troz der Gewohnheit des unbedingtesten Gehorsams ohne alle Gegenvorstellung, machte ich einige heimliche Versuche bey Verwandten, um eine andere Laufbahn anzutreten, die aber misglükten.* Schmid fügte noch hinzu:

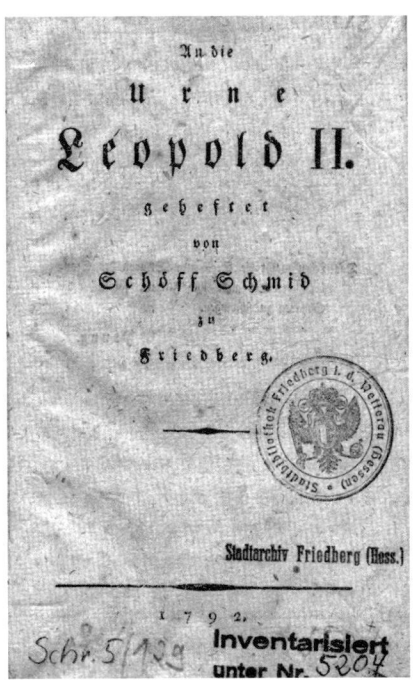

Abb. 1: Titelblatt des Gedichts von Schöffe Wilhelm Schmid anlässlich des Todes von Kaiser Leopold II. 1792: Stadtarchiv Friedberg: Sondersammlung Wetterau DF 400 1034

135

Ich gieng nach Giesen ohne alle Anleitung, wie zu studiren, that eigentlich dort nichts [...] Damit bricht die Handschrift ab. Er wird in der Folge dem verehrten Schiller von seinen Jenenser Studien, die bis 1795 dauerten, berichtet haben. Gewiss schrieb er auch davon, dass er sich neben dem geforderten Theologiestudium mit Vorliebe der Philosophie verschrieben und bei Reinhold und dann bei Fichte gehört hatte. Allerdings ist nicht davon auszugehen, dass er auch erwähnte, wegen eines Duells relegiert worden zu sein! Es war die Zeit, als sich Goethe von Amts wegen mit den Unruhen in der Jenenser Studentenschaft befassen musste.[13]

Dieses einschneidende Erlebnis und der mit ihm verbundene wenig ruhmreiche Abschied von Jena – von der älteren Forschung übersehen – kamen dem Wunsch des Vaters nach einer unspektakulären Integration in die reichsstädtische Bürgergesellschaft nicht gerade entgegen. Ob die Bekanntschaft mit den Lehren Reinholds und Fichtes und die damit einhergehende Rezeption der kritischen Philosophie Kants bei einer Wiedereingliederung geholfen hätte, darf ohnehin bezweifelt werden.

Siegfried Schmid scheint zunächst einmal, mit knapp 21 Jahren, das häusliche Leben eines Privatgelehrten geführt zu haben. Man wird an einen anderen jungen Mann erinnert, der sich, 23 Jahre alt, gegen das Ansinnen sperrte, einen solid-bürgerlichen Weg zu beschreiten und der einem besorgten Ratgeber bedeutete: *Das Leben ist eine mißliche Sache, ich habe mir vorgesetzt, es damit hinzubringen, über dasselbe nachzudenken.* Es war Arthur Schopenhauer, der dies 1811 gegenüber Wieland erklärte.[14] Aber Friedberg war nicht Weimar und vor allem Schmid kein Schopenhauer. Allerdings: Um welche einträgliche Stelle hätte sich Schmid von 1795 bis 1797 bemühen können, in einer Zeit, als der Krieg tobte und die Wetterau mit Friedberg Schreckliches erlitt? Blieb nicht die Hoffnung auf eine Existenz als freier Schriftsteller?

II Die Prüfung

Kurz vor Antritt seiner dritten Schweizer Reise, die ihn auch in seine Heimat führte, erhielt Goethe von Schiller den Hinweis: *Ich habe meinem neuen Friedberger Poeten Schmid und auch Hölderlin von Ihrer nahen Ankunft in Frankfurt Nachricht gegeben, es kommt nun darauf an, ob die Leutchen sich Mut fassen werden, vor Sie zu kommen. Es wäre mir sehr lieb, und auch Ihnen würden diese poetischen Gestalten in dem prosaischen Frankfurt vielleicht nicht unwillkommen sein.*[15] Die *poetischen Gestalten* fassten sich in der Tat Mut und unterzogen sich einer eingehenden Begutachtung. Schmid erschien zur Prüfung am 8., *Hölterlein*, so Goethes Schreibweise, am 22. August.[16]

Es ist davon auszugehen, dass sich Goethe bei der Präsentation des Siegfried Schmid aus Friedberg – in der Wohnung Katharina Goethes am Roßmarkt angesichts der Hauptwache – an seine Begegnungen in und mit Friedberg erinnerte:[17] 1772 waren *im leidigen Friedberg,* wie er damals an Kestner schrieb, Reparaturarbeiten an einem teilweise der Familie Goethe gehörenden Haus zu überwachen,[18] 1774 hatte er hier einige Tage vergeblich auf den durchreisenden Klopstock gewartet, wie man aus *Dichtung und Wahrheit* weiß,[19] 1779 mit Carl August und dem Kammerherrn von Wedel auf der Reise in die Schweiz in Friedberg gerastet.[20] Auch der Umstand war ihm gewiss präsent, dass er einst in *Wilhelm Meisters Theatralischer Sendung* einen Abschied aus der kleinbürgerlichen Welt reichsstädtischer Beschränktheit geschildert hatte: Benedikt Meister, Bürger und Handelsmann in einer mittelgroßen Reichsstadt, repräsentierte hier bereits eine Konstellation, die auch Siegfried Schmid erfuhr – für Goethe wohl ein Déjà-vu-Erlebnis der besonderen Art.

Mit Herzpochen ging ich über seine Schwelle, schrieb Hölderlin 1795 an den Freund Neuffer, als er Goethe in Weimar aufwartete.[21] Ähnlich dürfte es Siegfried Schmid an jenem denkwürdigen 8. August 1797 ergangen sein, als er den auch auf der Reise Vielbeschäftigten besuchen konnte. Goethes Urteil gegenüber Schiller am nächsten Tag beendete die Hoffnung auf eine Teilhabe des jungen Friedbergers am gehobenen Literaturleben mit einem Schlag: *Schmid von Friedberg ist bei mir gewesen, es war*

Abb. 2: Siegfried Schmid im Alter von 65 Jahren im Jahr 1839. Ölbild von Friedrich von Wendt, München. Aus dem Besitz von Prof. Eugen Günther, München. Foto: Ludwig Schmidt, Friedberg. Stadtarchiv Friedberg: Fotosammlung

keine unangenehme, aber auch keine wohltätige Erscheinung. Im ganzen ein hübscher junger Mensch, ein kleiner Kopf auf mäßigen Schultern, treffliche Schenkel und Füße, knapp, reinlich, anständig nach hiesiger Art gekleidet. Die Gesichtszüge klein und eng beisammen, kleine, schwarze Augen, schwarze Haare, nahe am Kopf sansculottisch abgeschnitten.[22] Doch schwerer als der Hinweis auf das *Sanculottische* dieser Erscheinung wog der Eindruck von starrsinniger Überheblichkeit: *Aber um die Stirne schmiedete ihm ein ehernes Band der Vater der Götter,* fuhr Goethe fort. Er zitierte damit aus seiner *Iphigenie,* die Stelle –I/3–, wo es um die Vermessenheit der Tantaliden geht, sich mit den Göttern gleichstellen zu wollen. In der Prosafassung heißt es: *Zwar die gewaltige Brust und das Mark der Titanen erbten Söhne und Enkel, doch um die Stirne schmiedete ihnen ein ehernes Band der Vater der Götter. Mäßigung, Rath und Weisheit war ihnen verborgen.* Die Jamben-Fassung lautet: *... doch es schmiedete / Der Gott um ihre Stirn ein ehern Band. / Rat, Mäßigung und Weisheit und Geduld / Verbarg er ihrem scheuen düstern Blick.* Das war deutlich genug. Goethe fällte nach dieser kurzen Begegnung mit erstaunlicher Selbstsicherheit und auch Bedenkenlosigkeit sein Urteil, offenbar ohne zu erwägen, dass sie für Schmid eine Prüfungssituation bedeutete und er womöglich seine Unsicherheit durch unangemessene Forschheit überspielte.[23]

Goethe selbst erschien ja nicht wenigen Zeitgenossen als ferner *Gott*. Auch Schiller, vor dem berühmten Bund mit dem *Olympier*, hatte sich gegenüber Freund Körner in diesem Sinne Luft geschaffen: *Er macht seine Existenz wohlthätig kund, aber nur wie ein Gott, ohne sich selbst zu geben.*[24] Herder, der Superintendent, hatte wenig später aus Italien in durchaus unchristlicher Weise in einem Brief an seine Karoline bemerkt: *Hole der Henker den Gott, um den alles rings umher eine Fratze sein soll, die er nach seinem Gefallen brauchet.*[25] Jean Paul, ein Jahr vor Schmids Visite zu Gast bei Goethe, schrieb dem Freund Christian Otto: *...endlich trit der Gott her, kalt, einsylbig, ohne Akzent. Sagt Knebel z.B., die Franzosen ziehen in Rom ein. 'Hm!' sagt der Gott,*[26] drei Jahre später berichtete er an Friedrich Heinrich Jacobi, Goethe sei *Gott gleich, der nach Pope eine Welt und einen Sperling mit gleichem Gemüthe fallen sieht;*[27] Friedrich Schlegel sprach 1798 von der Meinung, *daß Goethe kein ganzer Mensch sey, daß er aber wie ich behaupte theils ein Gott theils ein Marmor ist.*[28] Andere Belege für das Erlebnis des *Gottes* Goethe wären anzuführen.

Und mit diesem wollte sich die nachfolgende Dichtergeneration messen,[29] und nicht zuletzt: sie musste sich messen lassen. So schrieb z.B. Christian Gottfried Körner dem Freund Schiller Ende 1797 über einen Beitrag Schmids im *Mu-*

senalmanach: Das Gedicht: Sängers Einsamkeit zeigt Talent und Empfindung. Nur wird man zu sehr an einige Lieder des Harfners im Meister erinnert, und diese Vergleichung hält es nicht aus.[30] Und die jungen Poeten hielten ihre Situation nicht aus, wenn, wie es bei Schmid der Fall war, der *Gott* sein *Hm!* gesprochen hatte.

Für dessen Reserviertheit gegenüber dem Besucher aus Friedberg waren durchaus subjektive Eindrücke maßgebend. Goethe notierte noch *wunderliche Verzerrungen* des Mundes, wenn Schmid seinen Aussagen Nachdruck verleihen wollte, zudem die Tatsache, *daß sich keine Spur von Streben, Liberalität, Liebe, Zutrauen an ihm offenbart.* Und: *Er stellte sich mir in dem philisterhaften Egoismus eines Exstudenten dar.*[31] Aber es gab einen anderen Grund für Goethes Vorbehalte. Den entscheidenden Hinweis findet man in einem Brief, den er wenige Monate vorher an Johann Erichson geschickt hatte, an einen dieser Jenaer Fichte-Schüler, die sich offenbar ohne solide Kenntnisse und ohne Lebenserfahrung anmaßten, ihre Weltsicht mit Hilfe der Dichtung mitzuteilen: *Sie scheinen mir in dem Irrthum zu stehen, den ich schon bey mehrern Jünglingen bemerkt habe, daß man einer Neigung zur Poesie, die man fühlt, sich ausschließlich überlassen müsse, da doch selbst dem Dichter, den die Natur entschieden dazu bestimmt haben mag, erst Leben und Wissenschaft den Stoff geben, ohne welche seine Arbeiten immer leer bleiben müßten. Nach meiner Einsicht versäumen Sie vielmehr gar nichts, wenn Sie sich dem thätigen Leben oder den Wissenschaften widmen, denn erst alsdann wenn Sie in einem dieser Kreise eine weite Bahn durchlaufen haben, werden Sie Ihres Talents gewiß werden.*[32] Man wird an diese Zeilen erinnert, wenn man in dem Schreiben an Schiller vom 9. August liest, Schmid habe vorgebracht, er habe im letzten Jahr *gewisse besondere Ansichten der Welt* gewonnen, *wodurch er sich zur Poesie geneigt fühle*, und *nur in einer gewissen Verbindung der Philosophie und Poesie bestehe die wahre Bildung.* Und Goethe fügte hinzu: *Wogegen ich nichts zu sagen habe, wenn ich es nur nicht von einem jungen Menschen hören müßte.*[33]

Welterklärung ohne eigene Welterfahrung – für Goethe, jedenfalls für den von 1797, eine Torheit; dichterische Produktion als konstitutive Kraft für das eigene Leben – ein höchst fragwürdiges Unterfangen. Noch in einem Gedicht aus dem Todesjahr 1832 sprach er davon, die *Muse* könne das Leben *begleiten*, dürfe es aber nicht *leiten.*[34]

Den Brief Schmids, der seine Aufwartung in Frankfurt ankündigen sollte, erhielt Goethe erst nach der Unterredung; nicht zum Nachteil des jungen Besuchers, der darin mit der aufdringlichen Überheblichkeit des Jenaer Ex-Studenten und Fichte-Schülers in peinlicher Exaltation – *Göthe, wo bist Du?* – jede gebotene Zurückhaltung hatte vermissen lassen.[35] Der so Angebetete konnte sich also in seinem Urteil durchaus bestätigt sehen. Wäre Schmid in diesem August 1797 in Friedberg geblieben, hätte es ihm wahrlich nicht geschadet.

Zwar beteuerte Schiller wenige Tage später gegenüber Goethe, er habe die Hoffnung auf Schmid nicht aufgegeben, denn er sei schließlich *in dem verzweifelten Fall*, dass ihm daran liegen müsse, *ob andere Leute etwas taugen, und ob etwas aus ihnen werden kann; daher werde ich diese Hölderlin und Schmid so spät als möglich aufgeben.*[36] Aber er ließ den Friedberger dennoch fallen.

III Widrige Umstände

In Siegfried Schmids Brief vom 7. August an Goethe kommt überdeutlich seine Abscheu vor der Enge in seiner Heimatstadt zum Ausdruck, seine Verachtung dieser Reichsstädter, auch seine Überheblichkeit. Er redet seine Mitbürger an, die Situation ausmalend, dem verhassten Friedberg entfliehen und sich dem vergötterten Goethe in Frankfurt nähern zu können: *Hier preßt es mich doch nicht mehr, wie in Eurer engen Ringmauer dort unten. Luft muß ich haben, reinere, ausgedehntere, oder Euere Mauern, oder meine Brust zersprang [...] Wohl, daß Ihr die Oefnungen in den Mauern ließt. Euch sind sie zwar wahrhaftig nichts weiter, als Fuchslöcher, um Aas für das Eurige in den Bau zu schleppen. Wir verstehen uns nicht.*[37]

Man muss Schmid zugutehalten, dass kein Grund bestand, auf die Heimatstadt grenzenlos stolz zu sein. Fremden fiel sofort die unübersehbare Dürftigkeit auf: Als Joachim Heinrich Campe 1785 in die Schweiz reiste, stellte er irritiert fest, dass eine Brücke gesperrt war, weil eine durch die Benutzung zu erwartende Reparatur unbezahlbar war;[38] als Jahrzehnte später Karl Julius Weber auch die Wetterau berührte, nannte er die *alte halbverfallene Reichsstadt Friedberg von 3000 Seelen,* die aber unter der Herrschaft Hessens nunmehr *offenbar gewonnen* hatte.[39] Nicht zuletzt: Zur Zeit des jungen Schmid und seiner Auseinandersetzung mit der Väterwelt herrschte, wie in anderen Reichsstädten auch, eine durch keine fürstliche Politik in Frage gestellte Tendenz zu oligarchischen Strukturen mit den üblichen Begleitumständen.[40] Es war nur zu verständlich, dass die junge kritische Generation der Hegel, Hölderlin und Schmid abgestoßen war von dem reichsstädtischen Politikbetrieb. Erinnert sei an Hegels Charakterisierung der Berner Verhältnisse, die vielen in den 51 Reichsstädten glichen, die es 1792 noch gab,[41] und an eine eher beiläufig geäußerte Kritik Hölderlins gegenüber Freund Neuffer aus Homburg aus dem Jahr 1799, die *republikanische Form* in den Reichsstädten sei *tot und sinnlos geworden*, weil die Menschen *nicht so sind, daß sie ihrer bedürften, um wenig zu sagen.*[42]

Schmids Problem, dass er als notorischer Schöngeist in Friedberg ohne Resonanz blieb, hatte in der deutschen Literaturgeschichte eine gewisse Tradition. Schon 1763 wünschte sich Wieland die Erlösung aus dem *Anti-Parnaß* Biberach,[43] und zwei Jahre später schrieb er: *Ach! liebster Zimmermann, wenn sie erst wißten, in welchem Grad dieses elende Todtenaß eines an der Sonne modernden stinkenden Reichsstädtchen verabscheunswerth ist!*[44] Mit seinen *Abderiten* von 1774 machte er sich dann Luft, etwa mit der Gestalt des Philosophen Demokrit in dieser närrischen Republik. In der Geschichte des deutschen Romans taucht das Motiv der hoffnungslosen Vereinzelung eines Literaturbeflissenen in einem solchen *Anti-Parnaß* noch in Jean Pauls *Siebenkäs* auf, in der Schilderung des Lebens im Reichsmarktflecken Kuhschnappel; ein Jahr vor Schmids Besuch bei Goethe war das Werk erschienen und thematisierte den Ausbruchsversuch aus der tristen Philisterwelt.[45]

Schon früh wurde das Problem erkannt, dass die Vereinzelung der kritischen Intelligenz im illiteraten Leben einer Kleinstadt zu einem strukturellen Defizit in der kulturellen Entwicklung führen musste. Bereits Johann Carl Wezel machte 1777 im *Deutschen Museum* auf die Folgen fehlender Kommunikation innerhalb der Bildungsschicht aufmerksam: Der Gelehrte lebe in Deutschland *in kleinen Städten, abgesondert von Welt und Menschen,* auch vom *Weltmann,* auch ausgeschlossen von der Möglichkeit, sich politisch zu betätigen.[46] Vier Jahre später wies Theodor Friedrich Wilhelm Jerusalem auf die Problematik hin, dass die *Musen* bei der politischen Zersplitterung und Vereinzelung nicht gedeihen konnten.[47]

1795 trug auch Goethe zu dem Thema bei und beklagte in dem bekannten Aufsatz *Literarischer Sansculottismus,* in einer Replik auf einen Beitrag in den *Horen,* dass es in Deutschland keinen *Mittelpunkt gesellschaftlicher Lebensbildung* gebe, der Schriftsteller sei *meist nur sich selbst und den Eindrücken ganz verschiedener Verhältnisse überlassen.*[48] Man denke auch an das Xenion *Richter: Richter in London! Was wär` er geworden! Doch Richter in Hof ist / Halb nur gebildet, ein Mann, dessen Talent euch ergötzt.*[49] In einer poesiefernen Provinzstadt schien man also *Talent* erwerben zu können, aber keine umfassende Bildung.

Und wie stand es mit Siegfried Schmid aus Friedberg? Für Goethe war bei einer Beurteilung noch entscheidend, dass er aus dem *Kaufmannsstamm* zur Literatur gekommen war; an Schiller schrieb er nach dem Besuch: *Menschen, die aus dem Kaufmannsstamm zur Literatur und besonders zur Poesie übergehen, haben und behalten eine eigne Tournüre, es läßt sich an einigen ein gewisser Ernst und Innigkeit bemerken, ein gewisses Haften und Festhalten, bei andern ein lebhaftes tätiges Bemühen; allein sie scheinen mir keiner Erhebung fähig, so wenig als des Begriffs, worauf es eigentlich ankommt.*[50] Angeregt zu seinen Bemerkungen über die Bedeutung der sozialen Herkunft war Goethe durch seine Beobachtung des Frankfurter Publikums, das *in einem beständigen Taumel von Erwerben und Verzehren* leichtsinnig dahinlebe.[51] Nebenbei bemerkt: Ein Jahr vorher schon hatte sich Hölderlin gegenüber Freund Hegel über die *Frankfurter Gesellschaftsmenschen*, ihre *Steifigkeit* und *Geist- und Herzensarmuth* ausgelassen.[52]

Schiller ging ausführlich auf das Thema *Kaufmannsstamm und Poesie* ein: *Herr Schmid, so wie er jetzt ist, ist freilich nur die entgegengesetzte Karikatur von der Frankfurter empirischen Welt, und so wie diese nicht Zeit hat, in sich hinein zu gehen, so kann dieser und seinesgleichen gar nicht aus sich selbst herausgehen. Hier, möchte ich sagen, sehen wir Empfindung genug, aber keinen Gegenstand dazu, dort den nackten leeren Gegenstand ohne Empfindung. [...] Ich möchte wissen, ob diese Schmid, diese Richter, diese Hölderlin absolut und unter allen Umständen so subjektivisch, so überspannt, so einseitig geblieben wären, ob es an etwas Primitivem liegt, oder ob nur der Mangel einer ästhetischen Nahrung und Einwirkung von außen und die Opposition der empirischen Welt, in der sie leben, gegen ihren idealischen Hang diese unglückliche Wirkung hervorgebracht hat. Ich bin sehr geneigt, das letztere zu glauben, und wenn gleich ein mächtiges und glückliches Naturell über alles siegt, so däucht mir doch, daß manches brave Talent auf diese Art verloren geht.*[53] Schiller thematisierte dann noch die Eigenheit der Poesie von Menschen *aus einem liberalen Stande*[54] – es führte zu weit, dies hier auszubreiten.

Auch wenn Goethes und Schillers Analysen nur teilweise zum Verständnis der Person Siegfried Schmid beitragen, so markieren sie doch einen gewichtigen und bemerkenswert frühen Beitrag zur Genese einer literatursoziologischen Betrachtungsweise.

IV Befreiungsversuche

Im Oktober 1797, als sich Goethe bereits in der Schweiz aufhielt, brach auch Siegfried Schmid in das gelobte Land auf.[55] Es bedurfte dazu nicht der Anregung durch die Fahrt Goethes – in den 90er Jahren war die Schweiz für viele junge Leute ersehntes Ziel. Schon Schmids Lehrer Fichte war, von 1788 bis 1790, Hauslehrer in Zürich; noch vor Schmid reisten mehrere Fichte-Schüler in die Schweiz; Herbart wirkte von 1797 bis 1799 als Erzieher in Bern; Boehlendorff fand ebenfalls 1797 eine Anstellung, in dem Jahr, in dem sich Hegel seiner Aufgabe in Bern entledigte; Höderlin ging 1801 nach Hauptwil.

Auf der Hinreise traf sich Schmid in Frankfurt mit Hölderlin[56] und schrieb ihm dann aus Mannheim: *Ich hoffe, wir werden uns näher kennen lernen und recht gute Freunde werden. Wenn ich erst in Basel und etwas ruhiger bin, so sprechen wir über den litterarischen oder, wenn Sie wollen Kunst-Theil unsrer Frankfurter Unterredung etwas weitläufiger.*[57] Einige Tage später bemerkte er: *Die Ausarbeitung eines Trauerspiels wird diesen Winter eine Nebenbeschäftigung für mich seyn. Die Götter verleihn mir Kraft!*[58] Welche Hauptbeschäftigung gemeint war, ist unklar. Eine Erzieherstelle – im Haus Lukas Preiswerk, im Geschäft einer Baseler Spedition und Bandfabrik[59] – übernahm er jedenfalls erst Monate später.

Die Gemütsverfassung des Siegfried Schmid geht überdeutlich aus einem Brief an Hölderlin aus dem Spätsommer 1798 hervor. *Schillern habe ich nichts geschikt für den Musenallm. troz der ganzen Parthie Kleinigkeiten die ich da liegen habe. Ich hatte keine Lust. Den grösten Theil des Sommers geh ich nun müsig herum, immer spazieren. Ich bin begierig wenn das enden wird; verschiedene Stoffe sind mir wohl wieder aufgefallen, die ich bearbeiten wollte; habe die Gedanken aber vorbeiblizen lassen, und thue immer noch nichts.*[60] Schmids Biograf Christian Waas merkte zu der Wendung *Ich bin begierig wenn das enden wird* an: *Der Vater zu Hause wird wohl noch begieriger gewesen sein.*[61]

Was immer er in Basel auch gedichtet haben mochte – von einem Drama ist jedenfalls die Rede. Am 15. Dezember 1798 fragte er bei einem ungenannten Verleger – man hat auch Göschen in Leipzig vermutet[62] – um die Übernahme an: *Ohne Sie, hochgeehrter Herr, näher zu kennen, als durch mehrere Ihrer Verlagsartikel, die sich durch Schönheit auszeichnen, mache ich Ihnen, eben durch dies veranlaßt, den Antrag, ob Sie ein von mir kürzlich vollendetes Drama in Jamben zu verlegen übernehmen wollten. Es ist von meinen Arbeiten größeren Umfangs die erste, welche ich öffentlich bekannt machen will; einige Kleinigkeiten von mir befinden sich in dem Schillerschen Musenalmanach von 1798. Undelikat würde es seyn, wenn ich Ihnen den Brief beylegen wollte, den ich damals von Schiller erhielt; allein als eine Art von Bürgschaft für das noch unbekannte Produkt eines 23jährigen Poeten möchte es doch dienen können.*[63]

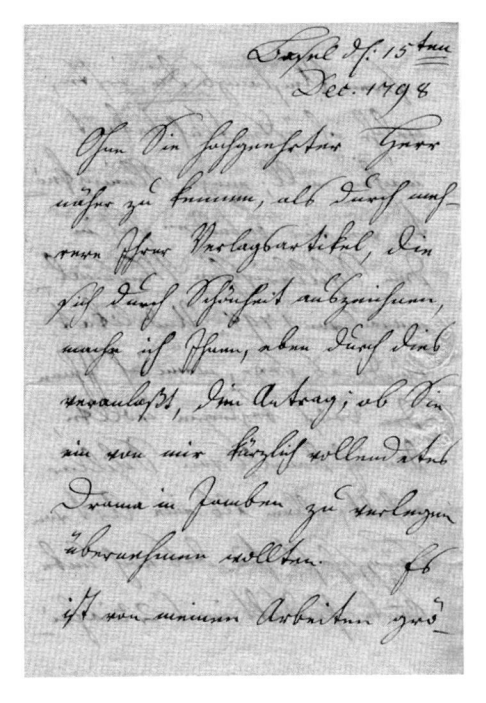

Abb. 3: Seite 1 des Briefes von Siegfried Schmid an einen ungenannten Verleger vom 15. Dezember 1798. Stadtarchiv Friedberg: Nachlass Siegfried Schmid

Schmid lieferte in dem Brief die Argumente für eine Ablehnung gleich mit: Ein junger Anfänger mit hohem Stil konnte einem Verleger kaum ein lukratives Angebot unterbreiten. Wenn dieser tatsächlich Göschen war, ließ er sich gewiss auch nicht durch die Nennung Schillers beeinflussen, hatte er doch ein Jahr vorher an Böttiger geschrieben: *Ob ein Goethe das Buch geschrieben hat, darauf kann ich als Kaufmann keine Rücksicht nehmen; ein Krämer kann kein Mäcen sein.*[64] Kritische Zeitgenossen hatten längst erkannt, dass mit anspruchsvoller Literatur kaum ein Geschäft zu machen war.[65]

Einige Verleger konnten sich, nicht zuletzt auf der Leipziger Messe, des Ansturms junger Literaturbeflissener kaum erwehren. Der Berliner Georg Jacob Decker schrieb 1797 darüber: *Man kann sich bey Gott vor der Schriftstellersucht aller dieser Kerls nicht mehr retten, und sie haben so ein aufdringendes Wesen dabey, daß man vor Angst nicht weiß, wie man sie fortschicken soll.*[66] Jean Paul schilderte dann in den *Flegeljahren* ein solch abweisendes Verhalten gegenüber jungen Autoren: Der „Hofbuchhändler" Paßvogel – eine Anspielung auf Vieweg – reagiert geringschätzig auf den Romanschreiber, bemerkt, er sei *überladen* und schlägt kleinere Kollegen vor.[67] Als Erfolgsautor verarbeitete Jean Paul hier die Versuche in seiner Frühzeit, Verleger zu finden;[68] als *Ware* wurden in den 80er Jahren seine Satiren abgelehnt, nicht wegen der Sprache und seiner Einfälle.[69] Längst hatte das Prinzip von Angebot und Nachfrage begonnen, das literarische Leben zu bestimmen. Schmid konnte sich über diesen Zusammenhang in mehreren Publikationen der Zeit[70] informieren.

Als nächster Beleg für Schmids Bemühen um den Druck seiner Poesie ist ein Brief an Hölderlin vom 29. März 1799 zu nennen: Man erfährt, Cotta habe zugesagt, ihn zu verlegen;[71] allerdings gibt es, auch im Cotta-Archiv, keine weiteren Hinweise. Im Juni 1799 teilt er dann Hölderlin mit, er habe sein Drama an den Verleger Heinrich Frölich in Berlin gesandt;[72] dieser hatte im Vorjahr seine Verlagsbuchhandlung von Friedrich Vieweg gekauft, der nach Braunschweig übergesiedelt war.[73]

In dem Brief vom 29. März liest man auch, dass ihn seine Hofmeistertätigkeit bereits anwiderte und er *begierig* war, *einige Feldzüge mitzumachen* – bekanntlich herrschte Krieg zwischen Österreich und Frankreich. Er fügte hinzu: *Das Erhebende des Kriegs und die mannigfaltigen Situationen, in die er uns setzt, haben viel Reizendes.*[74] War Jung-Siegfried infiziert von der Kriegseuphorie, die man im *Reiterlied* Schillers erfahren konnte? *Wohl auf, Kameraden, aufs Pferd, aufs Pferd! / Ins Feld, in die Freiheit gezogen! / Im Felde, da ist der Mann noch was wert, / Da wird das Herz noch gewogen.* Das Lied, aus *Wallensteins Lager* bekannt, war, vor der Buchausgabe des *Wallenstein* 1800, in Schillers *Musenalmanach* veröffentlicht worden, in dem Band, in dem auch Schmids *Sängers Einsamkeit* erschienen war.[75]

Die Einsamkeit des „Sängers" Schmid in Basel schien mit seiner Verpflichtung als Soldat beendet, mehr noch: Der Eintritt in die Armee bedeutete zweifellos Halt und Orientierung für den Ruhelosen.[76] Er wurde, obwohl mit 25 Jahren schon ein wenig betagt für diesen Rang, Kadett, und zwar im Dragonerregiment Sachsen-Coburg, das schon 1796 in der Wetterau gekämpft hatte und in Friedberg bekannt war.[77] Sein Engagement bedeutete auch ein Bekenntnis zur tradierten Reichsstadtpolitik Friedbergs und zur Kaisertreue. Wenn Goethe bei seiner Begutachtung des Poeten Schmid am 8. August 1797 an Schiller geschrieben hatte, *unter einer Nationalgarde* sehe er ihn am liebsten, und damit die *sansculottische* Einstellung des jungen Poeten andeuten wollte,[78] hatte er sich geirrt. Schmid blieb an Österreich orientiert, was schon daraus ersichtlich ist, dass er nach seinem schnellen Abschied vom Militär, schon im April 1800, also noch vor dem anstehenden Feldzug, eine Bildungsreise nach Wien unternahm. Zu diesem Zeitpunkt hatte ein anderer Literat, Heinrich von Kleist, seinen Abscheu vor allem Militärischen schon geäußert und die Offizierslaufbahn beendet.[79] Nebenbei: Kriegseuphorie war in der Zeit kein fremdes Thema in der Literatur. Hölderlin ließ seinen Hyperion in dem 1799 erschienenen zweiten Band des Romans den Entschluss fassen, für die Befreiung Griechenlands zu kämpfen.[80] Jean Paul beschrieb im vierten Band des *Titan* den Wunsch des Helden Albano, sich am Freiheitskampf der französischen Revolutionsheere zu beteiligen.[81]

Und wie stand es mit den Bemühungen um die Publikation der Schmidschen Literatur? Er delegierte souverän die Aufgabe an Hölderlin! Im Mai 1799 bat er den Freund, für den Druck seiner Gedichte zu sorgen,[82] und dieser sandte sie dann auch, aber erst Ende August, an den Stuttgarter Verleger Johann Friedrich Steinkopf, den Herausgeber eines Taschenbuchs des Hölderlin-Freundes Neuffer.[83] Als Schmid dann im Dezember wissen wollte, was aus dem Vorhaben geworden war, hatte Steinkopf längst abgelehnt.[84]

In Steinkopfs Verlag sollte nach Hölderlins Wunsch eine von ihm herauszugebende *poetische Monatsschrift* erscheinen, und auch Siegfried Schmid war als Autor vorgesehen. Wie wenig sich dieser an dem Verhalten des Freundes orientieren konnte, wenn es um Verlagsangelegenheiten ging, ergibt sich allein aus einem Brief an Neuffer, der auch als Mitarbeiter vorgesehen war, in dem Hölderlin schrieb, die Höhe des Honorars überlasse er dem Verleger. *Nur so viel setz ich hinzu, daß ich ganz für das Unternehmen und von ihm leben werde, daß übrigens meine frugale Existenz nicht so teuer zu besolden ist wie die der großen Männer, welche die 'Horen' herausgeben.*[85] Auf die Beteiligung der *großen Männer* wie Schiller und Goethe musste allerdings der Verleger Steinkopf hoffen.[86] Hölderlin wandte sich denn auch an den Freund Schelling und an Goethe[87]. Von Schiller erhielt er nicht nur eine Absage, sondern auch den Rat, keine Hoffnung auf die Publikation eines solchen Periodikums zu setzen. *Die Erfahrungen, die ich als Herausgeber periodischer Schriften seit 16 Jahren gemacht, da ich nicht weniger als 5 verschiedene Fahrzeuge auf das klippenvolle Meer der Literatur geführt habe, sind so wenig tröstlich, daß ich Ihnen als ein aufrichtiger Freund nicht rathen kann, ein Ähnliches zu thun.*[88] Der Mutter, welcher er im Juni voll Illusionen verkündet hatte, mit der Herausgabe des Journals werde er in Zukunft 500 Gulden im Jahr verdienen,[89] musste Hölderlin im Oktober kleinlaut das Scheitern gestehen.[90] Es blieb bei der Situation, die er im Vorjahr dem Halbbruder benannt hatte: *Weißt Du die Wurzel alles meines Übels? Ich möchte der Kunst leben, an der mein Herz hängt, und muß mich herumarbeiten unter den Menschen, daß ich oft so herzlich lebensmüde bin. Und warum das? Weil die Kunst wohl ihre Meister, aber den Schüler nicht nährt.*[91] Das hätte auch Siegfried Schmid so schreiben können.

Hölderlin, der nur zu oft zögerte, sich mit dem Druck seiner Werke festzulegen und es gerne den Freunden überließ, sich um Publikationsmöglichkeiten zu kümmern,[92] war gewiss kein guter Ratgeber für Schmid, wenn es um so profane Dinge ging wie Verlegersuche und Honorarfragen, zumal dieser selbst die Gabe hatte, im Zweifel die Dinge treiben zu lassen oder sich auf Bekannte zu verlassen.

V Vorläufige Heimkehr

Am 13. August 1800, auf den Tag drei Jahre, nachdem er Schiller seine Jugendzeit skizziert hatte,[93] wandte sich Schmid wieder an den *verehrtesten Herrn Hofrat*.[94] Seit wenigen Wochen sei er, nach dreijähriger Abwesenheit, wieder in Friedberg, und *zufällig* sei er mit dem Gießener Philosophieprofessor Schaumann bekannt geworden. Dieser Johann Christian Schaumann – seit 1794 in Gießen und 1800/01 Rektor der hessischen Landesuniversität – dränge ihn, die Nachfolge des verstorbenen Professors für *Beredsamkeit und Dichtkunst* – es war der aus dem 12. Band von *Dichtung und Wahrheit* bekannte Christian Heinrich Schmidt – anzustreben. Für die Bewerbung sei es nun allerdings ratsam, dass sich *ein Aesthetiker von Bedeutung*, also etwa Schiller, bei der Darmstädter Landgräfin für ihn verwende – welche Zumutung! Und dann lieferte der überhebliche Schmid den Grund dafür, dass Schiller den Brief ignorierte, gleich mit. Er fragte nämlich: *Kann ein solches Amt eigentlich ein Ziel meiner Wünsche seyn? – Der Gedanke das akademische Leben, als das mir künftig bestimmte anzusehn, wäre mir unerträglich.* Und dann spricht er von *Helotenarbeit*, die zu verrichten wäre, und dies gegenüber dem ehemaligen Professor in Jena! Aber Schiller blieb dennoch im Spiel: Sein Brief an Schmid vom Sommer 1797, in dem er diesem sein Talent attestiert hatte,[95] sollte die Fakultät von der Qualifizierung des Friedberger Poeten überzeugen, des relegierten Jenenser Studenten ohne akademischen Grad und ohne Nachweis einer wissenschaftlichen Publikation.

Einstweilen blieb Schmid in seiner Heimatstadt, ein *privatisierender Gelehrter*, wie er einen Brief an einen unbekannten Verleger unterzeichnete. Auch hier bemühte er Schiller als Kronzeugen, und sogar Goethe musste herhalten, um das Dichtertalent aus Friedberg zu offerieren; seine Berufung auf die Gunst der Weimarer Großen grenzte an Hochstapelei: *Es würde undelikat seyn, hier*

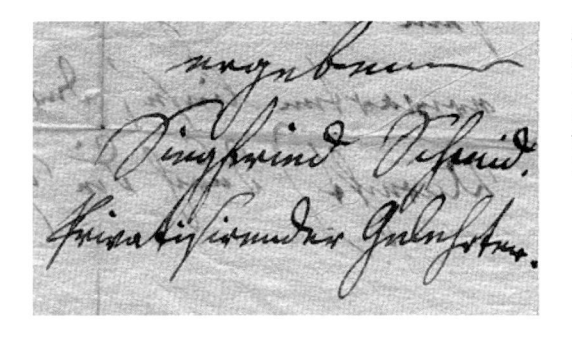

Abb. 4: Unterschrift von Siegfried Schmid als „*privatisierender Gelehrter*" aus einem Brief an einen unbekannten Verleger vom 13. Oktober 1800. Stadtarchiv Friedberg: Nachlass Siegfried Schmid

die Urtheile eines Göthe und Schiller über einige Gedichte anzuführen, die ich vor 3 Jahren dem Letzteren für seinen Almanach schickte, und welche mir persönliche Beziehungen mit Beyden erwarben. Sie wissen, daß diese Männer gewöhnlich nicht freigebig mit ihrer Achtung sind. Und darum scheint mir das Gesagte schon eine Art von Bürgschaft zu enthalten, daß sich bey diesem Unternehmen auch ein guter merkantilischer Erfolg erwarten liese, der sonst (vielleicht meistens mit Unrecht) durch die Herausgabe von Gedichten wenig zu hoffen ist. Statt eines Probebogens können Sie den Geist dieser Produkte aus dem Schillerschen Musenalm. von 1798 kennen lernen. Das Ganze wird etwa 12 Bg. gedruckt betragen. Da es von meiner Seite keine merkantilische Spekulation ist, so überlasse ich Ihnen die Bestimmung der übrigen Bedingungen. Schmid fügte noch an, seine Reisen hätten *die Vollendung verschiedener Poesien von größerem Umfang* verhindert. Er erwähnte einige Dramen in Jamben und ein *Gedicht von 7 Gesängen*.[96] Eine Dichtung, das Schauspiel in fünf Akten *Die Heroine oder zarter Sinn und Heldenstärke*, erschien Anfang 1801 tatsächlich, aber bei keinem renommierten Verlag, der auf dem literarischen Markt eine Rolle spielte, sondern bei dem Frankfurter Buchhändler Bernhard Körner, der das Berens'sche Geschäft an der Katharinenpforte übernommen hatte.[97] *Die Heroine* wurde wohl kaum verbreitet; deshalb scheint es auch nur noch ein einziges Exemplar in deutschen öffentlichen Bibliotheken zu geben.[98] Schmid hatte es eilig, sein Werk gedruckt zu sehen, wollte er es doch bei einem zweiten Bewerbungsversuch in Gießen vorlegen. Im Januar 1801 schrieb er Hölderlin, er lasse es auf eigene Kosten drucken, und bat den Freund, eine Rezension für die *Jenaische Allgemeine Literatur-Zeitung* zur Verfügung zu stellen. Wenn Hölderlin dies nicht wolle, so könne dieser ja deshalb mit Huber in Verbindung treten;[99] Ludwig Ferdinand Huber stand seit 1798 in Cottas Diensten und war Redakteur der *Allgemeinen Zeitung*.[100] Wie sehr Schmid den mittlerweile in der Schweiz lebenden Hölderlin in Anspruch nahm, zeigt der Brief vom 3.2.1801, in dem er ankündigte, bald sein *Gedicht* zu schicken: *Es sollte schnell gedruckt werden, auch wegen des Professorwesens. Ein hiesiger Bekannte sagte: lassen wir es auf gemeinschaftliche Kosten druken. Um nun den Buchhändlerklauen etwas zu entreisen, haben wir von unsren Bekannten Subskription angenommen. Ich muthe Dir natürlich nichts von Subskribentensammeln zu; lege aber doch in der Absicht einige Ankündigungen bey, daß wenn Du einige Deiner Bekannten aus euren Gegenden darauf aufmerksam machen wolltest, sie Exemplare bey meinem Bruder in Basel um den Subskriptionspreiß bekommen könnten.*[101]

Diese temporäre Rührigkeit Schmids darf nicht übersehen lassen, dass er zeitweilig insgeheim die Stelle in Gießen gar nicht mit allen Mitteln erstrebte; Anfang Mai schrieb er nämlich an Hölderlin, der mittlerweile seine Hofmeisterstelle in der Schweiz schon wieder aufgegeben hatte und plante, in Jena Vorlesungen über griechische Literatur zu halten,[102] von einer *fatalen Indolenz*, in welcher er seit einiger Zeit *vegetierte,* und das *Professorswesen* sei noch nicht entschieden und: *Es reizt mich jezt noch eben so wenig als sonst.*[103] Aber Schmid musste gar nicht fürchten, wegen Hölderlins Rezension, die keineswegs unkritisch ausfiel,[104] Professor werden zu müssen, da sie weder in der *Jenaischen Allgemeinen Literatur-Zeitung* noch in Cottas *Allgemeiner Zeitung* noch in einem anderen Organ gedruckt wurde. Er blieb, aber nicht nur deswegen, *privatisierender Gelehrter.*

Fast zeitgleich mit der *Heroine* erschienen, ebenfalls bei Körner in Frankfurt, die von den Friedbergern Christian Theodor Roth und Ferdinand Rudolph Christoph David Schazmann herausgegebenen *Beiträge für die Geschichte der Wetterau.* In dem einzigen vorgelegten Heft war auch Schmid vertreten, mit seiner lyrisch-epischen Dichtung *Die Glauburg;* so konnte er seine Verbundenheit mit der Wetterauer Heimat zeigen.[105]

Zwar hatte sich der Sinn für die heimische Geschichte um 1800 entwickelt, und das Geschichtsdrama hatte Konjunktur,[106] aber ob Schmid mit seiner Dichtung, übrigens mit Fußnoten von Roth angereichert, in einem regionalen Geschichtsorgan zu seiner Aufwertung auf dem literarischen Markt beitragen konnte, darf bezweifelt werden. Sein schon seit längerer Zeit andauerndes freundschaftliches Verhältnis zu beiden Herausgebern zeigt, dass seine Vereinsamung in Friedberg doch nicht gar so gravierend war. Schazmann, 1767 in der Friedberger Reichsburg als Sohn eines kaiserlichen Rates und Burgkanzleidirektors geboren und seit 1790 selbst im Dienst der Burg, war 1788 mit progressiven *Patriotischen Gedanken über den Zustand der Juden* hervorgetreten; 1802 ging er in hessen-darmstädtische Dienste.[107] Roth, Jahrgang 1766, seit 1792 Rektor der Friedberger Augustinerschule, konnte später, ab 1817, maßgeblich mit der Leitung des Friedberger Lehrerseminars zu einer Hebung des hessischen Volksschullehrerstandes beitragen.[108]

Aus dem Sommer 1801 ist noch ein Versuch Schmids bekannt, sich öffentlich schriftstellerisch zu betätigen. An Hölderlin schrieb er – es war der letzte Anlauf, sich seiner Dienste zu versichern: *Du gibst, glaube ich, gewöhnlich etwas in mehrere Almanache. Wird dafür ein Honorar bezahlt?... Willst Du mich nicht mit einigen jener Herausgeber in Verbindung setzen? Ich möchte Mehreres einrüken lassen! Oder gib Du doch lieber selbst ein Taschenbuch heraus.*[109] Zu diesem Zeitpunkt war klar, dass er sich im Hinblick auf Gießen keine Hoffnung mehr machen durfte. Aber Schmid wollte offenbar noch einmal studieren, nachdem er nicht Professor werden konnte! Im Matrikelverzeichnis der Universität Gießen ist nämlich unter dem Datum 25. September 1801 eingetragen: *Schmid, Philipp Siegfried, Friedbergensis (denuo inscriptus v.a. 1792).*[110] Oder wollte er nun einen akademischen Grad erwerben?

Eine gewisse Aufwertung seiner literarischen Existenz konnte er im Frühjahr 1802 in seiner Heimatstadt erfahren: In der von Carl Spazier im Vorjahr gegründeten *Zeitung für die elegante Welt* erschien ein ausführlicher Bericht über einen Aufenthalt in Friedberg,[111] in dem der literaturkundige Reisende eine Liebhaberaufführung von Ifflands *Das Vermächtnis*[112], mit Schmid in der Hauptrolle, schilderte und zudem seine Bedeutung als Dichter herausstellte. In der Tat gab es in diesen Jahren im Gasthaus *Drei Schwerter* Auftritte einer Friedberger Dilettantenvereinigung, der auch Schazmann angehörte und die sich offenbar mit Vorliebe den adeligen Burgbesuchern präsentierte.[113]

Der Durchreisende, vermutlich Spazier selbst, rühmte Schmids schauspielerisches Talent und fügte hinzu: *Hr. Siegfried Schmid wird es nicht übel deuten, wenn ich unbekannt hier mit Nennung seines Namens öffentlich meinen Dank abstatte, für das Vergnügen, das er mir durch seine Darstellung des Wilhelm Saling gemacht hat. Es wird begreiflicher, daß sein dramatisches Talent einen solchen Grad von Ausbildung hat, wenn ich sage, daß er durch sein Schauspiel 'Die Heroine, oder zarter Sinn und Heldenstärke', durch Gedichte in dem Schillerischen Musenalmanach u. s. w. schon als Dichter öffentlich aufgetreten ist und auf seinen Reisen Gelegenheit gehabt die vorzüglichsten deutschen Theater zu sehen.*[114] Schmid durfte dieses Lob in der auflagenstarken Leipziger Zeitung als Durchbruch zu nationaler Bedeutung sehen.

VI Auf dem Markt

Als Schmid diese öffentliche Aufwertung erfuhr, musste er es erleben, was es hieß, sich auf dem literarischen Markt zu präsentieren. Am 14. April 1802 erschien nämlich in der 1799 gegründeten und von Johann Georg Meusel, Gottlieb Ernst August Mehmel und Carl Christian Langsdorff herausgegebenen Erlanger *Literatur-Zeitung*[115], für die Größen wie Hegel, Fichte, Schelling und Schleiermacher Beiträge lieferten, eine alles andere als freundliche Rezension der *Glauburg* und der *Heroine*.[116] Der unbekannte Verfasser – man hat den Gießener Schaumann genannt[117] – hob zwar hervor, in der *Glauburg* ziehe *der zarte, fromme Natursinn und die tief gefühlte und tief bewegende Sehnsucht nach dem Unendlichen, die uns in den verschiedensten Weisen und Tönen mit immer gleicher Wärme und Liebe ansprechen,* vor allem an,[118] aber er kritisierte auch ausführlich stilistische Defizite: *Für einen Mann von Schmids Anlagen ist es doppelte Pflicht, sich von allen Seiten ästhetisch zu kultiviren und möglichst zu vollenden, oder, um nach einer Reminiscens aus Göthe zu reden, die Dichtkunst nicht bloß zu treiben, sondern auch zu lernen.* Es folgte eine intensive Belehrung über *die Kunst des Reims*.[119] Noch schärfer urteilte der Rezensent über die *Vernachlässigung der Sprache* in der *Heroine* und monierte u. a. eine *Verkennung der Natur des Drama, welches Charaktere und Thaten darstellen, nicht aber Begebenheiten erzählen soll*.[120]

Am 14. April 1802 war die Rezension in dem Erlanger Blatt erschienen, am 7. Mai schrieb sich Schmid wieder als Student ein – in Erlangen![121] Er war *Führer des Grafen C. Fredrick v. Piper,* der *Militärwissenschaften* studierte – so die Einträge im Matrikelverzeichnis.[122] Erneut also Hofmeister, und wieder die doppelte Abhängigkeit von der Gunst des Marktes; schließlich war eine befristete Erzieherstelle fast von so wenig existenzieller Sicherheit geprägt wie die Rolle als freier Schriftsteller. Ob Schmid die zahlreichen Ratschläge für die Aufgabe, *Führer* zu sein eines jungen Adeligen – in diesem Fall eines schwedischen Grafensohnes –, die seit Generationen gedruckt vorlagen,[123] beherzigt hat, weiß man nicht. Nebenbei bemerkt: Dass man zusammen mit einem Schutzbefohlenen studierte, war so selten nicht; schon vier Jahrzehnte vor Schmid hatte es z. B. Johann Heinrich Merck so gehalten, auch in Erlangen.[124] Schon im Dezember vermochte Schmid zu promovieren, und zwar unter Berücksichtigung seiner vorgelegten schöngeistigen Arbeiten![125] Vermutlich konnte er dafür bereits seine *Phantasien* präsentieren, die mit der Jahreszahl

1803 gedruckt wurden, aber wohl schon 1802 erschienen waren.[126] Man sieht: Schmid war in Erlangen von seltenem Arbeitseifer beseelt.

Verleger der *Phantasien* war Johann Christian Schubart, erst seit 1799 in Erlangen tätig und wahrlich keine Größe auf dem Literaturmarkt. Dass Schmids Buch keinen Erfolg für den Verlag bedeutete, ersieht man aus der Tatsache, dass Schubarts Nachfolger Karl Heyder 1818 eine Auflage mit dem Titel *Der Knabe Antonio* unter Verwertung der offenbar beachtlichen Lagerbestände herausbrachte.[127]

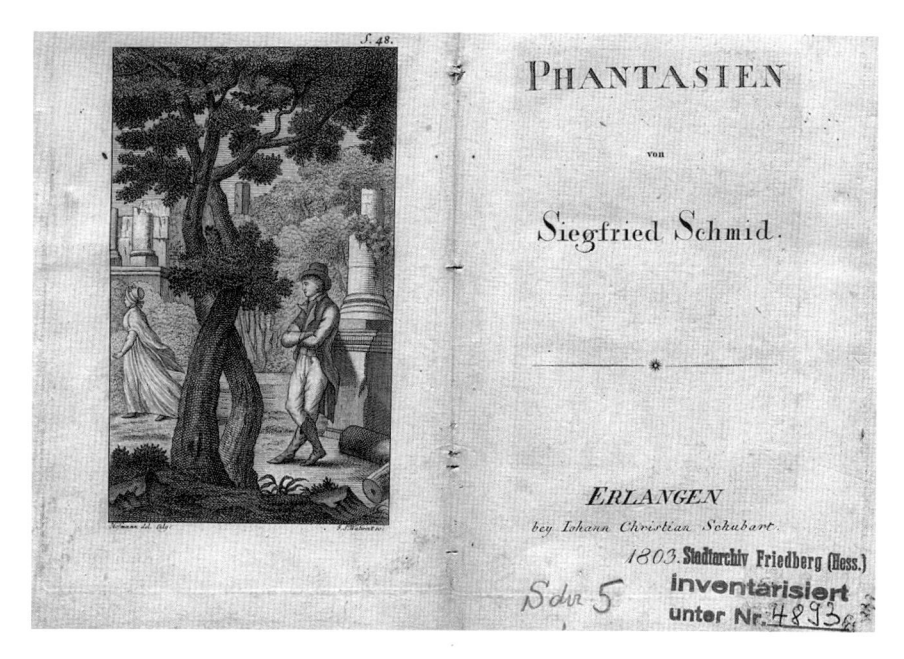

Abb. 5: Siegfried Schmid, *Phantasien*, Erlangen 1803. Stadtarchiv Friedberg: Bestand 1.4.4. Nr. 50, Schr. 5/22

Wichtig für Schmid war, dass er in Erlangen als in einer Art literarischem Unterzentrum leben konnte. Nicht zuletzt die bereits genannten Meusel, Mehmel und Langsdorff sorgten für den guten Ruf der Universitätsstadt. Zu Langsdorff, dem 1757 in Nauheim bei Friedberg geborenen Professor für Maschinenbau und Mathematik, hatte Schmid gewiss engen Kontakt; er war der Neffe des vormaligen Friedberger Rektors Langsdorff.[128]

Anfang 1803 geriet Schmid wieder zwischen die Fronten zweier Literaturparteien. Seine Nähe zur Romantik in den *Phantasien* war unübersehbar und bot dem unnachsichtigen August von Kotzebue eine willkommene Veranlassung, in seiner soeben gegründeten Zeitschrift *Der Freimüthige, oder Berlinische Zeitung für gebildete, unbefangene Leser* Schmid wegen seiner Affinität zur verhassten *romantischen Schule* die Leviten zu lesen.[129] Er gab ihm ein *gutes Wort* mit auf den Weg und riet dringend, sich nicht infizieren zu lassen: *Die 'Phantasien' von Siegfried Schmid haben so viel Leichtigkeit und frische Lebendigkeit des Ausdrucks, daß es ihrem Verfasser sicherlich gelingen müßte, etwas weit Besseres zu liefern, wenn er sich Theils an bessere Muster hielte, Theils diejenigen von seinen Mustern, welche dieses zu seyn wirklich verdienen, anders benutzen lernte. Die erste Nummer der kleinen Sammlung ist eine Erzählung in Briefen: 'Lothar, oder Liebe lös`t den Widerstreit'. Sie hat ganz besonders die oben gerühmten guten Eigenschaften; aber der Verfasser befolgt darin die Praxis einer bekannten Schule, die, wenn sie ihn ganz in Beschlag nähme, – und sein Talent läßt besorgen, daß sie danach trachten werde – seine Anlagen zum Dichter zu Grunde richten würde. In jugendlichen Versuchen dieser Art pflegte sonst ein allzu sichtbares Streben nach Bedeutung in Charakteren und Situationen der gewöhnlichste Fehler zu seyn. Diesen Fehler nun rottet die neue Schule so mit der Wurzel aus, daß ihre Zöglinge vielmehr alles Bedeutende und Besondere scheuen wie das Feuer, und ein kaltes, flaches, wesenloses Ideal von allgemeinem Roman vor Augen haben, das weder Plan noch Handlung, weder Situationen noch Charaktere gestattet.*[130] Wieder wurde Schmid Talent zugestanden, aber auch anfängerhafte Schwächen aufgedeckt. Vielleicht tröstete man ihn mit dem Hinweis, dass Kotzebue mit der ersten Nummer seiner Zeitschrift einen regelrechten Literaturkrieg, der sich nicht zuletzt gegen Goethe richtete, begonnen hatte.[131]

Spazier wies wenige Wochen später in der *Zeitung für die elegante Welt* diese Kritik zurück und rühmte die *Phantasien: Aus Allem geht ein höheres Streben nach dem Aechtpoetischen hervor; überall sind Spuren einer Bildung sichtbar, die durch Kunst, in dem reiferen Sinne des Worts selbst auch auf das innerste Leben angewandt, sich einst für abgeschlossen erkennen möchte. Den kleinen Roman beseelt ein schönes, freies Leben, ein warmes zartes Kolorit, ob er gleich nur immer noch für einen Versuch zu erkennen ist.* Und dann folgt die Replik auf die Attacke im *Freimüthigen: Es kann diesem kleinen Buch ein gutes Wort hier nicht enzogen werden, zumal ein so vielversprechendes Talent Achtung und Aufmunterung verdient; besonders aber mit darum, weil in einem neuern Blatte, das von gemeiner, leidenschaftlicher Tadelsucht alles dessen ausgeht, was eine höhere Bildung verkündigt, sehr unpassend davon gesprochen worden*

ist, so wenig man selbst das Talent des Verf. hat unerkannt lassen können. Ein guter Genius wird Herrn Schmid wohl dafür bewahren, die dort ihm angeratene Karriere einzuschlagen.[132]
Der so öffentlich Vorgeführte trug nun seinerseits zur Rezensionskultur bei, indem er im *Archiv für Künstler und Kunstliebhaber,* das vom Erlanger Professor Johann Georg Meusel nicht in Erlangen, sondern in Dresden herausgegeben wurde, Goethes Cellini-Übertragung würdigte.[133] Eingangs findet man eine Verbeugung vor Schiller mit dem Hinweis auf den Vorabdruck 1796/97 in den *Horen,*[134] am Ende einen Preis Goethes: *Erwägt man bey so manchen andern Erfordernissen die außerordentliche Gewandheit, mit welcher Göthe die verschiedenartigsten Charaktere in den eigenthümlichsten Formen auffaßt; so wird man sich um so mehr Glück wünschen, daß er es unternahm, (vielleicht unter seinen Zeitgenossen dazu am fähigsten,) diesen ausgezeichneten Menschen in seiner ganzen Eigenthümlichkeit, durch unsere Sprache unter uns erscheinen zu lasssen.*[135] In Weimar scheint man Schmids Rezension von Anfang 1804 nicht zur Kenntnis genommen zu haben; dass Goethe und Schiller eine umsatzfördernde Besprechung nicht gleichgültig war, ist sicher.[136]

VII Sängers Einsamkeit

1804 kehrte der Ruhelose wieder einmal zurück in das ungeliebte Friedberg, das mittlerweile seinen Status als Reichsstadt verloren und von dem Hessen-Darmstadt im September 1802 Besitz ergriffen hatte, dreißigjährig, immerhin mit Doktorgrad und reichlich Manuskript im Gepäck, aber weiterhin ohne Perspektive. Es hatte ihm nicht gelingen wollen, sich auf dem literarischen Markt zu behaupten, und bei seinem Anspruch und seinem Talent konnte es auch nicht gelingen. 1795 hatte Jean Paul seinem Freund, dem jüdischen Kaufmann Emanuel, geschrieben: *Sie wissen, daß eine Studierstube nichts ist als ein Kaufladen vol Manuskripte und daß der Autor darin steht und mit seinen Ladenkunden, den Verlegern, handelt, zankt, schreiet und so fort – Dazu taugt nun niemand weniger als ich; zumal da man bei diesem merkantilischen Hochamte seine Waare (d. h. am Ende seine Person) vorrühmen mus.*[137] Zu diesem *Hochamte* taugte Schmid noch weniger. Lieber dichtete er in seiner *Studierstube* in der Friedberger Engelsgasse an seinem Napoleon-Drama *Nepotian*. Bezeichnenderweise wurde es erst 1842 veröffentlicht.[138]
Das Motiv *Sängers Einsamkeit* gewann neue Bedeutung: Der Seher-Dichter Schmid inmitten der Friedberger Kleinbürgerenge – das konnte auf Dauer

nicht gut gehen. Im Briefroman *Lothar* – in den *Phantasien* – hatte er über das *Wesen des Dichters* geschrieben: *Alle Elemente der Menschheit bewahrt die Dichterseele rein in sich; und hat die Gewalt, nach Gefallen damit zu schalten. Darum steht sie auch auf der Höhe, von wo sie alles überschaut.*"[139] Und im *Nepotian* ließ er den einsamen Helden sagen: *„Allein steh` ich unter diesen Geschöpfen! / In welcher seltsamen Einsamkeit!*[140] Der alle Dinge übersehende Dichter-Philosoph in der bedrückenden Atmosphäre des Elternhauses – welches Missverhältnis!

In dem Märchen *Der Knabe Antonio* – ebenfalls in den *Phantasien* erschienen – verarbeitete Schmid sein sehr persönliches Problem, dass ein seit frühen Jahren der Kunst ergebenes Kind zu einem Mann erzogen werden soll, der die Reihe der tüchtigen Vorfahren fortsetzt und den Ruhm der Familie mehrt. Am Ende begreift Graf Villano, dass sein Sohn Antonio von eigener Art ist, weil er sein Pfeifchen mehr liebt als alle irdischen Angebote. Graf Villano / Schöff Schmid erkennt: *Die Gaben sind den Menschen sehr verschieden ins Herz gelegt. Du mein lieber Sohn scheinst mir zu einem Stadtpfeifer geboren zu seyn, welches ich herzlich beklage.*[141]

Schöff Schmid beklagte nicht nur diesen Umstand, er verlor auch die Geduld mit seinem *Stadtpfeifer*, der wegen allseits sichtbarem Verzicht auf *nützliche* Betätigung den Ruf der Familie zu ruinieren drohte. Was hatte Vater Schmid nicht erduldet? Abbruch des Gießener Theologiestudiums, Relegation in Jena, Erfolglosigkeit als Schriftsteller, dünkelhafte Erhebung über die Umwelt bei mangelnder Perspektive u.s.w. Und ob er wusste, dass sich sein Sohn in Erlangen heimlich verlobt hatte? Was zwei Jahrzehnte später Eichendorff in seinem *Taugenichts* darstellte, das Ende der Toleranz des fleißigen Müllers mit seinem Sohn, der sein Geigenspiel der Arbeit vorzieht, war in Friedberg gelebte Wirklichkeit.

Den Verlauf der Tragödie macht ein Gesuch deutlich, das Vater Schmid im November 1805 an den Darmstädter Landgrafen richtete und in dem er um Hilfe bat: *Ich habe nemlich einen Sohn, welcher studiret hat und Doktor Philosophiae ist – dieser Unglückliche, durch Stolz und überspannte Begriffe von sich selbst verblendete junge Mann, welcher wohl leben, verschwenden und nichts arbeiten will, führt eine so verkehrte allen Bürgerlichen Gesetzen zuwider laufende Lebensart, daß endlich gewis eine gänzliche Zerrüttung des Verstandes daraus erfolgen muß, wenn er nicht bald in ein thätiges Leben versetzt und mit Strenge zu zweckmäßiger Arbeit angehalten wird. [...] Er dünkt sich einer der ersten Geister zu seyn und will Niemand, auch selbst der Obrigkeit nicht die schuldige Folge leisten, so daß er bereits im vorigen Jahr mit einem personal Arrest belegt worden ist.* Diesen Verschwender habe man entmündigen müssen, fügte Vater Schmid hinzu und bat, *diesen meinen unglücklichen Sohn, etwa auf ein halbes Jahr in eines der Landgräflichen Samthospitäler aufnehmen zu lassen, wo er hoffentlich noch gerettet – und zu einem brauchbaren Bürger der menschlichen Gesellschaft wieder hergestellt werden kann.*[142] Der Amtsrat Friedrich Daniel Heinrich David Schazmann, der ältere Bruder des *Glauburg*-Mitherausgebers,[143] der Siegfried Schmid mehrfach als medizinischer Gutachter beurteilt hatte, kam Anfang 1806 zu dem Schluss, durch *zu stolzes Betrachten seines Ichs*, durch Wohlleben und durch permanentes Studium *von abstrakten, spekulativen, übersinnlichen Gegenständen* sei Schmid *ein überstudirter, – thörichte Handlungen begehender, – Mensch* geworden, und diese Handlungen seien *mitunter gefahrdrohend für seine Nebenmenschen geworden.* Schazmann fasste zusammen: *Meine gutachtliche Meinung geht dahin: daß wohl durch eine consequente, mit rationellem Zwang verbundene, Behandlung, die den Hn. Doctor durch zweckmäßige Arbeit des Geistes, und besonders auch des Körpers, bei einfacher Kost, hinlänglich beschäftigte, solcher wieder, aus seiner übersinnlichen, sich selbst geschaffenen Phantasien-Welt, in die wirkliche herabgebracht, und daß durch Herabstimmung dieser krankhaften Überspannung dem Staate ein nützliches, mit der menschlichen Gesellschaft wieder harmonirendes und symphathisirendes Mitglied geschenkt werden dürfte.*[144]

Nach dem *Personalarrest* in Friedberg wurde Siegfried Schmid dann im März 1806 nach Kloster Haina verbracht, im kurhessischen Gebiet gelegen.[145] Welche Therapien man hier bei ihm anwendete, um ihn zu einem *brauchbaren Bürger* zu erziehen, ist nicht bekannt.[146] Im September 1806, wenige Tage, nachdem Sinclair die Überführung Hölderlins aus Homburg nach Tübingen in die Authenriedsche Klinik veranlasst hatte, schrieb er an Clemens Brentano, in Haina habe man versichert, dass Schmid *nicht die Spur des Wahnsinns habe,* und dessen Eltern wünschten eine bescheidene Versorgung für ihn, *auch nur eine schlichte Hof Meisterstelle, damit er nicht die Kränkung hätte, in Friedberg izt sein zu müssen.*[147]

Brentano bemerkte gegenüber Arnim, das Ganze sei nur ein Irrtum gewesen, und Schmid schäme sich, *nach Hauß so ganz vernünftig zurückzukehren.*[148] Bei einigen Schriftstellerkollegen war er also noch nicht vergessen.

Schmid fand eine Zuflucht in einem Anwesen außerhalb Homburgs, das Sinclairs Mutter gehörte, in der „Proeken-Mühle". Sie schrieb im Mai 1807: *Auf meiner Mühle wohnt jetzo Schmidt von Friedberg; sein Vater, der ihm seine Hülffe entzieht, macht daß der arme Mensch nicht weis, wo aus und ein, er hat sich zu seinem Vortheil geändert.*[149] Sinclair wandte sich dann an Hegel: *Siegfried Schmidt, den Du als meinen und Hölderlins Freund kennen wirst und den ich wirklich für einen der ersten poetischen Talente halte, lebt jetzt dort in großer Dürftigkeit. Sein Vater hatte die Tollheit, ihn als toll einzusperren, weil er im höchstem Grade singulär war, und jetzt, wo er als ganz sanae mentis anerkannt wieder von Kloster Haina entlassen wurde, will er sich seiner nicht annehmen. Er wünscht irgend eine Unterkunft.*[150]

Von einer schriftstellerischen Tätigkeit ist nun keine Rede mehr. Wieder, wie schon 1799, bot das Militär Zuflucht aus der Misere. Durch Sinclair, der ihn betreute – Einzelheiten sind nicht bekannt[151] –, fand er 1808 Aufnahme als Unterleutnant in das vierte österreichische Husarenregiment, an dessen Spitze der Erbprinz Friedrich von Hessen-Homburg stand. In seiner *Heroine* hatte Schmid 1801, in Anlehnung an Schillers *Reiterlied,* noch gedichtet: *Frisch auf, wohl die Rosse beym Zaum,*[152] jetzt nahm er an drei Feldzügen teil, wurde verwundet, geriet in Gefangenschaft und wurde schließlich 1819 als Invalide pensioniert. Noch 40 Jahre lebte der promovierte Rittmeister im Ruhestand, in Ungarn, dann in Wien. 1820 konnte er endlich, 17 Jahre nach der heimlichen Verlobung, die Tochter des berühmten Mediziners Wendt heiraten, der die Ehe mit dem armen Schlucker Schmid verhindert hatte. Es war vor allem Franz Karl Leopold Freiherr von Seckendorff, ein Jahr jünger als Schmid, seit 1798 Regierungsassessor in Weimar und seit 1802 Regierungsrat in Stuttgart, der im frühen 19. Jahrhundert die Erinnerung an den Freund Hölderlins pflegte. In seinem *Musenalmanach für das Jahr 1807* druckte er drei Gedichte Schmids ab und auch Hölderlins Elegie *Die Herbstfeier,* die später mit dem Titel *Stuttgart* bekannt wurde und Siegfried Schmid gewidmet war;[153] in dem Almanach für 1808 erschienen von Hölderlin die Hymnen *Pathmos* und *Der Rhein* sowie zwei Beiträge Schmids.[154] Davon abgesehen blieb dieser vergessen. In einschlägigen Lexika konnte man dann über sein Leben keine oder nur ungenaue Angaben finden, man hielt ihn für unheilbar geisteskrank oder tot. Auch der Versuch Christoph Theodor Schwabs, Gustav Schwabs Sohn, in *Westermanns Monatsheften* 1871 Klarheit zu schaffen, war fehlerhaft.[155] Selbst die Publikation seiner dramatischen Werke 1842/43, immerhin in dem relativ ansehnlichen Verlag von Georg Friedrich Fleischer in Leipzig,[156] trug nicht dazu bei, Schmids Dichtungen in Erinnerung zu rufen. Sein im Vorwort zum ersten Band geäußerter Wunsch, dass seinen Dramen *eine freundliche Aufnahme im Vaterlande zu Theil werden möge,*[157] erfüllte sich nicht. Es blieb dabei: Seine Arbeiten waren nicht marktgerecht.

In seiner hessischen Heimat war er lange Zeit vergessen, sein Leben in Österreich blieb unbekannt. Bezeichnend war die Anmerkung bei Karl Schwartz 1888, dem Biografen der Homburger Regenten, Schmidt (!) sei Kaufmann gewesen, bevor er sich der Literatur ergeben habe. *Er soll zwischen 1830 und 1840 zu Würzburg in einem Irrenhause gestorben sein.*[158] In Friedberg und bei Literaturfreunden mit Bezug zur städtischen Tradition wurde er, freilich erst nach einem Aufsatz seines Biografen Waas von 1914[159], angemessen gewürdigt;[160] in der allgemeinen Literaturgeschichtsschreibung lebte er, wenn überhaupt, als der junge Dichter weiter, der von Schiller 1797 zusammen mit Jean Paul und Hölderlin als *subjektivisch* und *überspannt* apostrophiert worden war,[161] als Freund Hölderlins[162] und Adressat von dessen Hymne *Stuttgart*, in der es hieß:

Aber die Nacht kommt! Laß uns eilen, zu feiern das Herbstfest
Heut noch! voll ist das Herz, aber das Leben ist kurz,
Und was uns der der himmlische Tag zu sagen geboten,
Das zu nennen, mein Schmid! reichen wir beiden nicht aus.[163]

Anmerkungen

1. Otto Günther, Aus dem Schiller-Nationalmuseum, in: Schwäbischer Schillerverein Marbach/Stuttgart 27./28. Rechenschaftsbericht über die Jahre 1922/23 und 1923/24, Stuttgart 1925, S. 17ff., S. 57–60. – In der „Stuttgarter Ausgabe" der Werke Hölderlins ging Adolf Beck auf den Brief allerdings ein: STA, Bd. 7/2, S. 102f. – Grundlegend zur Schmid-Forschung Christian Waas, Siegfried Schmid aus Friedberg in der Wetterau der Freund Hölderlins (1774–1859), Darmstadt 1928 (= Hessische Volksbücher, hrsg. von Wilhelm Diehl, Nr. 66–69). – Darüber hinaus sei mit Nachdruck auf die Beiträge Herfried Münklers hingewiesen, die Schmids Position in der Geistesgeschichte um 1800 in neuem Licht erscheinen ließen und denen die vorliegende Studie viele Anregungen verdankt. Herfried Münkler, Siegfried Schmids erzwungene Vernünftigkeit als biographische Alternative zum Wahnsinn Hölderlins und Boehlendorffs, in: Wetterauer Geschichtsblätter, Bd. 28, Friedberg 1979, S. 125–135. – Ders., Siegfried Schmids erzwungene Vernünftigkeit. Eine biographische Alternative zum Wahnsinn Hölderlins, in: Le pauvre Holterling. Blätter zur Frankfurter Ausgabe, Nr. 7, Frankfurt/M. 1984, S. 41–53. – Ders., Prätendierte Genialität in kleinstädtischer Enge. Der Friedberger Dichter Siegfried Schmid, ein Freund Friedrich Hölderlins, in: Herfried Münkler/Michael Keller (Hrsg.), Die Wetterau, Landschaft zwischen Tradition und Fortschritt, Friedberg (Hessen) 1990, S. 373–389. – Hinzuweisen ist nicht zuletzt auch auf Angelika Schmitz, „...wir trafen uns in den höchsten Regionen ..." Hölderlins Freundschaft mit dem „Dichter-Kollegen" Schmid aus Friedberg, in: Stadt Homburg v. d. Höhe (Hrsg.), Bad Homburger Hölderlin-Vorträge 1996/97, S. 82–115. – Eine umfangreiche Orientierung (mit weiterer Lit.) bei Ursula Brauer, in: Biographisch-bibliographisches Kirchenlexikon, 27, 2007, S. 1342f. – Es versteht sich von selbst, dass zum Verständnis des Folgenden einige Briefstellen u.s.w. zitiert werden, die in der Forschung längst bekannt sind.
2. Schmid an Schiller 20.7.1797. – Schiller, Nationalausgabe, Bd. 37/I, S.73.
3. *Sängers Einsamkeit*, S. 30f, – *Frühlingsspaziergang*, S. 155f. – *Götterhilfe*, S. 256f. – *Täuschung*, S. 304f. – Vgl. für das Folgende Waas (wie Anm. 1), S. 63ff.
4. Schiller an Goethe 24.[25.]7.1797. – Der Briefwechsel zwischen Schiller und Goethe, hrsg. von Hans Gerhard Gräf und Albert Leitzmann, Frankfurt/Wien/Zürich 1964, S. 327. – Auch hier schreibt Schiller: „Schmidt".
5. Goethe an Schiller 26.7.1797. – Ebd., S. 328.
6. Schiller an Schmid 28.7.1797. – Schiller, Nationalausgabe, Bd. 29, S. 110. – Diese Briefstelle wird nicht ohne Vorbehalt zitiert, handelt es sich doch um eine spätere Kopie. Siehe ebd., S. 447f.
7. Auch dieses Brieffragment ist seit 1925 bekannt. Siehe Anm. 1 – Vgl. STA (wie Anm. 1), 7/2, S. 102f.
8. Schmid an Schiller (3.8.1797). – Schiller, Nationalausgabe, 37/I, S. 99.
9. Die Angaben zu Friedberg, zur Familie und zu Schmids Leben auch in der Folge nach Waas (wie Anm. 1).
10. Wie Anm. 8, S. 99f. – Die folgenden Zitate S. 100.

11 Einzelheiten bei Waas (wie Anm. 1), S. 14ff. – Vgl. auch Klaus-Dieter Rack: Friedberg in Hessen. Die Geschichte der Stadt, Bd. 2, Friedberg 1999, S. 145ff.
12 Waas (wie Anm. 1), S. 21ff.
13 Ausführlich zum Studium in Gießen und Jena ebd., S. 29ff. – Siehe zum Philosophiestudium Michal Franz/Heiner Menzner, Siegfried Schmids Philosophische Definitionen, in: Le pauvre Holterling. Blätter zur Frankfurter Hölderlin-Ausgabe, Nr. 6, Frankfurt/M. 1983, S. 54–67 – Zur Relegation: Thüringisches Hauptstaatsarchiv Weimar, A 8524. – Zit. nach Ursula Brauer, Isaak von Sinclair. Eine Biographie, Stuttgart 1993, S. 359. – Zu Goethe und Jena 1795: Gerhard Müller, Vom Regieren zum Gestalten. Goethe und die Universität Jena, Heidelberg 2006, S. 418f.
14 Zit. nach Rüdiger Safranski, Schopenhauer und Die wilden Jahre der Philosophie. Eine Biographie, Reinbek 1990, S. 160.
15 Schiller an Goethe 28.7.1797. – Wie Anm. 4, S. 329.
16 Einzelheiten zu Goethes Aufenthalt in Frankfurt z. B. in Ludwig Geiger, Goethe in Frankfurt am Main 1797. Aktenstücke und Darstellung, Frankfurt/M. 1899. – Zu Schmid S. 122ff. – Robert Steiger, Goethes Leben von Tag zu Tag. Eine dokumentarische Chronik, Bd. 3, Zürich/München 1984, S. 613ff.
17 Bekanntlich hatte Goethe verwandtschaftliche Beziehungen zu Friedberg. Siehe Robert Schäfer, Die Verwandten Goethe`s in Friedberg in der Wetterau, in: Friedberger Geschichtsblätter, Heft 7, Friedberg 1926/27, S. 6–15. – Zu Goethes Verhältnis zu Friedberg Fritz Ebner, Goethe und die Freie Reichsstadt Friedberg. Literarisches und Genealogisches (1979), in: Ders., Goethe. Aus seinem Leben. Reden, Vorträge, Zeitbilder, 2. Aufl., Darmstadt 2002, S. 120–131.
18 Goethe an Kestner 10.11.1772. – Weimarer Ausgabe, IV/2, S. 34. – Einzelheiten bei Ebner (wie Anm. 17), S. 123ff.
19 „Dichtung und Wahrheit", 3. Teil, 15. Buch.
20 Über die Umstände Ebner (wie Anm. 17), S. 127f.
21 Hölderlin an Neuffer 19.1.1795. – STA (wie Anm. 1), 6, S. 140.
22 Goethe an Schiller 9.8.1797. – Wie Anm. 4, S. 333.
23 Vgl. Münkler (1990), wie Anm. 1, S. 174: „Schmids Auftreten gegenüber Goethe scheint, kaum verwunderlich, gleichermaßen von Selbstbewußtsein wie von Unterwürfigkeit geprägt gewesen zu sein, und die dahinter stehende prätentiöse Genialität fand bei Goethe bloße Ablehnung und Verachtung."
24 Schiller an Körner 2.2.1789. – Nationalausgabe, Bd. 25, S. 193.
25 Herder an Karoline Herder 7.3.1789. – Briefe, Bd. 6, S. 122.
26 Jean Paul an Christian Otto 18.6.1796. – Hist.-krit. Ausg., hrsg. von Eduard Berend, Abt. 2, Bd. 2, S. 212.
27 Jean Paul an Friedrich Heinrich Jacobi: 4.6.1799. – Ebd., Bd. 3, S. 199.
28 Friedrich Schlegel an Friedrich Schleiermacher 3.7.1798. – Krit. Ausg., hrsg. von Ernst Behler, Bd. 24, S. 140.
29 Siehe zu dieser Problematik, wie überhaupt zum Verhältnis Goethes zur nachfolgenden Dichtergeneration, ausführlich Johannes Weber, Goethe und die Jungen. Über die

Grenzen der Poesie und vom Vorrang des wirklichen Lebens, Tübingen 1989. – Über Goethe und Schmid S. 22ff.

30 Christian Gottfried Körner an Schiller 25.12.1797. – Nationalausgabe, Bd. 37/I, S. 208.

31 Goethe an Schiller 9.8.1797 – Wie Anm. 4, S. 333.

32 Goethe an Johann Erichson 28.4.1797. – WA IV/12, S. 111f. – Auch Waas (wie Anm. 1), S. 77, hat diesen Brief in dem genannten Zusammenhang zitiert.

33 Wie Anm. 4, S. 333f.

34 *Jüngling, merke dir in Zeiten,*
Wo sich Geist und Sinn erhöht:
Daß die Muse zu begleiten,
Doch zu leiten nicht versteht. (WA I/41.2, S. 378).

35 Zit. bei Waas (wie Anm. 1), S. 71f. – Vgl. dazu: Briefe an Goethe. Gesamtausgabe in Regestform, Bd. 2, Weimar 1981, S. 260: „Unter dem Titel 'Das sich nur fühlen läßt' gestaltet S. in einem lyrischen Selbstgespräch seinen persönlichen Freiheitsanspruch und sein Verlangen, G. kennenzulernen." – „… ein einziges Zeugnis für diese phantastische Überheblichkeit": Waas, S. 62.

36 Schiller an Goethe 27.8.1797. – Wie Anm. 4, S. 341.

37 Schmid an Goethe 7.8.1797. – Zit. nach Waas (wie Anm. 1), S. 71.

38 Joachim Heinrich Campe, Reise des Herausgebers von Hamburg bis in die Schweiz im Jahr 1785, in: Sammlung interessanter und durchgängig zweckmäßig abgefasster Reisebeschreibungen für die Jugend, 2. Teil, 1787.

39 [Karl Julius Weber], Deutschland, oder Briefe eines in Deutschland reisenden Deutschen, Bd. 4, Stuttgart 1828, S. 429.

40 „In diesen geschilderten Formen des Ämterkaufs, der Vetternwirtschaft, der Verfilzung und Vorteilsnahme oligarchischer Führungsgruppen aber stand die Stadt Friedberg nicht allein. Auch in den anderen Reichsstädten sind annähernd ähnliche und prägende Sozial- und Obrigkeitsstrukturen erkennbar, die von Kräften der Beharrung auf angeeigneten Vorrechten und dem Althergebrachten gesteuert wurden." Rack (wie Anm. 11), S. 115. – Vgl. auch Philipp Dieffenbach, Geschichte der Stadt und Burg Friedberg in der Wetterau, Darmstadt 1857, S. 264ff.

41 Siehe Johannes Hoffmeister (Hrsg.), Dokumente zu Hegels Entwicklung, 2. Aufl., Stuttgart–Bad Cannstatt 1974, S. 247ff.

42 Hölderlin an Christian Ludwig Neuffer 3.7.1799. – Zit. nach Friedrich Hölderlin, Sämtl. Werke und Briefe, hrsg. von Günter Mieth, Bd. 2, München 1970, S. 835.

43 Wieland an Johann Georg Zimmermann 11.2.1763. – Briefwechsel, Bd. 9/1, S. 152.

44 An Zimmermann 27.6.1765. – Ebd., S. 346.

45 *Blumen-, Frucht- und Dornenstücke oder Ehestand, Tod und Hochzeit des Armenadvokaten F. St. Siebenkäs im Reichsmarktflecken Kuhschnappel* .

46 Johann Carl Wezel, Kritische Schriften, 3 Bde., hrsg. von Albert R. Schmitt, Bd. 2, Stuttgart 1971, S. 526f.

47 Theodor Friedrich Wilhelm Jerusalem, Über die teutsche Sprache und Litteratur, Berlin 1781, S. 4f. – Nach Irmtraut Sahmland, Christoph Martin Wieland und die deutsche Nation, Tübingen 1990, S. 24.
48 WA I/40, S. 199.
49 WA I/5, S. 281.
50 Goethe an Schiller 9.8.1797. – Er fügte allerdings noch an: *Vielleicht tue ich dieser Kaste unrecht, und es sind viele aus andern Stämmen, denen es nicht besser geht.* – Wie Anm. 4, S. 334 – Vgl. für das Folgende Weber (wie Anm. 29), S.26ff.
51 Ebd., S. 331f. – Ähnlich in einem Brief an Herzog Carl August 8.8.1797. – WA IV/12, S. 212.
52 Hölderlin an Hegel 24.10.1796. – Stuttgarter Ausgabe, 6/1, S. 220.
53 Schiller an Goethe 17.8.1797. – Wie Anm. 4, S. 341f. – „Primitiv" bedeutet „ursprünglich".
54 Campe erklärte 1813 *liberal: 1.) Freigebig 2.) Billig, gütig, vorurtheilsfrei oder unbefangen, mild und edel.* – Joachim Heinrich Campe, Wörterbuch zur Erklärung und Verdeutschung der unserer Sprache aufgedrungenen fremden Ausdrücke, Braunschweig 1813, S. 397.
55 Einzelheiten zum Aufenthalt in der Schweiz bei Waas (wie Anm. 1), S. 84ff.
56 Siehe zu Schmids Verhältnis zu Hölderlin ebd., S. 117ff., und Schmitz (wie Anm. 1).
57 Schmid an Hölderlin 19.10.1797. – STA 7/1, S. 49.
58 Schmid an Hölderlin Okt./Nov. 1797. – Ebd., S. 51.
59 Siehe Waas (wie Anm. 1), S. 85f.
60 Schmid an Hölderlin Sommer 1798. – STA 7/1, S. 55.
61 Waas (wie Anm. 1), S. 84.
62 Ebd., S. 271.
63 Zit. ebd.
64 L. Gerhardt (Hrsg.), Karl August Böttiger und Georg Joachim Göschen im Briefwechsel, Leipzig 1911, S. 26.
65 Georg Friedrich Rebmann schrieb in seinen *Kosmopolitischen Wanderungen durch einen Teil Deutschlands* 1793 z. B.: *An Hohlhippgen und Quittenschnitzgen ist übrigens unser Publikum schon seit einigen Messen so ziemlich gewöhnt, und es ist nunmehr wohl ausgemacht, daß Schriftsteller und Verleger, die Fabrikware liefern, besser fahren, als diejenigen, welche auf inneren wahren Wert ihrer Produkte Rücksicht nehmen, die wenigen Toren und Pinsel abgerechnet, die um ihrer selbst oder um des Beifalls weniger Menschen willen schreiben. Unser Publikum besteht nicht etwa aus den Tribunalen, die in Jena, Göttingen und Berlin entscheiden, auch nicht aus den jungen Kandidaten, angehenden Pastoren oder Studenten, welche hie und da in mancher anderen gelehrten Zeitung spuken, nein, das Publikum, dessen Stimme zwar nicht in kritischer, aber in ökonomischer Hinsicht über unsere Schriftsteller richtet, besteht aus Friseuren, Kammerjungfern, Bedienten, Kaufmannsdienern und dergleichen, die man in unseren Lesebibliotheken zu Dutzenden antrifft. Daher gehen die gräuelvollen Märchen, die Lauren und dergleichen trotz aller Geiselhiebe gut ab, während eine Buchhandlung in einer ansehnlichen Stadt Deutschlands mit Mühe und Not zwei Exemplare von Her-*

ders zerstreuten Blättern absetzte! Zit. nach Evi Rietzschel (Hrsg.), Gelehrsamkeit ein Handwerk? Bücherschreiben ein Gewerbe? Dokumente zum Verhältnis von Schriftsteller und Verleger im 18. Jahrhundert in Deutschland, Frankfurt/M. 1983, S. 106f.
66 Zit. nach Johann Goldfriedrich, Geschichte des Deutschen Buchhandels, Bd. 3, Leipzig 1909, S. 292. – Auch Münkler (1990), wie Anm. 1, S. 383, zitiert die Stelle, um den „Verwendungsstau der Intellektuellen" (S. 382) zu illustrieren.
67 Jean Paul: Hist.-krit. Ausg., I/10, S. 427.
68 Siehe Ludwig Fertig, Jean Paul und das moderne Berufsschriftstellertum, in: Jahrbuch 1989 der Jean-Paul-Gesellschaft, S. 93–116, S. 108f.
69 Hist.-krit. Ausg., II/3, S. XXIII.
70 Siehe Rietzschel (wie Anm. 65).
71 Schmid an Hölderlin 29.3.1799. – STA 7/1, S. 127.
72 Schmid an Hölderlin 12.6.1799. – STA 7/1, S. 150. – Ebd. wird die Möglichkeit erwogen, der Brief vom 15.12.1798 sei an Frölich gerichtet.
73 Siehe Reinhard Würffel, Lexikon deutscher Verlage von A–Z, Berlin 2000, S. 191.
74 Wie Anm. 71.
75 Musen-Almanach für das Jahr 1798, hrsg. von Schiller.
76 Vgl. Münkler (1990), wie Anm. 1, S. 377: Das Militär war „letzter Rettungsanker und, mehr noch, eine Instanz der Resozialisierung."
77 Siehe zu den Kriegsumständen und zur Rolle Schmids ausführlich Waas (wie Anm. 1), S. 86ff.
78 Goethe an Schiller 9.8.1797. – Wie Anm. 4, S. 333.
79 Siehe Heinrich von Kleist an Christian Ernst Martini 19.3.1799. – Kleist, Werke und Briefe in 4 Bdn., Frankfurt/M. 1986, Bd. 4, S. 24f.
80 Hölderlin, Hyperion, 2. Bd., 1. Buch.
81 Jean Paul, Titan, Bd. 4, 27. *Jobelperiode,* 105. *Zykel.*
82 An Hölderlin 13. und 22.5.1799. – STA, 7/1, S. 128f.
83 Hölderlin an Steinkopf 23.8.1799. – Wie Anm. 42, S. 853. – Zu Steinkopf siehe Würffel (wie Anm. 73).
84 An Hölderlin 19.12.1799. – STA, 7/1, S. 149. – Vgl. Steinkopf an Hölderlin 18.9.1799, ebd., S. 140, und 12.1.1800, ebd., S. 150.
85 Hölderlin an Neuffer 4.6.1799. – Wie Anm. 42, S. 819.
86 Steinkopf an Hölderlin 13.6.1799. – STA 7/1, S. 131. – Vgl. ebd., S. 132.
87 Hölderlin an Schelling Juli 1799. – Wie Anm. 42, S. 844f. – An Goethe, ebd., S. 845f.
88 Schiller an Hölderlin 24.8.1799. – Schiller, Nationalausgabe, Bd. 33, S. 89.
89 Hölderlin an die Mutter 18.6.1799. – Wie Anm. 42, S. 828f.
90 Hölderlin an die Mutter 8.10.1799. – Ebd., S. 864f.
91 Hölderlin an Karl Gok 12.2./14.3.1798. – Ebd., S. 754.
92 Siehe z. B. Paul Raabe, Hölderlins Bemühungen um den Druck seiner Werke, in: Ders., Bücherlust und Lesefreuden. Beiträge zur Geschichte des Buchwesens im 18. und frühen 19. Jahrhundert, Stuttgart 1984, S. 235–250. – Gerhard Sauder, Hölderlins Laufbahn als Schriftsteller, in: Hölderlin-Jahrbuch 24, 1984/85, S. 139–166.

93 Schmid an Schiller 13.8.1797. – Schiller, Nationalausgabe, Bd. 37/I, S. 99.
94 Schmid an Schiller 13.8.1800. – Ebd., Bd. 38/I, S. 318f. – Ausführliche Kommentare in Bd. 38/II, S. 562f. – Vgl. für das Folgende Waas (wie Anm. 1), S. 103ff.
95 Anm. 2.
96 13.10.1800. – In Waas (wie Anm., 1), S. 272f.
97 Siehe Handlungs-Addreß-Calender von Frankfurt am Mayn auf das Jahr 1797, S. 20 (Stadt- und Universitätsbibliothek Frankfurt/M.) – Für die Frankfurter Geselligkeitskultur hatte Körner 1793 beigetragen mit *Amor der Kommandant. In sechs Liedchen mit Musik. Ein Faschingsgeschenk*. Von 1800 bis 1803 gab er Gibbons *Geschichte des Verfalls des römischen Reichs* heraus, 1800 Mirabeau, 1803 Clemens Brentanos Singspiel *Die lustigen Musikanten* (Verzeichnis und Bestand STUB Ffm).
98 In der Universitätsbibliothek Jena. – Allerdings besitzt das Hölderlin-Archiv in der Württembergischen Landesbibliothek Stuttgart davon Film und Fotokopie.
99 Schmid an Hölderlin 15.1.1801. – STA 7/1, S. 155f. – Vgl. zum Folgenden Waas (wie Anm. 1), S. 108ff., und die Kommentare zu Schmids Briefen in STA 7/1.
100 Zu Hölderlins Verhältnis zu Huber siehe Huber an Hölderlin 6.8.1801. – STA 7/1, S. 168.
101 Schmid an Hölderlin 3.2.1801. – STA 7/1, S. 157f.
102 Siehe Hölderlin an Schiller 2.6.1801. – Wie Anm. 42, S. 922ff.
103 Schmid an Hölderlin 8.5.1801. – STA 7/1, S. 161.
104 STA 4, S. 288ff. – Vgl. Waas (wie Anm. 1), S. 131ff.
105 Siegfried Schmid, Die Glauburg, in: Roth/Schazmann (Hrsg.), Beiträge für die Geschichte der Wetterau, H. 1, Frankfurt/M. 1801, S. 131–164. – Das Vorwort zum Heft ist auf den März 1801 datiert. – Eine Würdigung dieser Bemühungen Roths und Schazmanns und eine Übersicht über die Beiträge in Fritz H. Herrmann, Friedberger Heimatforschung im 19. Jahrhundert, in: Friedberger Geschichtsblätter; Bd. 17, Friedberg 1950, S. 83–96 – Zur *Glauburg* vgl. Waas (Anm. 1), S. 162ff.
106 Siehe Friedrich Sengle, Das deutsche Geschichtsdrama. Geschichte eines literarischen Mythos, Stuttgart 1952.
107 Siehe Heinrich Eduard Scriba, Biographisch-literärisches Lexikon der Schriftsteller des Großherzogthums Hessen. 1. Abt., Darmstadt 1831, S. 346ff., und Christian Waas, in: Herman Haupt (Hrsg.), Hessische Biographien, Bd. 1, Darmstadt 1918, S. 381ff.
108 Siehe Eduard Berlet, Lehrerbildung in Hessen-Darmstadt (1770–1918), hrsg. von Peter Fleck, Darmstadt/Marburg 1987, S. 97ff.
109 Schmid an Hölderlin 31.7.1801. – STA 7/1, S. 167.
110 Otfried Praetorius/Friedrich Knöpp (Bearb.), Die Matrikel der Universität Gießen, 2. Teil, Neustadt a. d. Aisch 1957, S. 164.
111 *Etwas aus Friedberg in der Wetterau* , in: *Zeitung für die elegante Welt,* 1802, Nr. 52, Sp. 413–416 (1.5.1802). Ausführlich dazu, mit Textauszügen, auch Karl Schmidt im *Oberhess. Anzeiger,* 29.1.1930, und in Ders., Aus dem Friedberger Kunstleben früherer Zeiten, in: Friedberger Geschichtsblätter, Bd. 11, Friedberg 1934, S. 81–112, S. 86ff.
112 August Wilhelm Iffland, Das Vermächtnis. Ein Schauspiel in fünf Aufzügen, Leipzig, 1796. – Auch in: Dramatische Werke, Bd. 8, Leipzig 1799.

113 Siehe Otfried Praetorius (Hrsg.), Friedberg um 1800 in Stammbuchblättern, Tagebuchauszügen und Briefen, in: Friedberger Geschichtsblätter, Bd. 15, Friedberg 1940, S. 1–17, S. 9f. – Vgl. auch Christian Waas (Hrsg.), Die Chroniken von Friedberg in der Wetterau, Bd. 3, Friedberg 1963, S. 14.
114 *Zeitung für die elegante Welt* (wie Anm. 111), Sp. 415f.
115 Siehe Ruth Jakoby, Die Erlanger Literaturzeitung als Beispiel eines Rezensionsorgans der Romantik unter besonderer Berücksichtigung medizinischer Inhalte, Diss. Münster 1998.
116 *Litteratur-Zeitung*, Erlangen, Bd. 7, Nr. 31, 14.4.1802, Sp. 241–248.
117 Waas (wie Anm. 1), S. 114.
118 Wie Anm. 116, Sp. 841.
119 Ebd., Sp. 245.
120 Ebd., Sp. 246.
121 Vgl. für das Folgende Waas (wie Anm. 1), S. 110ff.
122 Karl Wagner (Bearb.), Register zur Matrikel der Universität Erlangen 1743–1843, München/Leipzig 1918, S. 370 und S. 445.
123 Siehe Ludwig Fertig, Die Hofmeister. Ein Beitrag zur Geschichte des Lehrerstandes und der bürgerlichen Intelligenz. Mit 14 Quellenschriften und 15 Abbildungen, Stuttgart 1979.
124 Siehe z. B. Walter Schübler, Johann Heinrich Merck, Biographie, Weimar 2001, S. 16f.
125 Schmid wurde am 3.12.1802 in der philosophischen Fakultät promoviert *ob varia eaque luculente elegantioris ingenii atque eruditionis specimina in lucem edita*. Wie Anm. 122, S. 445. – In den „Miscellanea quae continent brevem eorum summam quae in Facultate Philosophica Erlangensi a prima Universitatis institutione gesta sunt 1743–1818" heißt es: ... *nonullis elegantioribus libellis editis...* Nach: Universitätsbibliothek Erlangen-Nürnberg (Hrsg.), Verzeichnis der Erlanger Promotionen 1743–1885, Teil 1, Erlangen 2009 (= Erlanger Forschungen, Sonderreihe Bd. 14/1), S. 321. – Schmid konnte auch auf die Übersetzung einer Horaz-Ode hinweisen, die 1802 im Druck erschienen war, aber nach Kaysers Bücherlexikon ohne Verlagsangabe: Christian Gottlob Kayser, Vollständiges Bücher-Lexicon, Teil 3, Leipzig 1835, S. 191 unter *Horatius: ... eine Ode, übers. v. S. Schmid 1802*.
126 Siegfried Schmid, *Phantasien*, Erlangen 1803. – Zur Datierung: Waas (wie Anm. 1), S. 265. – Es ist das einzige Werk Schmids, das in zahlreichen Bibliotheken verfilmt vorliegt. – Das Original im Stadtarchiv Friedberg.
127 Siehe Waas (wie Anm. 1), S. 173 und S. 252.
128 Ebd., S. 293.
129 *Der Freimüthige*, Jahrg. 1, 1803, Nr. 13, S. 52 (24.1.1803).
130 Ebd. – Vgl. auch Waas (wie Anm. 1), S. 172f.
131 Kotzebue verkündete in der ersten Nummer über seinen *Freimüthigen: Er wird die Produkte unserer ersten Dichter mit inniger Wärme loben, wenn sie lobenswürdig sind; er wird sich aber durch keinen berühmten Nahmen, und noch weniger durch eine Würde im Staat, imponiren und verleiten lassen, ein mittelmäßiges oder gar schlechtes Pro-*

dukt zu bewundern. – Zit. nach Alfred Estermann, Die deutschen Literatur-Zeitschriften 1815–1850, Bd. 1, Nendeln 1978, S. 200.
132 *Zeitung für die elegante Welt* , 3.Jahrg., 1803, Nr. 32, 15.3.1803, Sp. 252.
133 Ursprünglich hieß die Zeitschrift *Archiv für Künstler und Kunstfreunde*; sie war seit 1803 in der Waltherschen Hofbuchhandlung in Dresden erschienen. Im Vorwort zum 1. Bd. 1803 ermunterte Meusel, unaufgefordert Beiträge *gegen billiges Honorar* einzusenden (S. V). – Im Bd. 1, 2. Stück erschien Siegfried Schmid, *Goethe`ns Übertragung der Lebensbeschreibung des Benvenuto Cellini* (1804, S. 6–10).
134 Ebd., S. 6.
135 Ebd., S. 9f.
136 Vgl. Schiller an Goethe 17.1.1804 über die Rezension in der *Jenaischen Allgemeinen Literaturzeitung* am 11.1.1804: *Vom Cellini hätte mehr gesagt werden sollen und müssen, indessen ist diese frühzeitige Anzeige davon, wenn sie auch nicht ganz befriedigt, der Verbreitung des Werks nützlich.* Wie Anm. 4, S. 828.
137 Jean Paul an Emanuel 7.5.1795. – Hist.-krit. Ausg., III/2, S. 82.
138 Siegfried Schmid, Dramatische Werke, Bd. 1, Leipzig 1842, S. 1ff. (127 S.). – Von diesem Band sind nur zwei Exemplare in öffentlichen Bibliotheken nachgewiesen. Ein Mikrofilm des *Nepotian* besitzt allerdings das Stuttgarter Hölderlin-Archiv. – Nach dem Urteil von Waas „ist dieses Drama Schmids das Beste, was er überhaupt geschaffen, sein reifstes und schönstes Werk." (Wie Anm. 1, S. 162). – Vgl. auch Christian Waas, Ein Napoleon-Drama aus Hölderlins Kreis, in: Die Literatur, 31, 1928/29, S. 678–680.
139 Wie Anm. 126, S. 17f.
140 Nepotian, III/3 (wie Anm. 138, S. 60f.)
141 Wie Anm. 126, S. 250.
142 Zit. bei Waas (wie Anm. 1), S. 186ff.
143 Ebd., S. 302.
144 Ebd., S. 189f.
145 Siehe zu Haina Landeswohlahrtsverband Hessen (Hrsg.), 800 Jahre Haina. Kloster. Hospital. Forst, Kassel 1986. Über Schmid S. 74f.
146 Man hat treffend von *erzwungener Vernünftigkeit* gesprochen: Münkler (wie Anm. 1).
147 Sinclair an Brentano 20.9.1806. – Zit. nach Karl Freye, Casimir Ulrich von Boehlendorff der Freund Herbarts und Hölderlins, Langenselza 1913, S. 244.
148 Brentano an Arnim Herbst 1806. – Clemens Brentano, Sämtl. Werke und Briefe, hist.-krit. Ausg., Bd. 31, Stuttgart/Berlin/Köln 1991, S. 590. – Zur Datierung ebd., S. 708.
149 Zit. bei Waas (wie Anm. 1), S. 193. – Zur Mühle ebd.
150 Sinclair an Hegel 23.5.1807. – Georg Wilhelm Friedrich Hegel, Sämtl. Werke, krit. Ausg., Bd. 27, Hamburg 1952, S. 165.
151 Siehe Waas (wie Anm. 1), S. 194. – Auf Waas` Nachforschungen sei auch für das Folgende hingewiesen. (S. 196ff.)
152 Siegfried Schmid, *Die Heroine oder zarter Sinn und Heldenstärke. Ein Schauspiel in fünf Akten*, Frankfurt/M. 1801, S. 2.
153 Leo Freiherr von Seckendorff (Hrsg.), Musenalmanach für das Jahr 1807, S. 3ff.: Hölderlins *Herbstfeier* [Stuttgart], S. 92ff.: Schmid.

154 S. 79ff.: *Pathmos,* S. 94ff.: *Der Rhein,* S. 91f. und S. 155ff.: Schmid(t).
155 Ch. M. Schwab, Beiträge zur Biographie Hölderlins, in: Westermanns Jahrbuch der Illustrirten Deutschen Monatshefte, Bd. 30, 1871, S. 650–663, S. 660ff.
156 Anm. 138. – Zum Verlag Fleischer siehe Würffel (wie Anm. 73), S. 243.
157 Zit. auch bei Waas (Anm. 1), S. 241.
158 Karl Schwartz, Landgraf Friedrich V. von Hessen-Homburg und seine Familie, 2. Aufl., Bd. 3, Homburg v. d. H. 1888, S. 30.
159 Christian Waas, Ein Friedberger Dichter aus der Zeit der Klassiker, in: Friedberger Geschichtsblätter, Heft 4, Friedberg 1914, S. 43–47.
160 Außer der Biografie von Waas (Anm. 1) sei auch sein Artikel in den Hessischen Biographien (Anm. 107), Bd. 2, S. 451–455, angeführt. – Siehe auch Wilhelm Hans Braun, Siegfried Schmid. Zum hundertsten Todestag, in: Wetterauer Geschichtsblätter, Bd. 7/8, Friedberg 1959, S. 161–168. – Vgl. auch Ders., Über Friedberger Häuser. Wege zu ihrer Erforschung. Das Geburtshaus des Dichters Siegfried Schmid, in: Friedberger Geschichtsblätter, Bd. 14, Friedberg 1939–42, S. 349–365. – 1959 erschien auch Fritz Ebner, Siegfried Schmid – ein Freund Hölderlins, in: Hessische Heimat, Nr. 8, 18.4.1959, S. 29f. – Weitere Belege für das Gedenken 1959 im Stadtarchiv Friedberg. – In diesem Zusammenhang sind auch die Beiträge Herfried Münklers zu nennen (Anm. 1).
161 Wie Anm. 53.
162 Siehe z. B. Wilhelm Michel, Das Leben Friedrich Hölderlins, Darmstadt 1963, und Peter Härtling, Hölderlin. Ein Roman, 7. Aufl., Darmstadt/Neuwied 1985, S. 278f. (mit sehr unterschiedlichen Wertungen).
163 Sämtliche Werke und Briefe (wie Anm. 42), Bd. 1, S. 308.

Die Gebietsreform in Bad Nauheim – eine Retrospektive
Zur Eingemeindung der Stadtteile in die Stadt Bad Nauheim im Jahr 1972[1]

Friedrich-Karl Feyerabend

„Daß die Grenzen von Ländern durch fremdes Diktat oder eignen Willen geändert werden, ist deutsches Schicksal. Das Problem ist dieses: Die Gemeinden, wo immer sie sind, die bleiben da, wo sie sind, sie haben diesen Ewigkeitsanspruch. Das bedeutet, daß die Gemeinden wichtiger sind als die Länder, weil sie die Keimzellen des bürgerlichen Lebens, des Wirtschaftslebens, sind."[2]
Diesen Satz schrieb der erste Bundespräsident Theodor Heuss am 7. Dezember 1949 in das Goldene Buch der Stadt Wiesbaden. Er zeigt die überragende Bedeutung der Gemeinden für die Bürgerinnen und Bürger und umreißt so die Herausforderung einer Neugliederung von Gemeinden. Wir sind heute zusammengekommen, um der Eingemeindung der heutigen Stadtteile Rödgen/Wisselsheim zum 1. Januar 1972, Schwalheim zum 1. Februar 1972, Steinfurth und Nieder-Mörlen jeweils zum 1. August 1972 zu gedenken. Einige von uns können sich daran noch persönlich erinnern, andere waren daran aktiv beteiligt.[3]

Den damals Beteiligten gilt unser Respekt und unser Dank für ihre Arbeit, unabhängig davon, welche Auffassung sie zur Eingemeindung hatten. Sie könnten die Bedeutung und den damaligen Ablauf sicher am besten darstellen, und es wäre reizvoll, sie im Sinne von „oral history" heute zu befragen. Aus naheliegenden Gründen würde dies allerdings den hier gesetzten Rahmen sprengen. So fällt dem heutigen Stadtverordnetenvorsteher die Aufgabe zu, über die damalige Entwicklung, in erster Linie anhand von Akten und Unterlagen, zu berichten. Dies kann dazu führen, dass die damals Beteiligten eine andere

Sicht auf die Dinge haben oder bestimmte Aspekte vermissen.[4] Im Vorfeld zu dieser Gedenkveranstaltung tauchten zwei Fragen auf:
Erstens: Ist es überhaupt sinnvoll, nach nur 40 Jahren der Eingemeindung zu gedenken? Üblicherweise wird erst nach 50 Jahren zum ersten Mal ein Ereignis besonders beleuchtet. Für die heutige Gedenkveranstaltung gibt es jedoch gute Gründe. Der Wichtigste: Die kollektive Erinnerung stärkt die gemeinsame Identität. In der Wissenschaft ist das Thema Erinnerung und Gedächtnis in Deutschland in jüngster Zeit eng mit dem Namen Aleida Assmann[5] verbunden. Es wird zunächst zwischen einem verkörperten – persönlichen – und einem ausgelagerten Gedächtnis unterschieden. Durch die Möglichkeit, etwas aufschreiben und archivieren zu können, dehnen die Menschen und Kulturen die Reichweite ihres Merkvermögens aus. Darüber hinaus gibt es das kulturelle Gedächtnis, das sich u. a. aus Texten, Denkmälern, Museen und Erinnerungstagen konstituiert. Gedenktage sind so viel mehr als eine Formalität. Eine besondere Rolle spielt dies etwa für das Gedenken an das Kriegsende am 8. Mai. Die Gebietsreform ist hiermit nicht zu vergleichen, jedoch besteht nach 40 Jahren die Gefahr, dass das individuelle, persönliche Gedächtnis daran verloren geht. Ohne in die Kompetenz höherer Mächte eingreifen zu wollen, lässt sich festhalten, dass die Chance immer kleiner wird noch Menschen zu treffen, die sich individuell an die Eingemeindung der Stadtteile erinnern können. Allein aus diesem Grunde ist es sinnvoll, mit dem Gedenken nicht noch weitere zehn Jahre bis zum Jahr 2022 zu warten. Wir sollten also heute die Chance nutzen, uns gemeinsam mit den damals Beteiligten zu erinnern.
Zweitens: Eine weitere Frage im Vorfeld war, ob und inwieweit man auf die Frage eingehen müsse, ob ein Stadtteil freiwillig oder auf Grund gesetzlicher Vorgaben nach Bad Nauheim eingemeindet wurde. An dieser Stelle sei gleich eingangs eine Position festgehalten: Man soll nicht nur diesen Aspekt behandeln – man muss es tun – alles andere wäre unbedarft und damit unhistorisch. Die Gemeinden Rödgen/Wisselsheim-Wettertal und die Gemeinde Schwalheim wurden auf freiwilliger Basis eingegliedert. Hier wurden Grenzänderungsverträge abgeschlossen. Um auch das vorweg zu nehmen: Hierdurch erhielt die Stadt Bad Nauheim in den Folgejahren erhöhte Schlüsselzuweisungen. Mit Wirkung zum 1. August 1972 wurden die Gemeinden Steinfurth und Nieder-Mörlen mit der Stadt Bad Nauheim zwangsweise zusammengeschlossen.

Im Folgenden sei zunächst ein Blick auf die Gemeindereform in Hessen geworfen (I), um danach die Ereignisse in den verschiedenen Stadtteilen zu beleuchten (II). Daran soll sich die Bedeutung und Funktion der durch die Gebietsreform gebildeten Ortsbeiräte (III) anschließen. Der IV. und vorletzte Punkt gilt Vergangenheit und Zukunft: Keine Perspektive von Retrospektive. Hier soll nach der Entwicklung des jeweiligen Stadtteils in den letzten 40 Jahren und den Aussichten für die Zukunft gefragt werden.

I. Die kommunale Gebietsreform in Hessen

Eine umfassende Neugliederung der Kreise und Gemeinden war seit Mitte der 60er Jahre des vergangenen Jahrhunderts in allen Flächenstaaten der Bundesrepublik ein wichtiges Thema. Die Gebietsreform hatte das Ziel, durch größere Verwaltungseinheiten leistungsfähige Gemeinden und Landkreise zu schaffen. Die Gebietsreform in Hessen erfolgte von 1970 bis 1977.[6] Erste Anstöße für eine derartige Reform gab eine Kabinettskommission unter dem Vorsitz von Professor Herrmann Brill, die bereits 1947 eingesetzt wurde. In einem Gutachten schlug die Kommission die Eingliederung von „Zwerggemeinden" vor und regte die Auflösung kleinerer Landkreise mit dem Ziel an, die Zahl der hessischen Landkreise von vorher 39 auf 31 zu vermindern. Eine Umsetzung dieser Vorschläge erfolgte nicht, wichtigster Grund war wohl, dass in der ersten Phase des Wiederaufbaus nach dem Zweiten Weltkrieg andere Probleme eine höhere Priorität hatten.[7]

Ein neuer Anlauf erfolgte in den 70er Jahren. Die Gebietsreform war das wichtigste Projekt der von 1970 bis 1974 amtierenden sozial-liberalen Regierung Albert Osswald. Der für die Gemeinden zuständige Innenminister war Hanns-Heinz Bielefeld von der FDP. Im Koalitionsvertrag zwischen SPD und FDP war vereinbart, die kommunale Verwaltungsreform in Angriff zu nehmen. Ziel war, die Zahl der Gemeinden auf 500 und die der Kreise auf 20 zu reduzieren. Am Stichtag 28. Februar 1969 gab es in Hessen noch 2.642 Gemeinden, 39 Landkreise und 9 kreisfreie Städte. Nach den Plänen des Gesetzgebers sollte die Gebietsreform in Phasen Schritt für Schritt, insbesondere durch freiwillige Entschließungen der Gemeinden, verwirklicht werden. Ein Instrument hierzu waren Begünstigungen, die das Finanzausgleichsgesetz auf freiwillige Eingliederungen bzw. Zusammenschlüsse gewährte. Sie wurden beschränkt auf die Zeit bis 1980 und sollten auch nur dann in Betracht kommen, wenn die Gemeinden die notwendigen Beschlüsse bis zum Jahresende 1971 gefasst hatten. Vor diesem Hintergrund verringerte sich zunächst die Zahl der Gemeinden auf 1.233 im Jahre 1971. Hessen lag damit an der Spitze der „Freiwilligen-Rate".[8]

Die Gebietsreform umfasste die Ebenen Regierungsbezirke, kreisfreie Städte, Landkreise und Gemeinden. Für den heimischen Raum von besonderem Interesse war die Gründung des Wetteraukreises aus den bisherigen Landkreisen Büdingen und Friedberg zum 1. August 1972. Das Ereignis wurde im Laufe des Jahres mit verschiedenen Veranstaltungen, wie z. B. mit einem Festakt am 5. August 2012 und einem Online-Wetterau-Quiz, gefeiert.

Die Gemeindeneugliederung gestaltete sich tatsächlich und politisch als besonders schwierig, da es auf Gemeindeebene im Gegensatz zu den Landkreisen vielfach seit Jahrhunderten keine Änderungen gab. Die Gemeinde hat – anders als der Kreis – einen Kirchturm, Rathaus und Flur und ist somit für den Bürger unmittelbar wahrnehmbar. Der formellen Rechtsgleichheit aller Gemeinden stand eine tatsächliche Ungleichheit gegenüber. Zum Ausdruck kam sie durch die unterschiedliche Verwaltungs- und Leistungskraft der Gemeinden. Die Zusammenlegung sehr kleiner, finanziell und an Verwaltungskraft nur schwacher Gemeinden sollte eine gleichmäßige Infrastruktur ermöglichen. Diese Probleme resultierten aus den Ansprüchen der Bürger an einen höheren Lebensstandard, die nur sehr schwer von kleineren Gemeinden bewältigt werden konnten.[9] Für das Zusammengehen von Gemeinden gab es also gute Gründe. Gleichzeitig fürchteten viele Bürgerinnen und Bürger, besonders alteingesessene Familien, um ihre Selbstständigkeit bei der weiteren Gestaltung ihres Dorfes und damit um den Verlust eines Teils ihres Lebensinhaltes. Sie fürchteten den Verlust ihrer Zuständigkeit in vielen Bereichen des gemeindlichen Lebens. Gleichzeitig bestanden Bedenken auf der Ebene von Vereinen und Verbänden. Sie wehrten sich dagegen, ggf. kleine Vereine aufzulösen und in größere einzugliedern.[10] Gleichzeitig war die Bestimmung eines gemeinsamen Namens beim Zusammenschluss von Gemeinden eine große Herausforderung. Vielfach entstanden Kunstworte aus Namensteilen der beteiligten Gemeinden; nur in vier Fällen griff man zu Doppelnamen mit Bindestrich. Insgesamt entstanden im Rahmen der Gebietsreform 129 Namensschöpfungen, wie z. B. im Wetteraukreis „Niddatal"[11].

Die Gebietsreform wurde schließlich in den Jahren 1972 bis 1977 umgesetzt. Insgesamt war sie politisch hochumstritten. Am bekanntesten ist die Bildung der Stadt Lahn aus den Städten Gießen und Wetzlar. Der Widerstand hiergegen führte nach 31 Monaten im Jahre 1979 zur Auflösung der bisherigen Stadt

Lahn und des Großkreises Lahn-Dill. Damit ist die Gebietsreform mit diesem letzten Neugliederungsgesetz abgeschlossen. Hessen hat seitdem 421 kreisangehörige Gemeinden, 21 Landkreise und 5 kreisfreie Städte. Die Gebietsreform in Hessen wurde in der VII. Wahlperiode bis zum Herbst 1974 im Hessischen Landtag beraten und mit den Stimmen der Koalitionsfraktionen verabschiedet. Die CDU-Opposition stimmte den Gesetzen trotz Übereinstimmung in manchen Einzelfragen und konstruktiver Mitarbeit im Ausschuss für Verwaltungsreform aus grundsätzlichen Erwägungen nicht zu[12]. Die zum 1. Januar 2012 in Kraft getretene HGO-Novelle greift das Thema „Gebietsänderungen" nochmals auf. Nach dem neu eingefügten § 16 Abs. 3 HGO können Gemeindegrenzen freiwillig durch Vereinbarung der beteiligten Gemeinden mit Genehmigung der zuständigen Aufsichtsbehörde geändert werden. Die Vereinbarung ist von der Gemeindevertretung der beteiligten Gemeinden mit der Mehrheit der gesetzlichen Zahl der Gemeindevertreter zu beschließen. Vor der Beschlussfassung sind die Bürger zu hören, die in dem unmittelbar betroffenen Gebiet wohnen… In der Textausgabe der HGO des Hessischen Städtetages[13] heißt es hierzu in einer Fußnote:" Mit der Neufassung der §§ 16, 17 soll die Gebietsreform durch das Land abgeschlossen sein. Das Initiativrecht liegt nun bei den Gemeinden, die in eigener Zuständigkeit die Gebietsänderung planen und durchführen. Die Anhörung der Bevölkerung hat informatorischen Charakter. Die Gebietsänderung kann auch durch einen Bürgerentscheid herbeigeführt werden… Der Hessische Städtetag sieht in der Änderung der entsprechenden Vorschriften eine Stärkung der Gemeinden und eine Erleichterung der Verwirklichung der kommunalen Selbstverwaltung."

Abb.1 Altes Rathaus Rödgen, Rathausstraße 8. Foto: Stadt Bad Nauheim, Öffentlichkeitsarbeit.

II. Die Gebietsreform in den Bad Nauheimer Stadtteilen

a. Wettertal – Rödgen/Wisselsheim

Nach Vorüberlegungen in den 1930ger Jahren begann in der 2. Hälfte der 1960er Jahre der politische Prozess zum Zusammenschluss von Rödgen und Wisselsheim.[14] So beschloss beispielsweise der Rödger Gemeinderat am 7. Mai 1969 einstimmig mit den Gemeindevertretern Wisselsheims zu einer Aussprache über den Zusammenschluss beider Gemeinden zusammenzukommen. Am 24. Februar 1970 wünschte das Gremium den Zusammenschluss *sobald als möglich*. In dem geplanten Auseinandersetzungsvertrag sollte jedoch die Möglichkeit offen gelassen werden, auf freiwilliger Basis einen Zusammenschluss mit Bad Nauheim durchzuführen. Der Auseinandersetzungsvertrag zwischen den Gemeinden Rödgen und Wisselsheim wurde von den Bürgermeistern Rolf Westfeld und Herbert Rüfer sowie von den beiden 1. Beigeordneten Horst Henkel und Else Hensel am 23. Januar 1971 unterschrieben und am 26. Januar 1971 von Landrat Erich Milius genehmigt. Damit entstand die Gemeinde Wettertal durch den Zusammenschluss beider Gemeinden vom 1. Februar 1971 an. Politisches Ziel des Zusammenschlusses war wohl, einer Eingemeindung nach Bad Nauheim zu entgehen. Wettertal hatte 1.525 Einwohner. Die Berechtigung der Fusion wurde in der Öffentlichkeit breit diskutiert, doch 11 Monate später schlugen sich die Wettertaler Gemeindevertreter auf die Seite des Rödgener CDU-Gemeindevertreters Moritz Felkel, der Zweifel angemeldet hatte. Wettertal hatte keine Zukunft mehr, die Gemeinde bestand nur 11 Monate. Am 16. Dezember 1971 wurde der Grenzänderungs- und Auseinandersetzungsvertrag zwischen der Stadt Bad Nauheim und der Gemeinde Wettertal unterzeichnet, nachdem zuvor die beiden Gemeindevertretungen dem Vertragswerk zugestimmt hatten. Damit wurde Wettertal mit Wirkung zum 1. Januar 1972 Ortsteil von

Abb.2 Altes Rathaus Wisselsheim, Weihergasse 6. Foto: Stadt Bad Nauheim, Öffentlichkeitsarbeit.

Bad Nauheim. Das Mitbringsel in diese „Vernunftehe" – so der frühere Wisselsheimer Bürgermeister Herbert Rüfer – waren erhöhte Schlüsselzuweisungen von jährlich rd. 290.000 DM.[15] Im Grenzänderungs- und Auseinandersetzungsvertrag waren in § 11 die von der Stadt Bad Nauheim und der Gemeinde Wettertal als vordringlich erachteten gemeinschaftlichen Maßnahmen aufgeführt. Herausragende Punkte waren die Schaffung von Kinderspielplätzen in jedem Ortsteil, die Errichtung eines Kindergartens, die Schaffung einer Stätte bürgerschaftlicher Begegnung und der restliche Ausbau des Sportplatzes im Ortsteil Rödgen. Die aus der Eingliederung der Gemeinde Wettertal zu erwartenden Mehreinnahmen an Schlüsselzuweisungen sollten hierzu vornehmlich auf die Dauer von fünf Jahren verwendet werden. Das angesprochene Bürgerhaus war das bestimmende Thema der nächsten Jahre. Unterschiedliche Auffassungen über die im Investitionsprogramm für 1975 vorgesehenen Beträge sowie über den Standort führten zu leidenschaftlichen Diskussionen. Im Jahr 1980 war da von einem *Bau-Skandal erster Ordnung* die Rede. Gegenüber dem ursprünglichen Kostenvoranschlag von 1,3 Mio. DM stand nun die doppelte Summe im Raum. Um die Kosten auf 2,2 Mio. DM zu begrenzen, sollte nun beim Innenausbau gespart werden. Zum Abschluss kam die schier unendliche Geschichte des Bürgerhauses am 13. Juni 1982 mit der Einweihung.[16]

b. Die Eingliederung Schwalheims

Bereits einen Monat später, zum 1. Februar 1972, trat die Eingliederung der Gemeinde Schwalheim in die Stadt Bad Nauheim in Kraft.[17] Vorausgegangen waren langwierige Verhandlungen sowohl mit Friedberg als auch mit Bad Nauheim. Kritische Punkte waren u. a. der Wunsch nach einer Mehrzweckhalle in Schwalheim sowie die Zusage, Gebühren und Abgaben auf Jahre nicht zu erhöhen.

Abb. 3 Altes Rathaus Schwalheim, Schwalheimer Hauptstraße 39. Foto: Stadt Bad Nauheim, Öffentlichkeitsarbeit.

Schwalheim legte im November 1971 beiden Städten einen acht Punkte Katalog vor, um zu prüfen, wer am ehesten bereit sei, die Vorgaben zu erfüllen. Diese Strategie kam in Bad Nauheim nicht gut an; die Stadtverordnetenversammlung lehnte die Schwalheimer Forderungen mit der Begründung ab, es werde ein Weg gesucht, Friedberg und Bad Nauheim gegeneinander auszuspielen. Unmittelbar danach warf der Schwalheimer Gemeindevorstand Bad Nauheim vor, die Stadt habe sich als Mitgiftjäger, wenn nicht gar als Heiratsschwindler entlarvt. Gleichwohl gab es ein erneutes Bad Nauheimer Angebot. Hintergrund war, dass der damalige Gemeindevertreter Wolfgang Jehner ohne Wissen der übrigen Kommissionsmitglieder persönlich mit dem Bad Nauheimer Bürgermeister Herbert Schäfer Kontakt aufgenommen hatte. Dieser reagierte mit einem Brief an seinen Schwalheimer Amtskollegen.[18] Die Verhandlungskommissionen beider Gemeinden einigten sich in ihrer Sitzung am 20. Dezember 1971 auf einen Grenzänderungs- und Auseinandersetzungsvertrag. Darin wurde vereinbart, dass in den ersten drei Jahren nach der Eingliederung keine Änderungen der Steuersätze erfolgen sollte. Gleiches galt für die Gebühren, soweit nicht ein Ausgleich der Gebührenhaushalte eine Anhebung zwingend erforderte. Zu den vordringlich durchzuführenden Maßnahmen zählte u. a. der Bau einer Sporthalle mit Kegelbahn, die auch als Mehrzweckhalle Verwendung finden könnte. Die Pläne sollten im Einvernehmen mit dem Ortsbeirat erstellt werden. Als Baubeginn war 1972 vorgesehen. Die Bad Nauheimer Stadtverordnetenversammlung billigte das Vertragswerk in einer Sondersitzung Ende Dezember 1971 einstimmig, nachdem die Schwalheimer Gemeindevertretung dem Vertrag bereits zuvor mit großer Mehrheit zugestimmt hatte. Schwalheims Bürgermeister Erwin Graff betonte, wie schwer Schwalheim der Schritt gefallen sei, die Gemeinde sei finanziell gesund und aufgrund ihrer Struktur und Einwohnerzahl durchaus in der Lage gewesen, ihre Eigenständigkeit zu bewahren. Doch habe man sich den Richtlinien der Landesregierung gebeugt.[19]

c. Die Eingliederung Nieder-Mörlens

Die Gemeindevertretung Nieder-Mörlens lehnte eine Eingliederung auf freiwilliger Basis ab. Es gab zwar im Sommer 1972 hierzu Diskussionen; so urteilte die Nieder-Mörler SPD, das Parlament habe eine Chance verpasst; 585.000 DM höhere Schlüsselzuweisungen gingen hierdurch verloren.[20] Der Wunsch, die Eigenständigkeit zu bewahren, ging jedoch nicht in Erfüllung. Der Hessische

Die Gebietsreform in Bad Nauheim – eine Retrospektive

Landtag hat mit dem Gesetz zur Neugliederung der Landkreise und Gemeinden vom 11. Juli 1972 die bisher selbständige Gemeinde Nieder-Mörlen mit Wirkung vom 1. August 1972 in Bad Nauheim eingegliedert. Die Stadt Bad Nauheim und der Landkreis Friedberg stimmten dem zu. Vor der Eingliederung hatte die noch selbständige Gemeinde im Frühjahr 1972 den Bau der Nieder-Mörler Mehrzweckhalle beschlossen, sie wurde im Jahre 1977 fertig gestellt. Interessant ist, dass die Vorstellungen über die Größe des Baus kontinuierlich wuchsen. So war ursprünglich vom Gemeindevorstand im Januar 1972 der Bau eines „Mehrzweckraums" durch Umbau der alten Schule in der Fußgasse bzw. Ausbau der Lagerhalle in der Hauptstraße 53 vorgesehen, Mitte März wurde daraus ein Bürgerhaus/ Gemeindezentrum, Ende März wurde der Neubau einer Mehrzweckhalle beschlossen. In seiner Rede zur Einweihung der Mehrzweckhalle im September 1977 sagte Bürgermeister Herbert Schäfer: *Ich glaube aber auch, dass die Bürgerschaft erkennen kann, dass die Vereinigung mit der Stadt Bad Nauheim dem Stadtteil Nieder-Mörlen keine Nachteile gebracht hat. Zahlreiche Objekte wurden seitdem in Angriff genommen und verwirklicht.*

Abb.4 Altes Rathaus Nieder-Mörlen, Nieder-Mörler-Straße 53. Foto: Stadt Bad Nauheim, Öffentlichkeitsarbeit.

Dies gilt im Übrigen auch für die anderen Stadtteile – die Infrastruktur wurde deutlich verbessert. Schwalheim und Rödgen/Wisselsheim erhielten beispielsweise Bürgerhäuser. Ob sie derzeit nochmals gebaut würden, ist zu bezweifeln. Zur Eingemeindung von Nieder-Mörlen gibt es nur wenige Unterlagen; so enthält beispielsweise die lesenswerte Festschrift zur 1200-Jahr-Feier im Jahre 1990 viele wichtige Beiträge, jedoch bezeichnenderweise keinen zur Eingliederung in die Stadt Bad Nauheim. Nach den Neugliederungsgesetzen in Hessen blieben bei Zusammenschlüssen die Organe der aufnehmenden Gebietskörperschaften zunächst bestehen und nahmen die Aufgaben der Organe der eingegliederten mit wahr. Diese Übergangsregelung endete nach den allgemeinen Kommunalwahlen am 22. Oktober 1972. Die Bürgerinnen und Bürger der Stadtteile Nieder-Mörlen und Steinfurth wurden durch einen Brief des Magistrates der Stadt Bad Nauheim, unterzeichnet von Bürgermeister Herbert Schäfer, über die anstehenden organisatorischen Veränderungen informiert.

d. Die Eingliederung Steinfurths

Die Entwicklung in Steinfurth entspricht in weiten Teilen der in Nieder-Mörlen. Hier wurde in der Gemeindevertretung sogar hinter verschlossenen Türen beraten, nur das Ergebnis drang nach außen. Nach einer Meldung der *Wetterauer Zeitung*[21] hatte danach das Rosendorf noch keine Lust, auf Freiers Füßen zu wandeln. Auch in der Beratung über den Gesetzentwurf zur Neugliederung der Landkreise, und hiermit im Zusammenhang stehend die Eingliederung der Gemeinde Steinfurth, wurden die Vorschläge ebenfalls abgelehnt.

Hier wurde beschlossen, nochmals aktiv zu werden, und dem Ministerium den unveränderten Standpunkt zu erläutern. Man sprach sein Bedauern darüber aus, dass die in einer Dokumentation dargelegten Gründe nicht berücksichtigt worden seien. Begründet wurde die Entscheidung zur Eingliederung u. a. damit, dass Steinfurth zum Nahversorgungsgebiet Bad Nauheims gehöre. Außerdem gäbe es eine enge Verflechtung Steinfurths zu Bad Nauheim, dessen Bebauungsgrenze bis unmittelbar an die Gemarkung Steinfurths heranreichten.[22] Wie auch Nieder-Mörlen, versprach das zwangseingemeindete Steinfurth im neuen Gemeindeverbund loyal mitzuarbeiten.[23]

Abb.5 Altes Rathaus Steinfurth, Schulstraße 1 (Rosenmuseum). Foto: Stadt Bad Nauheim, Öffentlichkeitsarbeit.

III. Bedeutung und Funktion der Ortsbeiräte[24]

Seit der Gebietsreform - genauer seit den Kommunalwahlen im Oktober 1972 - werden die Mitglieder des Ortsbeirates von den Bürgern des Ortsbezirks gleichzeitig mit den Gemeindevertretern in direkter Wahl gewählt (§ 82 Abs. 1 Satz 1 HGO). Für die Wahlberechtigung zum Ortsbeirat gelten gemäß

§ 30 Abs. 1 Satz 1 Nr. 3 HGO die gleichen Voraussetzungen wie für die Gemeindewahl, allerdings mit der Vorgabe, dass der Einwohner seit mindestens drei Monaten vor dem Wahltag im Ortsbezirk seinen Wohnsitz haben muss. Die Wahlvorschläge für die Wahl der Ortsbeiräte werden in einer Mitglieder- oder Delegiertenversammlung im Wahlkreis – also im Ortsbezirk – aufgestellt (§ 81 Abs. 1 HGO). Dies bedeutet, dass sich an der Aufstellung der Bewerber nur diejenigen Personen beteiligen können, die Mitglieder der Parteien oder Wählergruppe im Ortsbezirk sind. Die Zahl der Ortsbeiratsmitglieder bewegt sich zwischen mindestens drei und höchstens neun Mitgliedern; in Ortsbezirken mit mehr als 8.000 Einwohnern können es höchstens 19 Mitgliedern sein; das Nähere wird durch die Hauptsatzung bestimmt (§ 82 Abs. 1 Satz 3 HGO). In § 6 der Bad Nauheimer Hauptsatzung ist festgelegt, dass die Ortsbeiräte in Nieder-Mörlen, Rödgen-Wisselsheim, Schwalheim und Steinfurth jeweils aus fünf Mitgliedern bestehen; der seit 1989 bestehende Ortsbeirat Kernstadt hat neun Mitglieder. In den vergangenen 40 Jahren hatte in Nieder-Mörlen meist die *CDU* die Mehrheit und stellte damit den Ortsvorsteher, in Schwalheim und Steinfurth war die *UWG* dominierend, in Rödgen-Wisselsheim *CDU* oder *SPD*.

Nach § 82 Abs. 3 HGO ist der Ortsbeirat zu allen wichtigen Angelegenheiten, die den Ortsbezirk betreffen, zu hören, insbesondere zum Entwurf des Haushaltsplans. Unterbleibt die Anhörung, so kann die Aufsichtsbehörde Beschlüsse der Gemeindevertretung, die ohne Anhörung des Ortsbeirats erfolgt sind, aufheben (§ 138 HGO).[25] Die Abgrenzung des unbestimmten Rechtsbegriffs „wichtiger Angelegenheiten" wirft in der Praxis häufig Schwierigkeiten auf; generell ist er weit auszulegen, um den Zweck der Vorschrift „ausreichende Vertretung von Sonderinteressen des Ortsbezirkes und bürgernahe Verwaltung" optimal zu erreichen.[26] In § 38 der Geschäftsordnung der Bad Nauheimer Stadtverordnetenversammlung ist eine an der Rechtsprechung orientierte Aufzählung normiert, in welchen Fällen der Ortsbeirat gehört werden muss. Hierzu gehören u. a. Entwürfe von Bebauungsplänen, soweit diese für den Ortsbezirk gelten, die Standortfragen für öffentliche Einrichtungen sowie Straßenbenennungen. Die Aufzählung ist nicht abschließend, es bedarf immer einer Entscheidung im Einzelfall, ob es sich um eine wichtige Angelegenheit handelt, die den Ortsbezirk betrifft. In der HGO explizit genannt ist das Anhörungsrecht zum Entwurf des Haushaltsplans. Nachtragshaushaltssatzungen und -pläne unterliegen nur dann der Anhörung, wenn sie für Maßnahmen in den einzelnen Ortsbezirken finanzielle Auswirkungen haben.[27] Diese Regelung hat zur Folge, dass in dem Jahresplan für die Sitzungstermine der städtischen Gremien die Ortsbeiratssitzungen zu den Haushaltsplänen im Vorhinein terminiert werden können. In allen anderen Fällen lässt sich im Vorjahr vielfach noch nicht absehen, wann eine Sitzung des Ortsbeirates notwendig wird. Auch für die Ortsbeiratsmitglieder gilt die Vorschrift des § 25 HGO zur Interessenkollision, so dass beispielsweise Ortsbeiratsmitglieder bei der Beratung und Beschlussfassung im Rahmen einer Anhörung zu einem Bebauungsplanentwurf befangen sein können. Nicht im Gesetz oder in der Geschäftsordnung geregelt ist, dass der Ortsbeirat vor Beschlussfassung des zuständigen Ausschusses der Stadtverordnetenversammlung gehört werden muss. Eine vorhergehende Anhörung ist jedoch zweckmäßig und daher anzustreben. Nach § 82 Abs. 7 HGO hat der Gemeindevorstand ein Teilnahmerecht an den Sitzungen des Ortsbeirates und muss für den Fall der Teilnahme jederzeit zum Gegenstand der Verhandlungen gehört werden. Er ist jedoch, im Gegensatz zu den Sitzungen der Gemeindevertretung, nicht zur Teilnahme an den Sitzungen des Ortsbeirates verpflichtet. Gegenwärtig ist für jeden Ortsbeirat ein bestimmtes ehrenamtliches Magistratsmitglied zuständig, das regelmäßig an den Sitzungen teilnimmt.

Eine besondere Rolle hat nach § 82 Abs. 5 HGO der Ortsvorsteher. Der Ortsbeirat wählt in seiner ersten Sitzung nach der Wahl aus seiner Mitte einen Vorsitzenden und einen oder mehrere Stellvertreter. Der Vorsitzende trägt die Bezeichnung Ortsvorsteher. Diese Bezeichnung soll besonders seine Mittlerrolle zwischen den Bürgern des Ortsbezirks auf der einen Seite und der Gemeindevertretung und dem Gemeindevorstand auf der anderen Seite zum Ausdruck bringen. Nach der Kommunalrechtsnovelle 2005 haben die Ortsbeiratsmitglieder die Möglichkeit, nicht nur einen, sondern mehrere Stellvertreter des Vorsitzenden zu wählen.[28]

Nach Darstellung der wichtigsten Vorschriften zum rechtlichen Rahmen für die Arbeit der Ortsbeiräte seien noch einige praktische Hinweise erlaubt:
Die Arbeit der Ortsbeiräte orientiert sich an dem Leitbild der lebendigen Demokratie. Dies kann bisweilen dazu führen, dass nicht alle Regularien hundertprozentig eingehalten werden. So können beispielsweise nach § 86 Abs. 6 Satz 1 i. V. m. § 62 Abs. 6 HGO Ortsbeiräte „Vertreter derjenigen Bevölkerungsgruppen, die von ihrer Entscheidung vorwiegend betroffen sind, und Sachverständige zu den Beratungen hinzuziehen". Der Ortsbeirat kann diesen Perso-

nen jedoch keine Rechte einräumen, die nach der Hessischen Gemeindeordnung nicht vorgesehen sind, wie ein Rederecht zu allen Verhandlungsgegenständen.[29] Hier mag es sein, dass Zuhörerinnen und Zuhörer an den Ortsbeiratssitzungen in ähnlicher Weise wie die Ortsbeiratsmitglieder mitdiskutiert haben. Ein anderes Spezifikum der Arbeit der Ortsbeiräte liegt darin, dass auf ihrer Ebene nicht zwischen Verwaltungsfragen und politischen Fragen unterschieden wird. Gibt es beispielsweise in einem Stadtteil Beschwerden über die Straßenunterhaltung, so fällt dies in den Aufgabenbereich des Magistrats und der Verwaltung. In aller Regel nimmt sich jedoch der Ortsbeirat dieser Beschwerden an und berät darüber in den Ortsbeiratssitzungen. Auf diese Weise spielen die Punkte „Sachstandsberichte, Mitteilungen und Verschiedenes" in den Sitzungen von Ortsbeiräten eine wichtige Rolle. Vor diesem Hintergrund nehmen an den Sitzungen der Ortsbeiräte bisweilen zuständige Mitglieder der Verwaltung teil, um direkt mit den Ortsbeiratsmitgliedern über die Problemlösung zu diskutieren. Da generell nur Missstände angesprochen werden und gelungenes Verwaltungshandeln nur selten gelobt wird, entsteht auf der Ebene der Ortsbeiräte bisweilen der Eindruck, dass in der Arbeit der Verwaltung noch Optimierungsbedarf bestehe. In Haushalts- und Investitionsfragen haben die Ortsbeiratsmitglieder aus verständlichen Gründen ihren Stadtteil im Auge. Dies kann dazu führen, dass ein Ortsbeirat einstimmig, unabhängig von der politischen Orientierung, bestimmte Projekte für seinen Stadtteil fordert, die jedoch in den Haushaltsberatungen der Stadtverordnetenversammlung keine Mehrheit finden. Hier haben die am Gesamthaushalt orientierten Stadtverordneten bisweilen eine andere Sicht auf die Dinge als ein Ortsbeirat.

Generell ist festzuhalten, dass die Ortsbeiräte ihre Funktion als Vertreter ihres Stadtteiles voll erfüllen. Sie verkörpern in hervorragender Weise Bodenständigkeit und Bürgernähe. An dieser Stelle allen Ortsbeiratsmitgliedern der vergangenen 40 Jahre vielen Dank für ihre Arbeit und nicht zuletzt vielen Dank für die Unterstützung der Stadtverordnetenversammlung.

IV. Die Entwicklung der einzelnen Stadtteile in den vergangenen 40 Jahren

Zum vierten und damit vorletzten Punkt - ein Rückblick auf die Entwicklung in den Stadtteilen seit der Gebietsreform: Um die Last der Beurteilung auf mehr Schultern zu verteilen, wurde ein standardisierter Fragebogen an die derzeitigen Ortsvorsteher verteilt und aus den Antworten wurden einige Gesichtspunkte zusammengestellt. An dieser Stelle den Herren Albert Möbs (Nieder-Mörlen), Heinz Thönges (Steinfurth), Josef Edelbauer (Rödgen/Wisselsheim) und Klaus Englert (Schwalheim) vielen Dank für ihre Mitarbeit.

a. Nieder-Mörlen

Der Stadtteil Nieder-Mörlen ist in den vergangenen 40 Jahren rein optisch mit der Kernstadt zusammengewachsen. Aus einer vorher selbständigen Gemeinde mit eher dörflichem Charakter wurde eine Wohngemeinde. Wichtigste politische Entscheidungen seit der Gebietsreform waren die Errichtung von Neubaugebieten in der Dürerstraße und ab 2013 am Hempler. Eine für den Stadtteil Nieder-Mörlen sehr wichtige Entscheidung fiel nicht auf kommunaler, sondern auf Bundesebene: Die Fertigstellung der B 3 a. Hierdurch wurde die Verkehrsbelastung auf der Weingartenstraße deutlich reduziert. Sehr gelungen ist der Ausbau der Nieder-Mörler-Hauptstraße. Nicht ganz unproblematisch ist der Abbau der Infrastruktur vor Ort. So gibt es kaum noch Gastronomie in Nieder-Mörlen, auch die Zahl der Lebensmittelnahversorger ist rückläufig. Nach wie vor besteht in Nieder-Mörlen ein intaktes Vereinsleben mit einem koordinierenden Vereinsring. Die katholische und evangelische Kirche spielen eine wichtige Rolle im Nieder-Mörler öffentlichen Leben.

b. Steinfurth

Auch in Steinfurth war der Ausweis eines Neubaugebietes - Ölberg – eine wichtige politische Entscheidung der vergangenen 40 Jahre. Darüber hinaus wurde 1988 die neue Sporthalle errichtet. Derzeit steht der Ausbau der Kläranlage an. Steinfurth setzt sich rein geografisch deutlich von der Kernstadt ab. Die Infrastruktur – Ärzte, Gaststätten, Nahversorger – ist im Vergleich zu den anderen Stadtteilen relativ gut. Für Steinfurth war und ist es wichtig, dass seine Sonderstellung als bekanntes Rosendorf erhalten bleibt. Die Tradition des Rosenanbaus trägt stark zum Zusammengehörigkeitsgefühl bei. Dies zeigt sich insbesondere bei den Rosenfesten einschließlich der Inthronisierung einer Rosenkönigin. Das 1990 errichtete Rosenmuseum dokumentiert die Bedeutung des Rosenanbaus. Das Vereinsleben ist rege, dazu trägt der sehr aktive „Sport- und Kulturausschuss" (Vereinsring) und der Vereinstreff bei. Unmittelbar nach der Eingemeindung mag es noch Ressentiments gegeben haben. Heute wird die Zusammenarbeit mit den Gremien der Stadt Bad Nauheim „Rosendorf und Gesundheitsstadt" lobend erwähnt. Ein Faktor dürfte auch sein, dass die Rosenkönigin ganz Bad Nauheim bei offiziellen Anlässen repräsentiert.

c. Schwalheim

Im Zuge der Eingemeindung wurden mit der Errichtung der Mehrzweckhalle und des Kindergartens wichtige Infrastrukturprojekte verwirklicht. Die Aufgabe eines Planes zur Bebauung des „Kleinen Feldes" wird in Schwalheim mehrheitlich positiv gesehen (Überdimensionierung), jedoch besteht derzeit der Wunsch nach einer Ausweisung von Bauplätzen. Etliche Schwalheimer wollen in ihrem Heimatstadtteil bauen, finden jedoch keinen Bauplatz und wandern ab. Wichtige politische Entscheidungen in den vergangenen 40 Jahren waren die Verhinderung einer Privatisierung des Sauerbrunnens und die Übernahme des Brunnenwärterhäuschens durch die Wohnungsbaugesellschaft. Auch die Errichtung des Buxton-Platzes gehört zu den wichtigen politischen Entscheidungen. Zum Zusammengehörigkeitsgefühl in Schwalheim tragen ein aktives Vereinsleben, einschließlich eines Vereinsringes sowie das Kartoffelfest und der Weihnachtsmarkt bei. Wie in den anderen Stadtteilen ist die Infrastruktur an Gastwirtschaften, Nahversorgern und Ärzten rückläufig, jedoch ist zu konstatieren, dass die Märkte „Am langen Morgen" in der Schwalheimer Gemarkung liegen und ebenso wie der neue Markt in Dorheim gut erreichbar sind. Ein wichtiger Wunsch ist die Renovierung des Großen Rades, darüber hinaus wird die Errichtung von Radwegen nach Friedberg und Rödgen angeregt.

d. Rödgen-Wisselsheim

Ein Spezifikum in Rödgen-Wisselsheim ist, dass in den vergangenen 40 Jahren nur sehr wenige Bauplätze durch die Stadt entwickelt wurden. So gab es in Wisselsheim lediglich einige Initiativen durch private Investoren. Eine Infrastruktur an Nahversorgern, Ärzten und Gastwirtschaften ist nur noch rudimentär vorhanden, so gibt es in jedem Stadtteil nur noch einen Gastwirt. Die Einwohner des Stadtteils fühlen sich als Bad Nauheimer und sind froh darüber, dass sie vor 40 Jahren den Schritt zur Eingemeindung auf freiwilliger Basis mit Bad Nauheim gegangen sind. Ein Wunsch aus der Bürgerschaft ist die Verschönerung und insbesondere die Pflege der kommunalen, öffentlichen Plätze. Auf diesem Feld gibt es bisweilen unterschiedliche Vorstellungen und auch Missverständnisse zwischen der Bürgerschaft und dem Ortsbeirat einerseits und den städtischen Gremien sowie der Verwaltung andererseits. Ein wichtiger Wunsch ist schließlich die Ausweisung von öffentlichen Bauplätzen.

V. Fazit

Ob die Gebietsreform vor 40 Jahren sinnvoll war und zweckmäßig umgesetzt wurde, darüber mag es unterschiedliche Auffassungen gegeben haben. Festzuhalten ist aber: Hätte es damals keine Gebietsreform gegeben, so wäre sie später gekommen. Gemeinden brauchen ein gewisses Minimum an Größe, um die notwendige Verwaltungskraft aufbringen zu können. Verstärkt wird der Trend zur Konzentration noch durch die vor uns stehenden Herausforderungen, wie die bekannte Finanznot der Gemeinden und dem demografischen Wandel. Zur Gebietsreform in Bad Nauheim steht mir ein Bild des einheimi-

Abb. 6: v.l.n.r.: Friedrich-Karl Feyerabend (Stadtverordnetenvorsteher), Josef Edelbauer (Ortsvorsteher Rödgen-Wisselsheim), Karl Lang, Karl Walther, Rolf Westfeld, Klaus Englert (Ortsvorsteher Schwalheim), Dieter Heier, Wolfgang Jehner, Joachim Korell, Albert Möbs (Ortsvorsteher Nieder-Mörlen), Karl-Heinz Grund, Heinz Thönges (Ortsvorsteher Steinfurth)

schen Heraldikers Heinz Ritt vor Augen. Es handelt sich um eine Auftragsarbeit aus diesem Anlass und zeigt das Wappen der Stadt Bad Nauheim im Mittelpunkt, in einem Kreis darum sind die Wappen der Stadtteile angeordnet. Dieses Motiv hat einen tiefen Sinn: Es zeigt, die Stadt Bad Nauheim steht im Mittelpunkt, die Stadtteile bestehen aber weiter fort, sie haben ihre Identität nicht aufgegeben im Bewusstsein der politisch Verantwortlichen und noch wichtiger, im Bewusstsein aller Bad Nauheimer Bürgerinnen und Bürger.

1 Der Text ist eine leicht ‚berarbeitete Fassung der Rede, die ich in meiner Eigenschaft als Stadtverordnetenvorsteher der Stadt Bad Nauheim am 30. August 2012 gehalten habe.
2 Hans Voit, Die kommunale Gebietsreform in Hessen, in: Erwin Stein (Hrsg): 30 Jahre Hessische Verfassung 1946-1976, Wiesbaden 1976, S. 378. starweb.hessen.de/. ./hessen/. .dreissigjahre_hessische_verfassung (7. August 2012)
3 Aus Rödgen\Wisselsheim: Josef Edelbauer, Karl Lang, Karl Walther, Rolf Westfeld und Walter Kern.. Aus Schwalheim: Dieter Heier, Wolfgang Jehner, Joachim Korell, Erwin Graff und Ralf Kunz. Aus Nieder-Mörlen: Karl-Heinz Grund, Alois Brauburger und Martin Braun. Aus Steinfurth: Werner Arnoldi und Horst Steinhauer.
4 Vielen Dank an dieser Stelle an die Leiterin des Stadtarchivs, Frau Brigitte Faatz, für die Recherche und den heutigen Ortsvorstehern für ihre Mithilfe.
5 Aleida Assmann, Geschichte im Gedächtnis, München 2007 sowie Goethe-Institut, www.goethe.de/ges/pok/dos/dos/ern/kug/de3106036.htm.(7. August 2012) und www.goethe.de/wis/fut/dos/gdw/ass/deindex.htm (7. August 2012).
6 Vgl. hierzu ausführlich: Voit, Die kommunale Gebietsreform in Hessen, sowie http:\\.wikipedia.org/wiki/Gebietsreform_in_Hessen (7. August 2012); Hessisches Ministerium des Inneren und für Sport, Kommunale Gebietsreform in Hessen, www.hmdis.hessen.de/.../HMdI (7. August 2012), wiki.cdu-wanfried.de/index.php?title=1971_Gebietsreform(7. August 2012).
7 Vgl. Voit, kommunale Gebietsreform, S. 366.
8 Hessisches Ministerium des Innern und für Sport, Kommunale Gebietsreform in Hessen.
9 Vgl. Voit, kommunale Gebietsreform, S. 377 ff.
10 wiki.cdu-wanfried.de/index.php?title=1971_Gebietsreform(7. August 2012).
11 http:\\.wikipedia.org\wiki/Gebietsreform_in_Hessen (7. August 2012).
12 Vgl. Voit, kommunale Gebietsreform, S. 367.
13 Hessischer Städtetag, Sonderdruck Nr. 21 Hessische Gemeindeordnung - Textausgabe, 2012, Fußnote zu § 16.
14 Vgl. hierzu ausführlich: Herbert Pauschardt, Magistrat der Stadt Bad Nauheim (Hrsg.), Festschrift zur 750Jahr-Feier Rödgens, 2010, S. 454 ff. sowie Jürgen Wagner, Vom Intelligenzblatt zur Wetterauer Zeitung, in: Wetterauer Geschichtsblätter, Bd. 59, Friedberg 2012, S. 262 ff.

15 *Wetterauer Zeitung*, 16. Dezember 1971, S. 12.
16 Vgl., Pauschardt, Rödgen, S. 463.
17 Vgl. hierzu ausführlich: Alexander C. Jung, Die Schwalheimer werden Bad Nauheimer Bürger, in: Schwalheimer Arbeitskreis Geschichte (Hrsg.), Schwälemer Sandhoas, Heft 1, August 2012.
18 Vgl. Jung, S. 14 f.
19 Vgl. Wagner, S. 263 f. sowie *Wetterauer Zeitung*, 30. Dezember 1971, S. 10.
20 Ebd., S. 264.
21 Wetterauer Zeitung, 10. Dezember 1971, S. 18.
22 *Wetterauer Zeitung*, 1. Juli 1972, S.18.
23 *Wetterauer Zeitung*,3 . August 1972, S.9.
24 Vgl. hierzu ausführlich: Schneider/Dreßler/Lüll, Hessische Gemeindeordnung, Loseblatt-Ausgabe 2010, § 82.
25 Schneider/Dreßler/Lüll, Rz. 12.
26 Ebd.,Rz. 12.
27 Ebd., Rz. 13.
28 Ebd., Rz. 28 f.
29 Ebd., Rz. 40.

Der St. Georgsbrunnen in der Burg Friedberg[1]

Johannes Kögler

Im Jahr 1738 wurde unter der Regierung des Burggrafen Hermann Riedesel Freiherr zu Eisenbach im Zentrum der weiträumigen Burganlage ein besonderes Monument errichtet: der St. Georgsbrunnen. Der Springbrunnen diente nicht nur der verbesserten Wasserversorgung der Burgbewohner, sondern in besonderem Maße auch repräsentativen Bedürfnissen. In seiner Gestaltung ist er ein präzises und eindrucksvolles Sinnbild des damaligen Burgregiments und darüber hinaus der besonderen Verfassung der „Kaiserlichen und des Heiligen Reiches Burg Friedberg", wie sie bis 1806 Bestand hatte.[2]
Schöpfer des Brunnens ist der Nauheimer Baumeister Johann Philipp Wörrishofer, der von 1737 bis 1740 auch das Friedberger Rathaus auf der Kaiserstraße erbaute. Die Figur des Heiligen Georg wurde von dem Mainzer Bildhauer Burkhard Zamels entworfen und von dem Steinmetz J. P. Mörß ausgeführt.[3]
Schauen wir uns den Brunnen, dessen wohlüberlegte Komposition zugleich Bedeutungsträger ist, nun genauer an: Der im Innern kreisrunde Brunnentrog weist von außen eine Umrandung aus insgesamt zwölf konvex ausschwingenden und konkav einschwingenden Segmenten auf. Die vier konvexen Felder bezeichnen die Hauptachsen in den vier Himmelsrichtungen. Zwischen ihnen liegen je zwei konkave Felder. Jedes Feld ist mit einem Wappen besetzt, mit Ausnahme des nördlichen, das eine Inschrift aufweist. Im Zentrum des Brunnens befindet sich ein viereckiger Sockel, ebenfalls mit Wappen und einer Inschrift besetzt, der die Statue des Heiligen Georg trägt. Der Brunnen ist somit sowohl in der Horizontalen – äußerer Ring und Zentrum – als auch in der Vertikalen – Umrandung, Sockel, Statue – deutlich gegliedert. Diese Gliederung spiegelt Aufbau und Hierarchie der Burgregierung wieder:
An oberster Stelle des Brunnens ist der Heilige Georg in einer großartigen barocken Komposition dargestellt: die geschwungene Figur des Kriegers richtet ihre Lanze auf das Maul des schon fast besiegten Drachen. Bemerkenswert ist,

dass der Heilige Georg hier nicht in einer Kleidung bzw. Rüstung des Spätmittelalters oder der Frühen Neuzeit dargestellt ist, sondern in einer, die auf die Spätantike verweist.[4] St. Georg war der Schutzpatron der Burg Friedberg, ihm war die mittelalterliche Burgkirche geweiht, sein Bildnis findet sich im Burgwappen und neben der ältesten Darstellung der Burg im Grundbuch des Klosters Naumburg von 1514. Als Heiliger steht er über der Sphäre der weltlichen Herrschaft, zu der durch die Integration eines Wappens in die Skulptur zugleich eine Verbindung hergestellt wird: St. Georg hält mit seiner linken Hand ein Wappenschild, das den gekrönten doppelköpfigen Adler des Heiligen Römischen Reiches zeigt. Er ist mit Zepter und Schwert in ähnlicher Weise dargestellt wie auf der Brunnenumrandung (siehe unten). Mit dem Wappen wird bereits an dieser Stelle der reichsunmittelbare Charakter der „Kaiserlichen und des Heiligen Reiches Burg Friedberg" veranschaulicht. Eine Ebene tiefer trägt der Sockel drei Wappen: in der Hauptachse (nach Süden) das des amtierenden Burggrafen Hermann Riedesel Freiherr zu Eisenbach (gut zu erkennen an den Eselsköpfen), rechts (Osten) das des Burgbaumeisters Freiherr von Breidbach-Bürresheim, links (Westen) das des Burgbaumeisters Freiherr Groschlag von Dieburg. Der auf Lebenszeit gewählte Burggraf bildete zusammen mit den im 18. Jahrhundert für sechs Jahre amtierenden Baumeistern die Spitze der Burgregierung; sie ist in der Gestaltung des Brunnens deutlich herausgehoben. Wiederum eine Ebene tiefer und im Kreis um das Zentrum herum angeordnet befinden sich in den Feldern der Brunnenumrandung die Wappen der zehn Regimentsburgmannen.[5] Gemeinsam mit den beiden Baumeistern bildeten sie das Zwölfergremium des Burgregiments. Insgesamt umfasste die Burgmannschaft zu dieser Zeit (1745) 88 Burgmannen, im weiteren Verlauf des Jahrhunderts stieg die Zahl noch auf über hundert.[6] Die gesamte Burgmannschaft wählte aus ihrer Mitte das Burgregiment und auch den Burggrafen; als Burggraf waren allerdings nur Mitglieder des Burgregiments wählbar.

In der Hauptachse ist auf der Umrandung des Brunnens das Burgwappen angebracht, das die gleiche Gestaltung aufweist wie das große Burgwappen auf dem Südtor. Es besteht aus dem doppelköpfigen, gekrönten Reichsadler, der in seinen Klauen Schwert (rechts) und Zepter (links) hält. Das Wappenschild im Zentrum ist in vier Felder geteilt: links oben der Heilige Georg zu Pferd, rechts oben ein Löwe mit diagonalem Balken, der für das Freigericht Kaichen als Territorium der Burg steht, links unten ein von zwei Türmen flankiertes Tor als Symbol der Burg Friedberg und rechts unten schließlich das senkrecht ge-

teilte Wappenschild der Stadt Friedberg (silbern und schwarz in der farbigen Fassung).
Die Wappen befinden sich in einem mehr oder weniger verwitterten Zustand: einige sind sehr gut erhalten, andere nur noch schwer im Detail zu erkennen. Während die Inschrift auf der Nordseite des Sockels noch lesbar ist, ist die auf dem Brunnenrand nicht mehr zu erkennen; sie ist allerdings dank Aufzeichnungen Philipp Dieffenbachs im 19. Jahrhundert überliefert. In ihr war auch das Entstehungsjahr 1738 in lateinischen Zahlbuchstaben angegeben. Ein zweites Mal ist die Jahreszahl in der oberen Inschrift in Form eines sogenannten Chronodistichons enthalten: die hervorgehobenen Buchstaben ergeben in lateinischen Zahlbuchstaben zusammen wiederum die Jahreszahl 1738.[7]
Der Text der nicht erhaltenen lateinischen Inschrift am Brunnenrand lautet in deutscher Übersetzung:
Der Brunnen hier mit besserem Wasser, ein lange vergeblich erstrebtes Werk, ist endlich erstanden durch dieses Hebewerk unter der Regierung des Römischen Kaisers Karl V., allzeit Mehrer des Reiches, unter der Obhut des Burggrafen, der Baumeister und der wohledlen Regimentsburgmannen im Jahre nach Christus 1738.
Beschauer, sprich segensreiche Worte, damit aus Brunnen, Rebe, Friede und Brot mit edler Gesinnung für Heim und Gemeine ein langdauerndes Zeitalter erstehe.[8]

Schon seit einigen Jahren ist die Notwendigkeit einer Restaurierung der Brunnenumrandung deutlich geworden; sie steht mittlerweile auf der Agenda der Verwaltung der Staatlichen Schlösser und Gärten. Eigentümer des Brunnens wie auch des Adolfsturmes, des Burggartens und großer Teile der Burganlage ist das Land Hessen. Von Oktober 2012 bis Februar 2013 wurde im Auftrag der Verwaltung der Staatlichen Schlösser und Gärten eine restauratorische Voruntersuchung durchgeführt; ein Untersuchungsbericht zur Restaurierung des St. Georgsbrunnens wurde im Februar 2013 vorgelegt. Nach dem aktuellen Stand kann in den nächsten Jahren eine grundlegende Restaurierung des Brunnens im Auftrag der Schlösserverwaltung erfolgen, wenn es gelingt, einen namhaften Anteil der nicht geringen Kosten durch Spendenaktionen in Friedberg einzuwerben. Hierfür wird sich eine Bürgerinitiative engagieren, mit der der Friedberger Geschichtsverein kooperieren wird.
2009 wurde bereits die Statue des Heiligen Georg wieder vervollständigt; dem Heiligen Georg fehlten zuvor der rechte Arm und die Lanze, dem Drachen ein

Teil des Kopfes – Folgen von Vandalismus, der am St. Georgsbrunnen immer wieder vorkam. Zum Schutz der künstlerisch hochrangigen Barockskulptur wurde diese bereits 1977 durch eine Kopie ersetzt; das Original fand nach einigem Hin und Her seinen Platz im geschützteren Innenhof des Wetterau-Museums, als Leihgabe der Schlösserverwaltung.

1   Dieser Beitrag ist eine leicht überarbeitete Fassung eines im September 2011 veröffentlichten Textes: Johannes Kögler, Der St. Georgsbrunnen in der Burg, in: Festschrift zum 75-jährigen Vereinsjubiläum des Vereins der Briefmarkensammler e.V., Friedberg 2011, S. 45-49. Die Abbildungen zu diesem Beitrag befinden sich auf den Farbtafeln nach S. 190.
2   Zur Geschichte und Verfassung der Burg Friedberg siehe insbesondere: Thomas Schilp, Die Reichsburg Friedberg im Mittelalter. Untersuchungen zu ihrer Verfassung, Verwaltung und Politik, in: Wetterauer Geschichtsblätter, Bd. 31, Friedberg 1982, und Klaus-Dieter Rack, Die Burg Friedberg im Alten Reich. Studien zu ihrer Verfassungs- und Sozialgeschichte zwischen dem 15. und 19. Jahrhundert, in: Quellen und Forschungen zur hessischen Geschichte 72, Darmstadt und Marburg 1988. Als umfangreicher Führer zur Burg Friedberg erschien jüngst: Rainer Zuch, Burg Friedberg, in: Burgen, Schlösser und Wehrbauten in Mitteleuropa, Bd. 28, Regensburg 2011. Zu den Wappen des St. Georgsbrunnens siehe: Wilhelm Braun, Wappensteine und Inschriften in der Burg Friedberg, in: Friedberger Geschichtsblätter, Bd. 17, Friedberg 1950, S. 1-19, hier S. 8ff.
3   Georg Dehio, Handbuch der Deutschen Kunstdenkmäler Hessen II: Der Regierungsbezirk Darmstadt, bearbeitet von Folkhard Cremer u.a., München 2008, S. 332.
4   Der Bezug auf die Antike resultiert einerseits aus der künstlerischen Auffassung des Barocks, andererseits verweist sie auf das Leben Georgs, der, nach heutiger Kenntnis, vermutlich im 3. Jahrhundert in Kappadokien in der Türkei geboren wurde und 305 in Lod in Israel (nach anderen Quellen in Nikomedia, dem heutigen Izmit, Türkei) den Märtyrertod starb; Joachim Schäfer, Georg der Märtyrer, aus dem Ökumenischen Heiligenlexikon, 2010 - http://www.heiligenlexikon.de/BiographienG/Georg_der_Maertyrer.htm.
5   Geht man vom zentralen Burgwappen (Südseite) einmal links um den St. Georgsbrunnen herum, so sieht man der Reihe nach folgende Wappen: Freiherr von Bettendorf, Freiherr von und zu Franckenstein, Freiherr Löw von und zu Steinfurth, von Weitolshausen, genannt Schrautenbach, Freiherr von Stein zu Nord- und Ostheim, Inschrifttafel, Freiherr von Breidenbach zu Breidenstein, Kämmerer zu Worms Freiherr von Dalberg, Graf von Ingelheim, Freiherr Diede zum Fürstenstein, Freiherr Rau zu Holzhausen.
6   Vgl., Rack 1988, Tabelle 3, S. 389.
7   Vgl., Braun 1950, S. 10.
8   Zitiert nach Braun, 1950, S. 11, der sich wiederum auf eine Aufzeichnung Philipp Dieffenbachs bezieht.

Abb. 1: Porträt des Burggrafen Hermann Riedesel Freiherr zu Eisenbach (1682-1745, Burggraf 1727-45). Original: Wetterau-Museum

Abb. 2: Der St. Georgsbrunnen von Süden im Jahr 1911. Foto: Wetterau-Museum

Abb. 3: Der St. Georgsbrunnen von Süden, wie er sich heute präsentiert. Foto: Johannes Kögler

Abb. 4: Die Statue des Heiligen Georg (Kopie am St. Georgsbrunnen). Foto: Johannes Kögler

Abb. 5: Die Statue des Heiligen Georg (Original im Innenhof des Wetterau-Museums). Foto: Reiner Strack.

Abb. 6: Das Burgwappen an der Vorderseite des Brunnens. Foto: Johannes Kögler

Abb. 7: Von einem Brunnentrog in der Burg stammen zwei 1695 entstandene gusseiserne Platten, die das Burgwappen (Abbildung) und den Heiligen Georg zu Pferd zeigen (ausgestellt im Innenhof des Wetterau-Museums). Foto: Johannes Kögler

Abb. 8: Im Grundbuch des Klosters Naumburg (Wetterau) aus dem Jahr 1514 wird St. Georg in ritterlicher Rüstung dargestellt; er hält das Wappen der Reichsstadt Friedberg. Daneben befindet sich die älteste bekannte bildliche Darstellung der Burg. Original: Hessisches Staatsarchiv Marburg

Abb. 9: Die farbige Zeichnung von T. Volk aus dem Jahr 1846 zeigt den St. Georgsbrunnen zu der Zeit, als das Burggrafiat (im Hintergrund) bereits großherzogliches Schloß war. Rechts ist der ältere Ziehbrunnen zu sehen. Der St. Georgsbrunnen bot zu dieser Zeit über ein Wasserrohr die Möglichkeit, mitgebrachte Eimer zu füllen. Original: Stadtarchiv Fredberg

Dokumentation der Wappen in einer Fotoserie der 1950er Jahre, Stadtarchiv Friedberg. Reihenfolge: Wappen vom Sockel (Mitte / Süden, rechts / Osten, links / Westen); Wappen von der Brunnenumrandung, ausgehend vom zentralen Burgwappen (Süden) einmal links um den St. Georgsbrunnen herumgehend.

Abb. 10: Hermann Riedesel Freiherr zu Eisenbach (Burggraf)

Abb. 11: Freiherr von Breidbach zu Bürresheim (Burgbaumeister)

Abb. 12: Freiherr Groschlag von Dieburg (Burgbaumeister)

Abb. 13: Burgwappen

Abb. 14: von Bettendorf

Abb. 15: von und zu Franckenstein

Abb. 16: Löw von und zu Steinfurth

Der St. Georgsbrunnen in der Burg Friedberg

Abb. 17: von Weitolshausen, genannt Schrautenbach

Abb. 18: von Stein zu Nord- und Ostheim

Abb. 19: Inschrifttafel

Abb. 20: von Breidenbach zu Breidenstein

197

Abb. 21: von Dalberg

Abb. 22: von Ingelheim

Abb. 23: Diede zum Fürstenstein

Abb. 24: Rau zu Holzhausen

Laudatio für Hermann Mangels anlässlich der Verleihung der Denkmalplakette des Wetteraukreises[1]

Hans Wolf

Anlässlich der Verleihung der Denkmalplaketten des Wetteraukreises soll auch das Lebenswerk von Hermann Mangels gewürdigt werden. Herr Mangels ist zwar kein Bauwerk, aber ein Denkmal ist er schon, ein Denkmal für den Denkmalschutz im Wetteraukreis und für Friedberg insbesondere. Er, der am 18. März seinen 92. Geburtstag feierte, gehört dem Denkmalbeirat des Wetteraukreises seit seiner Gründung 1974 an, 39 Jahre, seit 2006 als Ehrenmitglied.

Bevor ich auf die Leistungen von Herrn Mangels eingehe, möchte ich ihn uns kurz als Mensch vorstellen. Er ist ein typischer Norddeutscher, geboren in Ottendorf bei Bremervörde als Sohn eines - wie kann es anders sein - Maurers. So lernte er das Bauhandwerk schon von Kind auf, wurde schon als Schüler auf den Baustellen als Mörtelschlepper verwendet, als es noch keine Kräne gab und der Speis und die Steine über Gerüstleitern nach oben geschleppt werden mussten. Als Lehrling war er Kreis- und Gausieger beim Reichsberufswettbewerb und lernte weiter auf der Staatsbauschule Buxtehude, bevor er dann Arbeits- und Kriegsdienst leisten musste, aber auch hier in baunaher Verwendung, als Pionier. Als Verwundeter lernte er im Lazarett in Bad Nauheim seine Frau Gustl kennen und wurde durch sie Wetterauer und Friedberger. Beim Gestalten seines Heims in Friedberg in der Usagasse unter den behelfsmäßigen Zuständen der Nachkriegszeit konnte er sich erstmals als Innenarchitekt bewähren. Auf der Fachhochschule Frankfurt belegte er weiter bautechnische Fächer und legte an der TH Darmstadt die Baumeisterprüfung ab. Für Nichtkenner, der Architekt entwirft, der Baumeister sorgt dafür, dass der Entwurf nicht einstürzt. Bei der Frankfurter Firma Ambrosius arbeitete er dann als Bauleiter in den Jahren des Wiederaufbaus. Erfahrungen mit großen Baudenkmälern sammelte er dabei beim Frankfurter Dom, der Katharinenkirche,

dem Dominikanerkloster und der Jakobuskirche in Bockenheim. Er war Gutachter für Kirchen bei der EKHN. Im Messebau auf internationaler Ebene tätig stellte er dabei sein Organisationstalent unter Beweis.[2]
Aber dann ließ er sich als freier Architekt in Friedberg nieder und startete seine segensreiche Tätigkeit in der Friedberger Altstadt, beginnend mit dem zum Abriss freigegebenen Alten Pfarrhaus neben der Stadtkirche, heute Sitz des Friedberger städtischen Bauamtes. In der Usagasse, der Engelsgasse, der Judengasse und schließlich auch auf der Kaiserstraße sanierte er unzählige Gebäude, d.h. vom Verfall bedrohte Bausubstanz wurde durch behutsame Instandsetzungsmaßnahmen mit den angemessenen Methoden und Materialien einer modernen Nutzung zugeführt. Dass er dabei viele Häuser zunächst selbst erwarb, um bei der Sanierung als eigener Bauherr freie Hand zu haben und die Objekte danach wieder veräußerte oder vermietete, brachte ihm in Friedberg nicht nur Freunde ein. Aber durch seine jahrzehntelange beharrliche Tätigkeit trug er wesentlich zum heutigen Stadtbild Friedbergs bei.

Als herausragende Beispiele für seine Arbeitsweise seien nur die Bäckerei Mörler in der Usagasse 14, das Haus „Uff der eng Gass" (Uhrmacher Burck, Kaiserstraße 50), das ebenfalls einmal mit der Denkmalplakette ausgezeichnet wurde, Betten Decher, Kaiserstraße 32 und die Buchhandlung Bindernagel, Kaiserstraße 72, wo jeweils die alte Pfostenkonstruktion in die heutige Raumgestaltung einbezogen wurden, erwähnt. Herr Mangels hat beispielhaft damit begonnen, Fachwerk frei zulegen und bei den Eigentümern Überzeugungsarbeit geleistet, so dass andere ihm dann gefolgt sind. Ganz besonders erlebnisreich war die Begegnung mit den Eckpfostenfiguren Kaiserstraße 137.
Aber auch außerhalb Friedbergs war er tätig, etwa beim v. Löwschen Schloss in Staden und dort beim Hotel Schloß Ysenburg. Seine Arbeit zeichnete sich dadurch aus, dass er nicht mit hochtrabenden Ideen kam, sondern immer handwerklich dachte und baumeisterlich solide und funktionsgerecht mit Rücksicht auf vorhandenes Material und schützenswerte Substanz vorging, beispielhaft bei seinem eigenen heutigen Anwesen in der Burg.

Im Kirchenvorstand der Ev. Kirchengemeinde war er unermüdlich für unsere Kirchen in der Stadt und der Burg tätig, auch als Führer. Wenn man ihn suchte und er war nicht zu Hause, sagte seine Frau gerne: Der ist sicher wieder auf irgendeinem Kirchturm, denn er würdigte bei seinen Führungen nicht nur die Kunstgeschichte der Bauwerke, sondern auch ihre architektonische Substanz.

Besonders gerne führte er in dem imposanten Dachstuhl unserer Stadtkirche. Der Einbau der letzten Buntglasfenster in den achtziger und neunziger Jahren war wesentlich sein Verdienst. Und seinem persönlichen Engagement verdanken wir den Erhalt der Bildtafeln im Chorgestühl, den er durch seine gespendeten Führungshonorare über Jahre hin finanziert hat. Herr Mangels ist somit nicht nur Denkmalschützer, sondern auch Mäzen.

Im Denkmalbeirat war er immer sachkundiger Berater und Gutachter und gab sein breites Wissen weiter. Erinnert sei nur an die Diskussionen um das Backhaus in Kefenrod. Auch translozierte er ein Fachwerkhaus von Ulfa nach Nidda. Und in Friedberg führte er die Häuserforschung, die Wilhelm Hans Braun als Philologe aufgrund seiner Archivstudien begonnen hatte, bausachverständig weiter und stellte in einer beachtlichen Reihe von Leitzordnern eine riesige Datei zusammen.

Baumeister Hermann Mangels ist ein beispielhafter Vertreter für den Erhalt historischer Gebäude. Er ist Baumeister von altem Schlag. Er setzt sich für seine Überzeugung ein, ist nie bequem, er ist ein Stachel des Denkmalschutzes im Fleisch der Stadt Friedberg. Ohne ihn wäre unsere Stadt um viele Gebäude ärmer. Noch immer gilt: wer zu Friedberger historischen Gebäuden eine Frage hat, geht zu Hermann Mangels, aber auch zu seiner Frau Gustl, die als Mutter der Altstadt von Kind auf mit der Usagasse vertraut ist und ihrem Mann in allen Belangen den Rücken gestärkt hat. Und vor allem: sie war es ja, die ihn zu uns nach Friedberg gebracht hat. Herr Mangels ist ein Vorbild für alle Architekten, die ihren Beruf wirklich als Berufung verstehen, als Berufung für den Erhalt unserer historischen Bausubstanz.

---

1   Der Text ist die Wiedergabe der Laudatio, die Hans Wolf als langjähriges Mitglied des Denkmalbeirates und Ehrenvorsitzender des Friedberger Geschichtsvereins anlässlich der Verleihung der Denkmalplakette des Wetteraukreises am 13. März 2013 hielt.
i2 Seine Biografie hat Hermann Mangels im Selbstverlag veröffentlicht. Im Jahr 2000 unter dem Titel *Erinnerungen eines Baumeisters vom Jahrgang 1921* und 2002 im Eigenverlag Josef Manger *Ritterkreuzträger und Baumeister Hermann Mangels*.

Vom Bewacher zum Bewachten.
Eine kurze Geschichte vom Ende
des Zweiten Weltkriegs in der Wetterau

Heinz Bergner

Ende Februar 1945 kam ich nach Aufenthalten im Lazarett und in der Ersatzeinheit in Aschaffenburg zurück nach Butzbach. Dort traf ich wieder einige der „alten" Kampfgenossen aus dem Elsaß. Wir warteten auf einen neuen Einsatzbefehl. Die Rede war von der Kriegsschule in Wetzlar.
Nach anfänglichem Infanteriedienst wurden wir beauftragt, morgens in der Frühe im Butzbacher Zuchthaus Gefangene abzuholen, die oberhalb des Schrenzers für die Verteidigung von Butzbach Gräben ausheben sollten.
Jeder von uns musste eine Gruppe von zehn Mann bewachen, die mit Spaten, Schaufeln und Hacken ausgerüstet waren. An Ort und Stelle bekam jede Gruppe einen Abschnitt zugewiesen. Am frühen Nachmittag mussten die Gräben ausgehoben sein.
Die Gefangenen machten sich zügig an die Arbeit, weil sie möglichst schnell ein Schutzloch gegen die im Laufe des Vormittags einsetzenden Tieffliegerangriffe ausgehoben haben wollten. Nachdem die Arbeit begonnen war, bat ich einen Gefangenen zu mir, um mir seine Lebensgeschichte und den Grund für seine Inhaftierung erzählen zu lassen. Die Gefangenen kamen aus verschiedenen Nationen und sprachen mehr oder weniger gutes Deutsch. Sie haben mir sehr bereitwillig und offen ihre Geschichte und Geschichten erzählt.
Mein erster Gesprächspartner war ein Arzt, der wegen pornographischer Publikationen verurteilt worden war. Im Laufe des Gespräches bat er, ob ich den Gefangenen Brot mitbringen könnte, da sie nicht genügend zu essen bekämen. An den darauf folgenden Tagen brachte ich jeweils ein Kommissbrot mit, das ich problemlos in der Küche „abzweigen" konnte. Mit meinem Seitengewehr wurde das Brot geteilt.

Nach drei oder vier Tagen überraschte mich gleich nach dem Abholen einer der Gefangenen mit strahlendem Gesicht und sagte, dass sie mir etwa mitgebracht hätten.

Im Wald angekommen öffnete einer der Gefangenen, es war ein Pole, die unten zugeschnürte Hose und heraus holte er einen bräunlich aussehenden Zukker. Er war als Dank für die mitgebrachten Brote gedacht. Problematisch war nur die Unterbringung des Zuckers in meinen verschiedenen Taschen.

Woher hatten die Gefangenen den Zucker? Sie erzählten mir, und da standen alle zehn um mich herum, dass sie nach einem Fliegerangriff zu Lösch- und Aufräumungsarbeiten in der Friedberger Zuckerfabrik eingesetzt waren. Es war der schwere Angriff auf Friedberg vom 12. März 1945. Anschließend hätten sie soviel Zucker wie sie tragen konnten in ihre zugebundenen Hosen geschüttet.

Nach zehn Tagen endete dieser Dienst, da wohl genügend Gräben ausgehoben worden waren.

Unsere Gruppe, die nur aus Teilnehmern des Elsaß-Einsatzes bestand, wurde zur Autobahn hin an den Ortsrand von Butzbach befohlen. Am Rande einer Gärtnerei waren schon Gräben ausgehoben, in denen wir Stellung bezogen. Wie besaßen nur Infanteriewaffen und Panzerfäuste, mit denen wir auf die auf der Autobahn ankommenden US-Panzer feuern sollten. Doch soweit kam es nicht.

Am Mittag des 28. März wurden wir darüber informiert, dass Butzbach nicht verteidigt werden würde. In der Kaserne erhielten wir den Befehl, bei einbrechender Dunkelheit als Nachhut der Inspektionseinheit zu folgen, die Richtung Thüringen in Marsch gesetzt werden sollte. Es blieb uns also genügend Zeit alles vorzubereiten, weil wir nun endgültig unsere Zelte in Butzbach abbrechen mussten. Die Ortskommandantur hatte die Proviant- und Kleiderlager für die Bevölkerung freigegeben. Viele Menschen waren unterwegs und holten sich so viele Lebensmittel und Kleider, wie sie tragen oder auf kleinen Handwagen transportieren konnten. Wir suchten uns in der Kleiderkammer ein paar neue Schuhe und einen Gummi-Kradmantel aus.

Dann gingen wir zur Nudelfabrik Heil weil wir erfahren hatten, dass man dort eingemachtes Obst bekommen könne. Herr Heil sagte: *Ihr Buben, nehmt mit soviel ihr tragen könnt. Alles, was hier steht ist schon vom Roten Kreuz bezahlt. Und lasst es euch schmecken.*

Mit einem Glas Mirabellen und Kirschen zogen wir zufrieden ab. Mit Heißhunger haben wir die eingemachten Früchte gegessen, ohne an die Folgen zu denken.

Am Abend folgten wir dann als Nachhut der Inspektionseinheit. Wir hielten gehörigen Abstand von der Einheit, die laut lärmend vor uns her zog. Im Laufe der Nacht verloren wir dann allerdings den Kontakt zu ihr.

Nun waren wir unsere eigenen Herren. Bei Tagesanbruch suchten wir Deckung in einem Wäldchen oberhalb der Autobahn bei Reiskirchen. Wie beobachteten die langen Kolonnen der US-Armee, die auf der Autobahn Richtung Alsfeld fuhren. Über uns kreiste ein Aufklärungsflugzeug. In diesem Wäldchen zeigten sich schon bald die Folgen unseres Obstgenusses! Außer unserer Gruppe war noch eine Einheit von etwa 30 Soldaten in unserer Nähe. Frisch eingezogene Rekruten mit einem älteren Hauptmann. Die spielten Räuber und Gendarm, weil ihnen das versteckte Herumliegen zu langweilig war. Der Hauptmann konnte seine Buben nicht zur Ruhe bringen. So verwunderte es nicht, dass uns der Aufklärer bald ausgemacht hatte. Eine kleine motorisierte Einheit bog von der Autobahn ab, die Soldaten umzingelten das Wäldchen und forderten, dass wir uns ergeben sollten. Wir taten es ohne Widerstand. Es war der 29. März 1945, der Gründonnerstag. War das nicht auch der Tag der Gefangennahme Jesu? Das kam mir in den Sinn.

Nachdem wir gründlich durchsucht und unsere Armbanduhren die Freude der US-Soldaten gefunden hatten, wurden wir auf Lastwagen verladen. Fortan war ich von meinen Kameraden getrennt, die ich auch später nicht mehr traf. Wir wurden nach Friedberg gebracht, wo wir uns im Kasernenhof lagern mussten mit dem strengen Befehl, dass sich keiner erheben dürfe, sonst würde geschossen. Außer amerikanischen Soldaten bewachten uns auch Zivilisten, meist befreite polnische Zwangsarbeiter. Wie nun sollte ich mit meinen Darmproblemen fertig werden?

Ich hatte mich ganz an den Rand gelegt. Plötzlich stieß mich jemand mit dem Gewehrkolben an. Es war der Pole aus Butzbach, der mir den Zucker mitgebracht hatte. Lachend sagte er: *Erst Du mich bewachen, jetzt ich Dich bewachen.* Schnell erklärte ich ihm meine Situation und bat ihn um Hilfe. Er versprach es. Ich sollte ihm ein Zeichen geben, er wäre die ganze Nacht hier. Gesagt, getan. Mehrmals in der Nacht führte er mich zu einer Toilette in einem Kasernenbau. Vor der Toilettentür hielt er Wache und brachte mich dann zurück.

Ja, in der Tat: In dieser Nacht wurde ich vom Bewacher zum gut Bewachten.

Abb. 1: Vier französische Kriegsgefangene bei Aufräumungsarbeiten am Bahndamm oberhalb der Zuckerfabrik. Stadtarchiv Friedberg: Fotosammlung, Schenkung Karl Laucht. Fotograf: Dr. Rudolf Trapp

Abb. 2: Kriegsgefangene Wehrmachtsoffiziere in der Friedberger Kaserne am 29. März 1945. Stadtarchiv Friedberg: Fotosammlung

Kurzbiografien der Autoren

Heinz Bergner, geb. 1926 in Frankfurt a.M. Schulbesuch und Luftwaffenhelferzeit 1943 in Frankfurt. Arbeitsdienst und ab 6. Juni 1944 Soldat in Friedberg, Butzbach und Aschaffenburg. Von Butzbach mit einem ROB-Lehrgang zum Einsatz im Elsaß, Ende November. Nach Verwundung und Lazarettaufenthalt ab Februar 1945 wieder in Butzbach, wo sich die von mir geschilderte Geschichte zugetragen hat. Am 29. März 1945 in amerikanischer Kriegsgefangenschaft. Ab dem Sommersemester 1947 Studium der Theologie und Philosophie in Marburg und Tübingen. 1952 erstes und 1954 zweites Examen. Als Pfarrer der Hessen-Nassauischen Kirche eingesetzt in Gießen, Hartenrod-Endbach und Bad Homburg. 1981 Propst für Süd-Nassau mit Sitz in Wiesbaden. 1991 Versetzung in den Ruhestand. Seit 1953 verheiratet, drei Söhne und sieben Enkelkinder. Wohnhaft in Bad Homburg.

Prof. Dr. Ludwig Fertig, geb. 1937 in Jugenheim/Bergstraße. Studium in Frankfurt a.M. und Heidelberg, 1965 Promotion in Literaturgeschichte, 1. und 2. Staatsexamen für das Lehramt an Gymnasien, wissenschaftlicher Assistent AfE Frankfurt, Studienrat im Hochschuldienst. 1972 Professor für Pädagogik an der Technischen Universität Darmstadt mit dem Schwerpunkt Historische Bildungsforschung. Wissenschaftliche Arbeiten über erziehungsgeschichtliche und literaturhistorische Themen, auch über hessische Bildungs- und Literaturgeschichte.

Prof. Dr. Friedrich-Karl Feyerabend, Jahrgang 1951, Banklehre, Jurastudium in Gießen, 1981 Promotion zum Dr. iur., 1980 – 1988 Landeszentralbank in Hessen, Hauptverwaltung der Deutschen Bundesbank, seit 1989 Professor an der Technischen Hochschule Mittelhessen.
Stadtverordneter in Bad Nauheim seit 1985; Stadtverordnetenvorsteher seit 1997.

Johannes Kögler M.A., geb. 1963 in Bad Nauheim. Studium der Kunstgeschichte, Klassischen Archäologie und der Mittleren und Neueren Geschichte an den Universitäten Frankfurt a.M., Basel und Marburg. Wissenschaftliche Mitarbeit an der Forschungsstelle zum Reichskammergericht Wetzlar. Freie Mitarbeit an den Museen in Friedberg und Wetzlar. Seit 1999 Leiter des Wetterau-Museums Friedberg. Veröffentlichungen zu Themen der Friedberger

Stadtgeschichte, zur Wetterau sowie zur Kunst des 20. Jahrhunderts und zur zeitgenössischen Kunst. Von 1996 bis 2006 Vorsitzender des Kunstvereins Friedberg. Stellvertretender Vorsitzender des Friedberger Geschichtsvereins und Vorstandsmitglied der Wetterauer Museumsgesellschaft und des Fördervereins Stadtkirche.

Lutz Schneider M.A., geb. 1963 in Frankfurt a.M. Studium der Mittleren und Neueren Geschichte, Politikwissenschaft und Philosophie an der Johann Wolfgang Goethe-Universität Frankfurt a.M. Ausbildung zum Wirtschaftsarchivar bei der Fortbildungsakademie der Wirtschaft in Köln. Mitarbeiter im Universitätsarchiv der Justus-Liebig-Universität Gießen und in der Kommunikationsabteilung der Deutschen Bank in Frankfurt a.M. Seit 1999 im Stadtarchiv Friedberg. Veröffentlichungen zur Frankfurter, Gießener und Friedberger Geschichte. Schriftführer im Friedberger Geschichtsverein seit März 2006. Verantwortlicher Redakteur und Herausgeber der Wetterauer Geschichtsblätter. Seit 2009 Kommissarischer und seit 2011 Leiter des Stadtarchivs Friedberg.